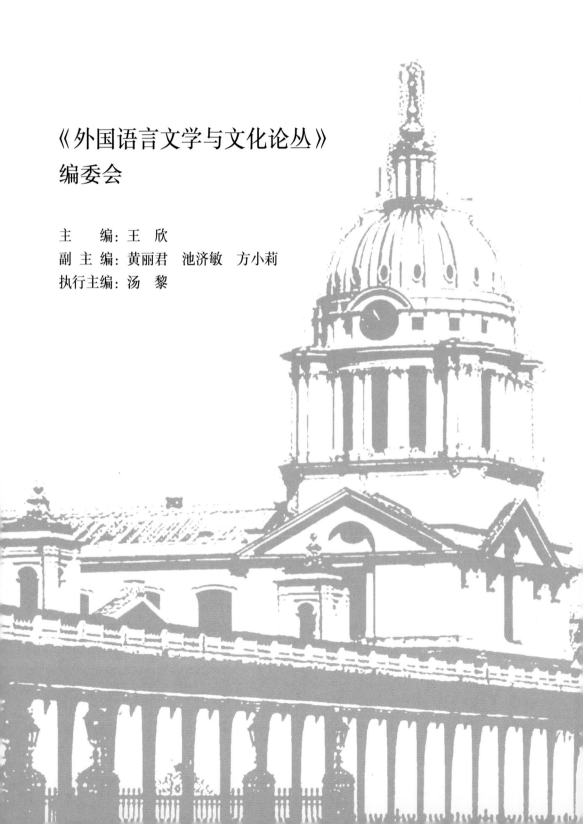

外国语言文学与文化论丛

四川大学外国语学院

主编 王 欣

四川大学出版社
SICHUAN UNIVERSITY PRESS

图书在版编目（CIP）数据

外国语言文学与文化论丛. 17 / 王欣主编. — 成都：
四川大学出版社，2023.11
ISBN 978-7-5690-6459-9

Ⅰ. ①外… Ⅱ. ①王… Ⅲ. ①语言学－国外－文集②
外国文学－文学评论－文集③文化学－国外－文集 Ⅳ.
① C53

中国国家版本馆 CIP 数据核字（2023）第 208555 号

书　　名：外国语言文学与文化论丛 17
　　　　　Waiguo Yuyan Wenxue yu Wenhua Luncong 17
主　　编：王　欣

选题策划：余　芳　张　晶
责任编辑：余　芳
责任校对：周　洁
装帧设计：墨创文化
责任印制：王　炜

出版发行：四川大学出版社有限责任公司
　　　　　地址：成都市一环路南一段 24 号（610065）
　　　　　电话：（028）85408311（发行部）、85400276（总编室）
　　　　　电子邮箱：scupress@vip.163.com
　　　　　网址：https://press.scu.edu.cn
印前制作：四川胜翔数码印务设计有限公司
印刷装订：四川五洲彩印有限责任公司

成品尺寸：165 mm×240 mm
印　　张：16
插　　页：2
字　　数：289 千字

版　　次：2023 年 11 月 第 1 版
印　　次：2023 年 11 月 第 1 次印刷
定　　价：80.00 元

本社图书如有印装质量问题，请联系发行部调换

扫码获取数字资源

四川大学出版社
微信公众号

目　录

翻　译

文学与文化

翻　译

主位结构与唐诗翻译^①

李春蓉 张钰雯

（四川大学外国语学院，成都 610207）

摘 要：马泰休斯提出的主位结构解决了句子词序问题，从而促进了语言翻译学的研究。主位结构作为负载语篇意义的典型语言形式，其翻译转换的研究理应受到重视。本文在主位结构理论的观照下，对唐诗英译和俄译的主位结构进行对比研究，并提出相应的翻译策略。主位结构观照下的翻译研究认为，在不违背目的语语篇规律的基础上，译者应尽量保留原文的主位结构，以便准确忠实地传达原文的意义。但由于汉英俄语言句式、语法、表达习惯等的差异，有时无法完整保留原文的主位结构，译者应根据具体情况，适时地部分调整，或完全改变译文主位结构。

关键词：主位结构；对比分析；翻译策略；唐诗

1 引言

主位结构（Thematic Structure）这一概念最早由布拉格学派（the Prague School 或 the Prague Circle）的创始人马泰休斯（Vilem Mathesius）于 1929 年提出。主位结构理论主张从句子的交际功能角度来分析句子的结构，分析句子的结构如何表达句子所要传递的信息，如何揭示语篇在一定语境中的意义。根据主位结构理论，一个句子可以从交际功能的角度划分为主位（Theme）和述位（Rheme）。主位是交际双方已知的信息，述位则往往是发话人要传递的新信息（徐盛桓，1985：19）。韩礼德（M. A. K. Halliday）沿用马泰休斯的主位、述位概念，对主位、述位进行了界定。韩礼德认为，一个小句可切分为主位和述位两部分。主位是信息的起点，是小句的起始成分。一个小句的主位确定之后，剩下的部分便是述位了。主位结构中的主位是话语的出发点，述位是围绕主位所说的话。主位分为有标记主位（marked

① 本文系国家社科基金项目"跨文化视阈下唐诗在西方的译介与研究"阶段性成果（项目编号15BZW061）。

theme）和无标记主位（unmarked theme）；由主语充当的主位是无标记主位，由其他成分充当的是有标记主位。主位还可分为单项主位（simple theme）、复项主位（multiple theme）和句项主位（clause as theme）；只由经验成分（参与者、过程、环境成分等）充当的主位属于单项主位，由经验成分、人际成分和语篇成分构成的主位属于复项主位。韩礼德在论述主位的内在结构时明确指出，每个主位中都必定有一个经验成分。也就是说，每一个主位都必定包含参与者、过程、环境成分等概念中的任何一个作为话题主位（topic theme）（胡壮麟等，1989：136－139）。

罗曼·雅各布逊（R. Jakobson）的《论翻译的语言学方面》（On Linguistic Aspects of Translation, 2000）一文奠定了翻译的语言学理论基础。文章自发表以来一直被奉为西方翻译理论的经典之作。雅各布逊认为，翻译研究者只有研究语言，掌握语言的基本结构，明白语言如何在实际中运作，了解语言的本质及其功能，才可以系统地、有效地对翻译进行描述或解释，并为翻译理论研究和实践提供科学的依据（Jakobson, 2000：116）。翻译是一种意义的传递活动，而意义的传递需通过语言形式再现。语言形式同翻译的意义传递紧密相连，不可分割。在翻译转换实践中，应当认真分析源语语篇的语言形式，最大限度地发掘译语的对应语言形式，在最大限度地传达出源语语篇意义的同时，将负载语篇意义的源语语篇的语言形式在译语中再现出来。主位结构作为负载语篇意义的典型语言形式，其翻译转换的研究理应受到重视。近年来，国内将主位结构理论运用于翻译研究的学者有杨信彰（1996）、李运兴（2001）、杨林（2008）、李明（2009）等。以上学者的研究并未涉及汉语古诗词的翻译。黄国文（2006）首开国内运用主位结构理论探讨汉语古诗词英译问题的先河，开拓了语篇翻译领域的新视野。但此类研究在国内还不多见，特别是对多语种唐诗译本的对比研究尚未出现。本文在主位结构理论的观照下，对唐诗英译和俄译的主位结构进行系统的对比研究，并提出相应的翻译策略。

2　主位结构对比分析

我们提出了以下汉诗主述位的具体划分方法：

第一，根据诗句表达的意义，把诗句中叙述的对象和叙述的内容分别区分为主位（T）和述位（R），并用下标小字进行标示。

第二，各句一般都包括主位和述位两个部分，其中主位在一定条件下可以根据上下文省略，出现主位空缺。主位空缺时用"Ø"表示，并按它在上下文中出现的顺序标示。语义上存在，但形式上没有在诗篇任何地方出现的主位成分，在"Ø"后用"［主位 X（TX）］"标出，排序在所有主位成分之后。

第三，一般情况下，一句诗中包含有主位（T）和述位（R）两个部分，但在某些特殊的情况下，可能出现两句诗共同构成一对主位和述位；或者，在一句诗中，前半部分构成一对主位和述位，后半部分又构成一对主位和述位，因此，一句诗中包含两对主位和述位。

第四，出现在诗篇各句的主位和述位成分，按出现的顺序依次下标为"主位 1（T1）""主位 2（T2）""主位 3（T3）"……或"述位 1（R1）""述位 2（R2）""述位 3（R3）"……

第五，表示同一意义的不同形式，视为同一成分，当它们占据同一位置时，采用相同的标示，比如都标为"主位 1（T1）"或"主位 2（T2）"等。当它们占据不同的位置时，按同类位置的顺序标示，并附上它在原位中的顺序标示，比如一个原居"主位 3（T3）"的成分，占据了"述位 5（R5）"的位置，则标为"述位 5/主位 3（R5/T3）"；反之，如一个原居"述位 5（R5）"的成分，出现在"主位 3（T3）"的位置上，则标为"主位 3/述位 5（T3/R5）"。

第六，兼指现象。诗句中的某个成分，有时相当于其他位置上的多个成分，比如《送友人》诗中"挥手自兹去"中的"兹"，兼指前文中表示地点的主位 1、主位 2 的"青山""白水"和表示时间的主位 5"落日"。

第七，述位成分的内容有时比较复杂，它不仅可以单独表示叙述对象的行为性状，也可能在表示行为性状的同时，用局部成分对主位进行表达，比如《送友人》中，"述位 6"的"故人情"中，"故人"指的就是诗歌的叙述者。

据此，我们尝试从主位结构的视角对比分析唐诗《送友人》的原文及其英俄译文。原诗的主位结构划分如下：

（1）青山 $_{T1}$ 横北郭 $_{R1}$，

（2）白水 $_{T2}$ 绕东城 $_{R2}$。

（3）此地 $_{T1+T2(ØT3+[T7])}$ 一为别 $_{R3}$，

（4）孤蓬 $_{T3}$ 万里征 $_{R4}$。

（5）浮云 $_{T4/R4}$ 游子意 $_{R5/T3}$，

（6）落日 $_{T5}$ 故人情 $_{R6}$。

（7）Ø $_{T3 + [T7]/R6}$ 挥手自兹去 $_{R7/T1 + T2 + T5}$，

（8）萧萧 $_{T6}$ 班马鸣 $_{R4}$。

在分析此诗的主述位结构之前，需要先梳理一下诗句中的篇章语义关系。诗中"青山""白水"两句描写当地的景色，是同一环境中的两个方面。"此地"承指"青山""白水"，表示行为发生的处所，充当"一为别"的主位。但实际上，"一为别"所述的是人物的行为，实施行为的人物，即下文的"游子""故人"隐含在句中，没有出现。"孤蓬"指舟船，是远行人的交通工具，作"万里征"的主位，在诗中，它代指远行的"游子"。"浮云"漂泊不定，趋向远方，在本句中据主位，与上句的述位"万里征"实为一义；本句述位中的"游子"则与上句中的主位"孤蓬"同指。"落日"句中述位的"故人"是送别游子的一方，临别依依不舍拖延至落日时分，足见送别人的情意。"挥手"句主位空缺，发出挥手动作的，是上文中提及的"游子"和"故人"，"自兹去"中的"兹"，既指处所"此地"，又指时间"落日"，同时照应两个方面。"萧萧"写马的嘶鸣声，同时也描写傍晚时分逐渐沉静、冷清的气氛，"班马"为离群的马，与上文的"万里征""浮云"义同。

同时，根据韩礼德的观点，原诗第一句的主位是无标记主位，由名词词组体现，在句中作主语。第二句的主位也是无标记主位，由名词词组体现，在句中作主语。第三句的主位是有标记主位，由带有名词的表示地点的短语体现。第四句原文的主位"孤蓬"是无标记主位，比喻友人别后将如孤蓬，不知会漂泊到何处。第五句原诗的主位"浮云"是无标记主位。曹丕《杂诗》："西北有浮云，亭亭如车盖。惜哉时不遇，适与飘风会。吹我东南行，行行至吴会。"后世用为典实，以浮云飘飞无定喻游子四方漂泊。浮云，飘动的云。游子，离家远游的人。第六句原诗的主位"落日"是无标记主位。落日，指夕阳下山，夕阳余晖可比难舍友情。在中国的古诗词中有许多用夕阳喻离别之情的佳句，如"夕阳西下，断肠人在天涯""花前洒泪临寒食，醉里回头问夕阳""愁客叶舟里，夕阳花水时""高城满夕阳，何事欲沾裳""霁色陡添千尺翠，夕阳闲放一堆愁"等，可谓不胜枚举。原诗第七句的主位省略。原诗第八句主位"萧萧"是象声词，形容马的嘶鸣声。

《送友人》的英译以美国诗人埃兹拉·庞德（Ezra Pound）的译本最为出色，而俄译本则以阿理克（B. Алексеев）的译本为代表。我们对庞德英译与阿理克俄译的主位结构进行对比分析，以期对唐诗不同语种译本的特点有所发现。

《送友人》

（1）青山$_{T1}$横北郭$_{R1}$，

庞德译：Blue mountains/to the north of wall

阿理克译：Зеленые горы/торчат над северной частью,

（2）白水$_{T2}$绕东城$_{R2}$。

庞德译：White river/winding about them

阿理克译：А белые воды/кружат возле восточных стен.

（3）此地$_{T1+T2(ØT3+[T7])}$一为别$_{R3}$，

庞德译：Here/we must make separation

阿理克译：На этой земле/мы как только с тобою простимся,

（4）孤蓬$_{T3}$万里征$_{R4}$。

庞德译：And/go out through a thousand miles of dead grass.

阿理克译：Пырей—сирота/ты—за тысячи верст.

（5）浮云$_{T4/R4}$游子意$_{R5/T3}$，

庞德译：Mind/like a floating wide cloud.

阿理克译：Плывущие тучи/—вот твои мысли бродят.

（6）落日$_{T5}$故人情$_{R6}$。

庞德译：Sunset/like the parting of old acquaintances

阿理克译：Вечернее солнце/—вот тебе друга душа.

（7）Ø$_{T3+[T7]/R6}$挥手自兹去$_{R7/T1+T2+T3}$，

庞德译：Who/bow over their clasped hands at a distance.

阿理克译：Махнешь мне рукою/—отсюда сейчас уйдешь ты,

（8）萧萧$_{T6}$班马鸣$_{R4}$。

庞德译：Our horses/neigh to each other as we are departing.

阿理克译：И грустно, протяжно/заржет разлученный конь.

庞德英译的第（1）小句的主位是"Blue mountains"，由主语充当，是无标记主位。阿理克俄译第一个小句的主位是"Зеленые горы",由主语充当主位,是无标记主位。就第一小句主位结构的转换而言,无论是庞德英译,还是阿理克俄译,都与原诗的主位"青山"一致。不同之处在于,庞德英译"Blue mountains/to the north of wall"的述位省略了动词,而阿理克俄译"Зеленые горы/торчат над северной частью"使用了动词"торчат"来表现原诗的动词"横"。原诗"青山(主位)横北郭(述位)"意指"青山横亘外城之北"。阿理克俄译"торчат"的释意是"быть в стоячем положении,высовываясь,выпирая откуда"(直立,耸立)。相较而言,阿理克俄译并未体现原诗"城外青山横亘之美",庞德英译采用省略的翻译策略则为读者体会这样的意境留下了想象的空间。

庞德英译的第(2)小句译法与第一个小句相似,主位是"White river",由主语充当,是无标记主位。其余部分"winding about them"是述位,述位由分词短语构成。庞德英译的主位与原诗一致。阿理克俄译的第二个小句由语篇主位"А"和话题主位"белые воды"共同构成复项主位,充当标记性主位,阿理克俄译与原诗相异。阿理克俄译的述位"кружат возле восточных стен"使用了动词"кружат",该词的释意是"заставлять двигаться кругообазно"(弯弯曲曲地走)。阿理克俄译刻意使用与原文相似的句式,即"主谓结构",但并未体现原诗的内涵。

庞德英译的第(3)小句由表示地点的"Here"充当标记性主位,这与源语语篇第(3)句的主位"此地"不一致。此地是名词词组,而庞译采用了副词。阿理克俄译第三个小句由表示地点的前置词词组"На этой земле"充当标记性主位,即主位由环境成分充当。前置词词组的使用也与原文的名词词组相异。相较而言,庞德的译文更为简练,也与原文更加相符。阿理克俄译"На этой земле"释意为"在这个地方,在这片土地"。值得一提的是,二者的译文都采用了加词的手法,分别使用了人称代词"we"和"мы"。与属于汉藏语系的汉语不同,俄语和英语同属印欧语系,二者有更多的相通之处。从语言的组合方式来看,英俄语主要依赖语法等连接语言成分,注重形合方式。汉语,特别是古汉语,主要依赖意义或逻辑关系来连接语言成分,注重意合方式。在诗歌中的表现是,汉诗不拘人称,而英俄则注重语法关系,如主语的人称和数决定谓语动词的变化、时态、代词、介词、冠词和连接词的使用等。为了符合语言规范,英俄译文均采用了增补的策略,即使用第一人称复数形式"we"和"мы"。

第（4）句庞德的译文"And"充当标记性主位，与原文主位不一致。阿理克的译文主位由名词词组"Пырей—сирота"充当，在这里阿理克使用了等值手法，把汉文化中表示漂泊天涯的"孤蓬"译作"Пырей—сирота"（贱如草芥的孤儿），充当非标记性主位，与原文主位一致。相较而言，阿理克的译文更胜一筹。

第（5）句庞德的译文"Mind/like a floating wide cloud"主位和原诗"浮云（主位）游子意（述位）"的主位虽然发生了错位，但和第（6）句形成了对仗，即"Mind/like a floating wide cloud"与"Sunset/like the parting of old acquaintances"形成对仗。阿理克第五句译文的主位"Плывущие тучи"由名词词组构成。主语充当主位，是无标记主位，与原诗一致。与第（5）句译文类似，阿理克第（6）句译义的主位"Вечернее солнце"也是由名词词组构成。主语充当主位，是无标记主位，与原诗一致。阿理克译文的主位结构与原诗一致，同样达到了对仗的效果。因此，阿理克的译文更好地体现了原文的意象"浮云"所营造的美学效果。

庞德把第（6）小句和第（7）小句译成小句复合体，在第一层次中，"Sunset"做主位，其余部分做述位。在第二层次中，从属小句又可进一步做主位结构分析，即"who"做主位，"bow over their clasped hands at a distance"做述位。这样的译法与原诗第（7）句主语省略形成了语言形式的对应。阿理克的第（7）句译文"Махнешь мне рукою/—отсюда сейчас уйдешь ты"，主位由小句"Махнешь мне рукою"构成句项主位。值得一提的是，阿理克的译诗采用了倒装的句式来表达原诗的焦点信息。关于俄语的词序，赵陵生指出，"俄语有发达的形态系统，词在句中的句法功能借助词形变化表现，因此词序的变化一般不会引起句子成分的变化。在俄语的书面语中，词序乃是表达句子实义切分的最主要手段"（赵陵生，1985：41），倒序在修辞上具有特别的表现力（赵陵生，1981：21）。

庞德译文最后一句中原文的述位"马"被译成小句的主位"Our horses"，表达两马相别犹鸣，衬托李白与友人依依不舍的离别愁绪。庞德的译文主位与原诗的主位发生了错位。此外，为了译文的连贯，原文中省略的内容在译文中得到了体现。阿理克第（8）句译文的主位"И грустно, протяжно"是复项主位，由语篇主位"И"和话题主位"грустно, протяжно"共同构成，充当标记性主位。译者采用意译的手法把李白与友人依依不舍的离别愁绪诠释出来。

　　源语语篇主位结构与发话者传递的信息密切相关。主位结构视角下的汉诗英译和俄译的对比分析证明，译语语篇的主位结构越接近源语语篇的主位结构，就越能够忠实地传递源语语篇所承载的信息。对此，俄罗斯翻译理论家科米萨洛夫（В. Н. Комиссаров）认为，"译者构建译文语篇时，应保留原文语篇的主位结构"（Комиссаров，2004：55）。从对庞德译文和阿理克译文主位结构与原诗主位结构的对比分析可见，两个译文均最大限度保留了源语语篇与译语语篇主位结构的转换，从而最大限度传达了源语语篇的信息：李白与友人的依依惜别之情。但英俄两种语言分属不同的语支，俄语是综合型的语言，词序具有更为重要的作用；现代英语是由综合型向分析型转化的语言，在词序上比俄语更严谨。这就对译诗的语言表达方式产生了影响，汉诗英译比俄译在词序上更加严谨。

3　主位结构翻译策略

　　从庞德和阿理克的译文可见，优秀的译文以尽量保留原文的主位结构为目标，以便准确忠实地传达原文的意义。但由于汉英俄语言句式、语法、表达习惯等的差异，有时无法完整保留原文的主位结构，这时译者就会根据具体情况，适时地部分调整或完全改变译文主位结构。

　　从上面的对比分析我们可以看出，源语语篇与译语语篇的主位结构翻译转换分为三种类型：完全对等、不完全对等、不对等。据此，我们把主位结构翻译策略分为三类：沿袭原文的主位结构、部分调整原文主位结构、改变原文主位结构。

3.1　沿袭原文的主位结构

　　沿袭原文的主位结构有利于实现源语语篇和译语语篇在主位结构的转换上达到形式和意义的完全对等，实现篇章的连贯，更好地传达作者的交际意图。例如，庞德译文第（1）句、第（2）句、第（3）句、第（6）句的主位分别是"Blue mountains""White river""Here""Sunset"，分别与源语语篇第（1）句、第（2）句、第（3）句、第（6）句的主位"青山""白水""此地""落日"在主位结构的形式和意义上达到了完全一致。阿理克译文第（1）句、第（4）句、第（5）句、第（6）句的主位分别是"Зеленые горы""Пырей—сирота""Плывущие тучи""Вечернее солнце"，它们与源语语篇第（1）句、第（4）句、第（5）句、第（6）句的主位"青山""孤蓬""浮云""落日"一致。

3.2 部分调整原文主位结构

英语与汉语分属两种不同语系，在语法、句子结构、表达方式上存在差异，因此，为了保证译文的通顺与连贯，译者需要部分调整译文的主位结构，以使源语语篇和译语语篇在主位结构的转换上达到形式或者意义的部分对等。例如，庞德译文第（4）句"And/go out through a thousand miles of dead grass"和原文"孤蓬（主位）万里征（述位）"都是单项主位，但原文和译文意义不同。第（5）句译文"Mind/like a floating wide cloud"和原文"浮云（主位）游子意（述位）"都是单项主位，但第（5）句的原文和译文的主述位发生了错位。阿理克译文第（3）句的原文和译文都是单项主位，但原文主位由名词词组"此地"构成，译文主位则由前置词词组"На этой земле"构成。阿理克译文第（2）句的原文和译文的意义相同，但原文"白水"是单项主位，由名词词组构成，译文主位"А белые воды"则是复项主位，由语篇主位"А"和主题主位"белые воды"构成。

3.3 改变原文主位结构

改变原文主位结构指的是源语语篇和译语语篇在进行主位结构转换时，无论是形式还是意义都不对等。例如，第（7）句的原文"（主位省略）挥手自兹去"的主位结构省略，但庞德译文译作单项主位"Who/bow over their clasped hands at a distance"，完全改变了原文的主位结构。庞德译文第（8）句的原文"萧萧（主位）班马鸣（述位）"是单项主位，但译文译作复项主位"Our horses"。原文与译文的主位结构无论在形式上还是意义上都不对等。这表明，译者在翻译的时候采用了改变原文主位结构的翻译策略。阿理克译文第（7）句的原文主位省略，译文主位由小句"Махнешь мне рукою"构成句项主位。第（8）句的原文主位"萧萧"由象声词构成，是单项主位。其译文主位"И грустно, протяжно"是复项主位，由语篇主位"И"和话题主位"грустно, протяжно"共同构成，充当标记性主位。原文与译文的主位结构无论在形式上还是意义上都不对等。

4 结语

主位结构是构成语篇功能的语义系统之一。因此，译者在理解源语语篇时，必须对源语语篇中的主位结构给予充分的关注。这是译者在目的语中选择语篇成分时的重要依据。虽然源语和译语在翻译转换的时候主位结构并不能完全对应，但无视源语语篇的主位结构无疑会导致译语语篇中的成分成为无源之水。因此，在运用目的语进行转换时，译者须具有主位结构意识，意识到小句就是信息，而不是词汇和语法成分组成的字符串（Baker，1992：121），在参照源语语篇主位结构的基础上，在目的语语篇中将主位结构组织为承上启下的语篇成分，达到目的语语篇的衔接与连贯，使译文无论是在形式上还是意义上都能与原文相契合。

参考文献：

胡壮麟，朱永生，张德禄，1989. 系统功能语法概论 ［M］. 长沙：湖南教育出版社.

黄国文，2006. 翻译研究的语言学探索——古诗词英译本的语言学分析 ［M］. 上海：上海外语教育出版社.

李明，2009. 得意岂能忘形——从《傲慢与偏见》的两种译文看文学翻译中主位—信息结构之再现 ［J］. 广东外语外贸大学学报 （4）：88－92.

李运兴，2001. 语篇翻译引论 ［M］. 北京：中国对外翻译出版公司.

徐盛桓，1985. 再论主位和述位 ［J］. 外语教学与研究 （4）：19－25.

杨林，2008. 汉英语篇翻译中主位、信息结构的解构与重构 ［J］. 西北第二民族学院学报 （哲学社会科学版） （1）：111－115.

杨信彰，1996. 从主位看英汉翻译中的意义等值问题 ［J］. 解放军外国语学院学报 （1）：44－48.

赵陵生，1981. 俄语词序与翻译 ［J］. 外语教学与研究 （1）：18－23.

赵陵生，1985. 表达句子中心信息的手段——俄、汉词序比较 ［J］. 外语教学与研究 （3）：41－44.

BAKER M，1992. In other words：a coursebook on translation ［M］. London & New York：Routledge.

JAKOBSON R，2000. On linguistic aspects of translation ［M］//VENUTI L. Translation studies reader. London & New York：Routledge.

КОМИССАРОВ В Н，2004. Современное переводоведение. Учебное пособие ［M］. М.，ЭТС.

Thematic Structure and the Translation of Tang Poetry

Li Chunrong   Zhang Yuwen

Abstract: The thematic structure put forward by Vilem Mathesius greatly contributes to the translation theories. As a typical linguistic form conveying textual meanings, the translational transfer of thematic structure should be attached importance to. Based on thematic structure theory, this paper made a contrastive analysis of Tang poetry and its English and Russian versions, then put forward a series of translation strategies on thematic structure translation. The findings suggest that adequate representation of the thematic structures of source text in target text can convey the meaning of the source-text at the most. The reason lies in that the thematic structure of the source-text is closely related with the meaning that the writer/speaker intends to deliver. According to the equivalence of textual function it is of great importance to keep the thematic structure in the target-text in accordance with that in the source-text.

Key words: thematic structure; contrastive analysis; translation strategies; Tang poetry

浅析汉英机器翻译结果的译后编辑要求

刘 佳

（四川大学外国语学院，成都610207）

摘 要：随着当代语言服务业的发展，作为其中重要组成部分的翻译服务，在服务内容和形式上都发生了很大的变化。其中，机器翻译，不管是专业的翻译软件还是便捷的桌面翻译，都极大地提高了经济生活领域中大型翻译项目的速度和质量。然而，职业翻译需要考虑的是在多大程度上能够使用机器翻译结果，以及如何在译后编辑中系统地核查和优化译文，使其符合译语接受环境中的语义、语用以及社会文化语境要求。本文拟从逻辑关系、句式结构、句间连接等方面，以汉英机翻结果和官方翻译（经人工翻译或译后编辑处理）的对比分析为基础，探讨对机器翻译结果的译后编辑要求和译文优化要点。

关键词：机器翻译；译后编辑；汉译英

随着当代语言服务业的发展，作为其中重要组成部分的翻译服务，在服务的内容和形式上都发生了很大的变化。对于在社会生活各个领域中出现的各种题材和体裁的文本，机器翻译都极大地促进了翻译速度和质量的提高。现在在各种大型的技术文本翻译项目中，职业译员或译员团队已经在大范围地使用专业的机器（或 CAT）翻译软件，如 SDL Trados，MemoQ，MarsCAT等。在大数据和词汇库的不断更新和补充下，这些机器翻译工具使得同步翻译变得快捷且高效，可以实现不同格式文档的批量上传、单次点击呈现多个翻译结果、译员团队实时远程协作等。对于个人译者来讲，快捷实时的桌面翻译软件也是完成各类翻译项目的重要工具，包括国外的 Google Translate，DeepL，以及国内的网易有道翻译、百度翻译等。不可否认，计算机技术、互联网和人工智能的快速发展极大地促进和提高了翻译服务的效率。

2021 年，中国国家标准发布的《翻译服务 机器翻译结果的译后编辑 要求》（GB/T 40036－2021）（以下简称《要求》），对机器翻译结果进行深度人工译后编辑的过程提出了要求，对译后编辑人员的能力也提出了要求。《要求》在引言部分有如下说明："在时间非常紧张和/或预算有限的情况下，使用机器翻译系统是完成翻译项目的一个可行解决方案……客户能获得原本可能无法翻译的内容，降低翻译成本，在特定市场快速推出产品，并加快信息流动……翻译服务提供方能够：a）提高翻译效率；b）缩短交付周期……然而，并不存在与人工翻译效果完全相同的机器翻译系统。因此，翻译结果的最终质量仍然取决于人工译员及其译后编辑能力。"

对从事职业翻译的个人来说，在面对机器翻译结果时，需要进一步考虑的是在多大程度上能够使用机器翻译结果，以及如何在译后编辑中系统地核查和优化译文，使其符合译语接受环境中的语义、语用以及社会文化语境要求。无论翻译的外部环境如何变化，其核心本质仍然是同一语义在不同语言之间的转换，其目的仍然是在语用交际的情境中和译语的社会文化语境中实现译文的预期目标。因此，面对机翻结果，译者对于同一语义在双语中的语言呈现差异，以及隐含的思维逻辑方式的差异，应当有敏锐的感知力和转换能力，这也是贯穿整个职业译员培训或个人翻译项目完成过程的重要原则。

句子（或句群）通常被当作翻译的基本单位，包含相对独立的语义概念、完整的句式结构，以及和上下文的逻辑关联。本文选取两段不同题材的文本从网易有道翻译获得的机翻结果（无改动）和官方译文（人工翻译或经译后编辑），从逻辑关系、句式结构和句间连接三个方面分析其语言表层的差异和隐含的转换思维，提出对机器翻译结果的译后编辑要求和译文优化要点。

1　逻辑关系

在一个句子或是句群中，各个信息内容之间的逻辑关系决定了各个层次的语言结构关系。相比较而言，汉语作为一种重意合的语言，句子成分的逻辑关系并不总是明显的，很多时候需要通过意义来判断不同信息之间的逻辑关系；而英语作为一种形合语言，逻辑关系可以用不同意义单位之间的语法关系显现出来。因此，在进行汉译英的时候，译者应该把握汉语中隐含的逻辑关系，在英语中对其进行呈现。

例1　（北京将率先建成高水平人工智能人才高地，科学谋划高端顶尖人才和人工智能复合型人才引进培育机制，也将进一步促进海外顶尖人才在京创新创业，）激活创新驱动"源头活水"。

有道翻译：

...so as to activate the innovation-driven "source water".

China Daily：

...to activate the "source of vitality" driven by innovation.

在此例原文中做"激活"宾语的"创新驱动'源头活水'"，其短语结构比较模糊，组成短语的各词语之间的关系并不十分清楚。可以看出，机翻结果也是模糊的，通过前置限定的方法来构成短语；而《中国日报》（*China Daily*）的官方译文却将其内部关系理解为"由创新所驱动的活力之源"，并通过过去分词短语来进行后置限定，使之更加符合英语的表达习惯，逻辑关系十分清楚。

　　例2　现在，让我们跨越时空的长河，循着神鸟的鸣唱，轻轻叩响古蜀王国神秘的大门，走进金沙……

有道翻译：

Now, let's cross the long river of time and space, follow the song of divine birds, gently knock on the mysterious door of the ancient Shu kingdom, into the Jinsha ...

三星堆博物馆展板：

Following the singing of immortal birds and crossing over the historical long rivers that have flowed for thousands of years, let us step into the fantasy of the Jinsha Kingdom and step into its world ...

此例原文包含多种修辞手法，呈现出文学的抒情风格，而机翻结果几乎是直译其语言的表面形式，其译语表达所显现的逻辑关系是不恰当的。比如，将"轻轻叩响古蜀王国神秘的大门"直译为"gently knock on the mysterious door of the ancient Shu kingdom"，以及将"走进金沙……"直译为"into the Jinsha ..."。这样的翻译结果看似"忠实"，却会在让英语读者感到一头雾水。而三星堆博物馆官方译文按照其实际意义，对这些短语的结构以及顺序进行了调整，意译为"step into the fantasy of the Jinsha Kingdom and step into its world ..."。用"fantasy"一词点出其信息核心，将"古蜀国"和"金沙"合并译为"the Jinsha Kingdom"来显示其指代的同一性。

例3　金沙遗址出土了数以吨计的象牙和众多的野猪犬齿、鹿角、犀牛骨、马骨等动物遗骸，以及大量的乌木及动植物遗存。

有道翻译：The Jinsha site has unearthed tons of ivory and a large number of wild boar canine teeth, antlers, rhinoceros bones, horse bones and other animal remains, as well as a large number of ebony and animal and plant remains.

三星堆博物馆展板：

Archaeologists have excavated lots of ivory and large amounts of boar canines, deer horns, muntjac bones, rhinoceros bones, horse bones and other animal remains. Carbonized remains from ebony wood and other plants were also found.

在此例原文中，从语言表层的结构来看，处于主语位置的"金沙遗址"做出了"出土"这个谓语动作；然而，稍作分析就会发现，"金沙遗址"在这个句子中实际是做地点状语，表述的是"出土"这个动作所发生的地点，而非"出土"这个动作的实际发出者。有道翻译将其译为"The Jinsha site has unearthed"在逻辑上是不严谨的；而三星堆博物馆展板翻译补充了"出土"这个动作的隐含发出者，译为"Archaeologists have excavated"，在逻辑上显然更为合理。

2　句式结构

中英两种语言在句式结构上具有各自的特点。比如在一定语境中，中文句子在体现叙事主题的多个内容时，除了首次出现时必须明确主语之外，后面紧接着出现的叙事经常会呈现为无主句。但这在英语中是违反构句的基本要求的。因此，在翻译的时候，不能不加考虑地照搬汉语原句的主谓结构和句式，而是要考虑多个信息内容之间的关系，按照英语的句式结构特点进行重组。比如：

例4　（北京）将探索人工智能安全、科技伦理治理机制，持续推动建设具有全球影响力的人工智能创新策源地。

有道翻译：

It will explore mechanisms for AI security and ethical governance of science and technology, and continue to promote the construction of a source of AI innovation with global influence.

China Daily：

An artificial intelligence security and technological ethical governance system will be explored to promote the development of Beijing as a source of AI innovation with global influence.

可以看出，原文的主谓结构是"（北京）将探索……机制"，机翻复制了原文的结构，将其译为"It will explore mechanisms ..."，并且将"探索"和"持续推动"理解为并列谓语进行翻译，形成"It will explore mechanisms ... and continue to promote ..."的整体结构。而《中国日报》的译文逻辑关系更加明确，凸显了英语注重通过形合来表达句内关系的语言特点。其译文中，主语换成"机制"，"持续推动"被看作机制探索的目的，全句结构围绕谓语动词"will be explored"展开，主语和目的状语的句法功能明确。另外，根据原句主题和上下文，"持续推动建设具有全球影响力的人工智能创新策源地"的实际意义是将"北京"建设成"人工智能创新策源地"，而不是其他某个城市。机翻结果"promote the construction of a source of AI innovation ..."没有明确这一隐含信息；而在官方译文"promote the development of Beijing as a source of AI innovation"中，建设的对象就十分明确，是将"北京"建设成为具有全球影响力的人工智能创新策源地。

例5　在这里，历史的迷雾渐渐散开，古国的身姿缓缓显影，3000年前一段辉煌的文明梦幻般地呈现在人们眼前。

有道翻译：

Here, the fog of history gradually disperses, the body and posture of the ancient country slowly develops, and a glorious civilization 3000 years ago appears in front of people's eyes like a dream.

三星堆博物馆展板：

It is right here that the historical curtain is pulled away, revealing to us an image of an ancient country together with its glories that prospered 3000 years ago.

此例中原文是一个描写性的汉语长句，多个信息内容依次排列，没有关联词，句内关系不明显。有道翻译"机械地"将其处理成为英语的并列句式，各部分自成一体，部分之间关系松散；而博物馆官方译文充分考虑了英语长句中主从关系的多种表达方式，使用现在分词和介词短语，让多个信息内容呈现出层次有序的特点，符合英语句式的构成习惯。

3 句间连接

在汉译英的机器翻译中，句间连接是最薄弱的环节。这是因为汉语的子句或是句子之间经常会出现结构松散、信息并列排开的情况，如在一个自然句中由多个逗号来连接各个子句，或是一个句群中出现多个叙事角度相同或逻辑主语相同的关联信息，而不采用任何语义和语法的手段显现其句间关系。面对这种情况，机器翻译几乎都是处理为英语当中的并列结构"..., ..., and ..."。因此，在对汉译英机翻结果进行译后编辑时，对句间关系的深层理解和重新表达是非常重要的。

例6 36家智能工厂和47家数字化车间名单出炉，人工智能与智能制造融合创新加速落地。

有道翻译：

The list of 36 smart factories and 47 digital workshops was released, and the integration of artificial intelligence and intelligent manufacturing innovation was accelerated.

China Daily：

With the release of 36 smart factories and 47 digital workshops, the integration speed of artificial intelligence and intelligent manufacturing has been accelerated.

在此例中，原文由两个并列分句构成。机器翻译采用了原句的结构，将译文处理为两个并列分句，且在时态上也一并简化为一般过去时；而官方译文中，两个子句之间的关系是说明关系，用客观数据来说明发展变化，并且后者是信息的重点。因此，将客观数据做成从属结构（介词短语），将说明的对象（发展变化）做成句子的主干结构（主谓结构）。这样一来，原本两个关系不明的汉语子句就重组成为一个信息重心突出，信息层次分明的英语长句。

例 7　北京将率先建成高水平人工智能人才高地，科学谋划高端顶尖人才和人工智能复合型人才引进培育机制，也将进一步促进海外顶尖人才在京创新创业，激活创新驱动"源头活水"。

有道翻译：Beijing will take the lead in building a highland of high-level AI talents, scientifically planning the introduction and cultivation mechanism of high-end and top talents and AI compound talents, and further promoting the innovation and entrepreneurship of top overseas talents in Beijing, so as to activate the innovation-driven "source water".

China Daily：

In order to take a leading role in building a highland of high-level artificial intelligence talents, Beijing is expected to introduce a mechanism to attract and cultivate elite talent and artificial intelligence compound talents. Innovation and entrepreneurship of overseas leading talents will be further promoted in Beijing to activate the "source of vitality" driven by innovation.

在此译例中，汉语长句的结构是单个主语"北京"统领多个信息内容。机翻结果中将这些信息内容也都照搬为并列结构，以统一的形式（动名词短语）并列排布在谓语"take the lead in"之后；而官方译文将信息内容在关系相对松散的地方一切为二。两个英语句子也各自对叙述主题和逻辑关系进行重新呈现。第一个句子的主语为"北京"，信息间的关系为"目的＋作法"，后一个句子的主语为"创新创业"，信息间的关系为"作法＋目的"，其结果就是重点信息突出，且表达具有较高的有效度。

4　结语

译后编辑是在机器翻译结果的基础上进行的，目的是检查机翻结果的准确性和可理解性，更正错误，优化文本，提高最终文本的可读性。译后编辑涉及源语文本、机器翻译结果和最终文本，因此，对译后编辑的要求也与一般意义上的翻译有所不同。

《要求》对译后编辑过程的目标、译后编辑结果的要求、译后编辑人员的任务都进行了详细的规定。如译后编辑过程的目标包括：a）译后编辑结果的可理解性；b）源语言内容与目标语言内容的对应性；c）符合翻译提供方制定的译后编辑要求和项目要求。对译后编辑结果的要求包括：a）术语/词汇一致，符合特定领域的术语；b）使用标准语法、拼写、标点、变音符号、特殊符号和缩写，符合目标语言的其他拼写习惯；c）遵守适用的标准；d）正确排版；e）适用目标受众和目标语言内容的用途；f）遵守客户与翻译服务提供方所签的协议等。译后编辑人员的任务包括：a）阅读机器翻译结果，并评估是否需要对目标语言内容进行重新表述；b）使用源语言内容作为参考，以便理解并在必要时纠正目标语言内容；c）使用机器翻译结果中的现有要素或提供新的译文来生成目标语言内容。除此之外，《要求》还把译后编辑分为两个层次：深度译后编辑和轻度译后编辑。前者要求其结果准确、可理解、风格适当，句法、语法和标点符号使用正确，目的是产生与人工翻译结果效果相同的译文；后者通常适用于最终文本不用于发布而主要用于掌握文本核心信息的情况，其结果应可理解并准确，但不要求风格适当。显然，通常的译后编辑更接近深度译后编辑的含义。这种译后编辑就对译者提出了更全面和严格的要求，包括：a）确保未添加或遗漏信息；b）修改任何不恰当的内容；c）在意思不正确或不清楚的情况下重组句子结构；d）生成语法、句法和语义均正确的目标语言内容；e）遵循客户和/或领域专业术语规范；f）遵循拼写、标点符号和断字规则；g）确保使用适合文本类型的风格，并遵守客户提供的风格指南；h）遵循格式规则。

作为国家标准，以上各种要求都是对行业标准和职业标准的总则性规定。而对于从事翻译工作的个人而言，提高自身的翻译能力或译后编辑能力才是核心。译后编辑所要考虑的是在整体上优化译文，这就需要按照科学的程序和步骤来检查和修改机器翻译结果，保证最终翻译文本的质量。译文的优化可以发生在任何一个层级的翻译单位，但其要点各有不同。对于词来讲，需要考虑的是机翻结果中看上去是对等词的表达是否是死译、硬译，在多个对等词的选择里如何考虑语用的因素；对于短语来讲，需要考虑的是源语中习以为常的搭配照搬至译语后是否可被理解或产生歧义；对于句子或句群来讲，逻辑关系、句式结构和句间连接的情况就更加复杂，必须要以译语语言的表达特点和译语读者的接受语境作为重要参照，使其最终符合语义、语用以及社会文化语境的要求。

参考文献：
国家市场监督管理总局，国家标准化管理委员会，2021. 翻译服务　机器翻译结果的译

后编辑　要求（GB/T 40036－2021）［S］.北京：中国标准出版社.

Requirements on Post-editing of Machine Translation Output

Liu Jia

Abstract：With the development of contemporary language service industry, translation service, as its important part, has undergone great changes in both content and form. Among them, machine translation, whether it is professional translation software or convenient desktop translation, has greatly improved the speed and quality of large-scale translation projects in various areas of economic life. However, as a professional translator, one needs to consider the extent to which machine translation results can be used, and how to systematically check and optimize the translation in post-editing so that it meets the requirements of the semantic, pragmatic and socio-cultural context in which the target language is received. In terms of the logical relation, syntactic pattern and inter-sentence connection of clauses, based on a comparative analysis of the machine translation outputs and the official translation (manual translation or post-editing processing) of Chinese-English segments, this paper tries to present the requirements of post-editing and the key points of optimization for the final translation.

Key words：machine translation；post-editing；Chinese-English translation

口译水平与认知控制的互动效应研究[①]

胡敏霞

（四川大学外国语学院，成都610207）

摘 要：认知控制与口译及二语经验可能具有双向调节作用，但前期证据并未显示一致性效应。鉴于此，本研究采用组间/组内混合设计，考察了学生译员在 Simon 和 Modified Anti-Saccade 两个心动任务上的认知表现及其与口译及二语经验的互动效应。结果显示：（1）高水平组（通过 CATTI 二级口译水平考试）在更难的认知任务上表现出反应时更短和准确率更高的认知优势；（2）二语水平、口译学习时长和认知控制的逐步回归模型可解释 62.2% 的口译水平变化；（3）口译水平、二语水平和口译学习时长是认知控制的正向显著预测变量，而二语学习时长却是负向显著预测变量。这些结果说明口译经验与二语经验一样都是连续变量，因此，要厘清口译员是否具有认知优势就需要考虑多个调节因素的"质"和"量"。

关键词：口译经验；二语经验；认知控制；调节效应

1 引言

认知控制又称执行控制、执行功能或注意力控制，是调节目标驱动行为的通用认知过程（Diamond，2013；Dong & Li，2020；Miyake et al.，2000），主要包括三大功能：（1）抑制干扰的能力（抑制）；（2）转换心态的能力（转换/认知灵活性）；（3）监测和更新工作记忆的能力（工作记忆/更新）（Diamond，2013；Miyake et al.，2000）。口译训练作为加强版的双语体验可能催生译员独特的认知优势（García，2014）。在工作记忆方面，已有两项荟萃分析支持译员的工作记忆优势（Mellinger & Hanson，2019；Wen & Dong，2019），但在其他认知功能方面，Nour et al.（2020）对 2011—2016 年 17 项研究的系统评价却只发现了译员在转换和更新方面的优势证据，而抑制优势并不显著。

---

① 本文系中央高校基本科研业务费项目"同声传译认知负荷的减荷策略研究"（2019skzx-pt211）和"同传译前准备策略研究"（2019自研-外语10）成果之一。

在口译训练和实践中，译员需要抑制源语对目标语在发音、词汇、句法等语言层面的干扰，还需要抑制输入环境中无关因素的干扰，如讲者的口音、语速等个性化特质的干扰，还需要在进行目标语表达时抑制某些可能令听众产生文化不适的输出。因此，长期口译经历可能让译员获得抑制控制上的优势。但是，目前认知心理学者在口译抑制优势假设上并未获得一致性证据。

抑制一般通过 Antisaccade，Attention Network Task（ANT），Flanker，Simon，Stroop 等心动任务来测试（Dong & Zhong，2019）。在前期研究中，Yudes et al.（2011）未发现职业译员在 Simon 任务上具有抑制优势。Dong & Xie（2014）也没发现学生译员在 Flanker 任务中具有抑制优势。在刘玉花和董燕萍（2017）的纵向研究中，一个学期的口译训练并未促使译员在 Stroop 任务上形成抑制优势。Aparicio et al.（2017）在 Stroop 任务中未发现职业同传译员比高水平双语者更具优势。Babcock 和 Vallesi（2017）在 ANT 和 Stroop 任务中都没有发现口译员比多语者更具优势。Van der Linden et al.（2018）在 Flanker 和 Simon 任务中没有发现职业译员比二语教师或单语人士更具优势。Nour，Struys 和 Stengers（2019）在 ANT 任务中发现口译学生的冲突效应甚至比笔译学生更大，准确率更低，而且口译培训对警觉网络的提升效果低于笔译培训，说明口译学生相对于笔译学生具有抑制劣势；Rosiers et al.（2019）在硕士课程开始之前也没有在 ANT 和 Simon 任务中发现口译组比对照组更有优势。

但也有研究发现了一定程度的译员抑制优势：（1）Kópke 和 Nespoulous（2006）发现，新手译员在二语 Stroop 任务上的表现优于专家译员和双语对照组，说明年龄可能影响译员认知控制优势的显现。（2）Timarová et al.（2014）发现，专业译员在 Flanker 中立和冲突条件下的反应时与口译经验呈负相关，说明口译经验越丰富，监测和抑制的时间成本越低，但口译经验与 Antisaccade 准确率却没有显著相关。由于 Antisaccade 的任务难度低于Flanker，这可能说明任务难度可能影响认知优势的显现。（3）Morales et al.（2015）发现，虽然译员和非译员在解决冲突方面无差异，但两者在警觉性和定向网络的交互上显著不同。（4）Woumans et al.（2015）发现，学生译员在 ANT 和 Simon 任务上的准确率高于不平衡的双语者，但相比平衡双语者则没有优势，说明二语水平可能对认知控制具有调节效应。（5）Verreyt et al.（2016）比较了二语水平较高的两组（高频转换组＋低频转换组）和二语水平较低组在 Flanker 和 Simon 任务中的表现，发现二语水平高、转换频率高的那组具有抑制优势，而高水平、低频转换组则没有，说明二语水平和双语转换频率都对抑制优势具有调节效应。（6）在 ANT 任务中，Nour，Struys 和 Stengers（2019）发现，虽然口、笔译学生的冲突反应时短于专业译员，但是专业译员的任务准确率高于学生组，这说明口译水平越高，抑制控制越准确，而且译员的认知策略更倾向于准确率，而非反应时。（7）胡敏霞和宋婷婷（2020）发现，翻译专业硕士（MTI）学生译员在 Simon 和改良版 Anti-Saccade 任务上的认知表现能显著预测 25% 以上的口译水平分数变化，说明抑制能力也在口译水平发展中扮演重要作用。

综上，抑制优势的形成可能受到口译时长、口译水平、二语水平、转换频率、译员年龄、任务难度、认知策略等因素影响；同时，更好的抑制能力可能预测更高的口译水平。因此，本研究以口译水平为主要自变量，兼顾其他口译和二语因素，考察这些因素如何影响年龄相近的学生译员的认知控制能力；同时也考察学生译员的认知控制、口译时长和二语因素能否预测其口译水平。

2 方法

2.1 被试

被试是国内某高校 MTI 口译方向的 61 名研究生，包括一年级 20 人、二年级 20 人、三年级 21 人，男女比例为 10∶51。口译学员年龄为 21～30 岁，平均年龄为 23.75（标准差 = 2.01）岁。所有学员都以汉语为一语、英语为二语，视力正常或矫正为正常，在实验时没有生理或心理障碍，参与者签署了知情同意书，并获得了口译课程积分奖励。

2.2 实验程序

被试先完成关于人口背景和学习经验的纸质问卷，然后完成两个认知实验。被试坐在安静的大教室在手机微信小程序中完成实验，被试对微信使用熟悉度高。小程序由专业软件工程师编写和设计，微信小程序域名在工信部注册。根据问卷调查和现场确认，所有被试手机都为触屏智能手机，具有相同的 60hz 的刷新率和 60hz 的采样率，实验者准备了备用手机以替换更高级的智能手机。另外，数据在实验过程中自动存储于本地手机，当所有的测试完成后，数据才会打包上传至云平台，因此手机网络连接速度不会影响被试数据的可靠性，实验期间没有被试报告任何智能手机故障。

2.3　材料

2.3.1　Simon 任务

第一个任务是 Simon 颜色任务，参照 Bialystok et al. （2004）的设计，测试时红色或绿色的方块图案会出现在手机屏幕的左侧、中间或右侧。方块下方有左右两个图标用于点击正确回答。当手机屏幕上出现红色方块时，需要按左侧按钮；当出现绿色方块时，需要点击右侧图标（红左/绿右）。不同位置和颜色的组合构成了一致性测试（色块与按钮的位置一致，如红色出现在屏幕左边，正确答案也是按左侧按钮）、冲突性测试（色块与按钮的位置冲突，如红色出现在屏幕右边，但正确答案仍是按左侧按钮）以及中立性测试（色块在中间）。

一致、中立和冲突条件各 40 次，一共 120 次测试。反应时以毫秒为单位；准确的反应得 1 分，错误为 0 分，准确率最高为 100%（1.00）。所有测试以混合随机的形式出现。被试在正式测试之前有 4 次练习测试，出现错误需要继续练习，直到全部正确后才能开始正式实验。被试每次做出反应之后，下一个测试才会立即出现，反应没有时间限制。另外由于手机屏幕比电脑屏幕小，整体处于视域内，因此本实验未设计注视点。

2.3.2　MAS 任务

第二个任务 Modified Anti-Saccade（MAS），基于 Bialystok et al. （2006）的实验 2，是本研究中更复杂的抑制任务。在每一个试次，被试会接收两帧信息。第一帧是刺激，第二帧是反应。刺激帧上有两组信息：一是眼睛颜色（红、绿）；二是注视方向（左、前、右）。只有眼睛颜色是相关刺激，注视方向是无关干扰。反应帧上有目标＊，如果第一帧的眼睛为绿色，则被试需要按目标＊同侧的按钮，此为正向眼跳；如果第一帧的眼睛为红色，则被试需要按目标＊反侧的按钮，此为反向眼跳。如果第一帧的注视方向与眼跳方向一致，则为注视一致；如果第一帧的眼睛向前，则为注视向前；如果第一帧的注视方向与眼跳方向冲突，则为注视冲突。

反应时和准确率单位与 Simon 任务一致。任务包括 60 个正向眼跳和 60 个反向眼跳；共 120 个试次，组合为 40 个注视一致，40 个注视向前和 40 个注视冲突。不同条件混合随机出现，正式测试前有 4 次练习测试，全部正确后才能开始正式实验。反应时和准确率的计算与 Simon 任务一样，也没有注视点和反应时间限制。

2.4 认知指标

Simon 任务的初级指标包括一致、中立和冲突条件下的准确率和反应时。二级指标包括：（1）西蒙效应 = 冲突－一致；（2）西蒙抑制 =（冲突 + 一致）/2－中立；（3）西蒙干扰 = 冲突－中立；（4）西蒙辅助 = 中立－一致；（5）西蒙监测 =（冲突 + 中立 + 一致）/3。

MAS 任务的初级指标包括正向眼跳、反向眼跳、注视一致、注视向前和注视冲突的准确率和反应时。二级指标包括：（1）眼跳抑制 = 反向眼跳－正向眼跳；（2）注视抑制 = 注视冲突－注视一致；（3）注视干扰 = 注视冲突－注视向前；（4）注视辅助－注视向前－注视一致；（5）注视效应 =（注视冲突 + 注视一致）/2－注视向前；（6）MAS 监测 =（正向眼跳 + 反向眼跳）/2 =（注视一致 + 注视向前 + 注视冲突）/3。

初级指标以及整体反应时和准确率表征监测能力，而二级指标中的各差值效应则表征抑制能力（Dong & Xie，2014）。反应时（差值）越短、准确率（差值）越高，监测或抑制优势越大。

2.5 数据分析

剔除数据中超过或低于三倍标准差的异常值（1.27%）。组间比较时，使用 SPSS（版本 23）进行数据分析，使用独立 T 检测分析口译和二语学习背景，对初级认知指标做重复测量方差分析（repeated measure ANOVA），再用 Mann-Whitney Test 检测二级指标的组间差异；组内分析时，使用 Spearman's RHO 做相关性分析和逐步回归模型分析，分析认知控制与口译水平等指标的互动和预测关系。

3 结果

3.1 口译和二语背景

如表 1 所示，将 61 名被试分为"二口组"和"非二口组"。"二口组" 26 人，为通过了 CATTI 二级口译（交传）资格证书考试（简称"二口"）的学员，平均年龄为 24.04 岁；"非二口组"25 人，均未通过二级口译考试，平均年龄为 23.09 岁，两组年龄差不到一岁。两组在二语（英语）水平（t = 1.653，p = 0.104）、二语学习时长（t = -0.421，p = 0.676）和日常手机使用（t = 1.287，p = 0.203）方面没有发现显著差异。然而，两组在口译能力（t = 3.287，p = 0.002）、课内口译学习时长（t = 4.342，p < 0.001）和课外口译学习时长（t = 5.07，p < 0.001）方面存在显著差异，"二口组"的三个指标都显著高于"非二口组"（平均值和标准差见表1）。综上，高水平组的口译学习时长更长，自评口译能力更高，但两组在二语水平、二语学习时长和手机使用方面无差异。

表1　被试的口译水平、二语水平和手机使用情况

组别	口译水平	二语水平	手机使用	课内口译学习	课外口译学习	二语学习
二口组(26)	5.65 ± 1.32	6.62 ± 0.85	3.10 ± 1.44	3.15 ± 1.55	318.12 ± 142.47	13.13 ± 2.92
非二口组(25)	4.54 ± 1.29	6.21 ± 0.99	2.53 ± 1.92	1.66 ± 0.95	150.97 ± 115.06	13.41 ± 2.28

注："口译水平"和"二语水平"为被试自评分数，分值范围是1~9分，1分为最低，9分为最高；被试报告的"手机使用"单位为小时/天，"课外口译学习"的单位为小时，"课内口译学习"和"二语学习"的单位为年。

3.2　方差分析

以准确率和反应时为因变量，组别（"二口组"和"非二口组"）为受试间因子，Simon 的一致性（冲突、中立和一致）为受试内因子，MAS 的眼跳（正向眼跳和反向眼跳）和注视（一致、向前和冲突）为受试内因子，做重复测量方差分析。描述性结果如图1所示。

在 Simon 准确率方面，组别有边际效应，$F(1, 59) = 2.952$，$p = 0.091$，$\eta_p^2 = 0.048$，"二口组"（0.98 ± 0.015）略高于"非二口组"（0.945 ± 0.013）。一致性有主效应，$F(2, 58) = 5.093$，$p = 0.009$，$\eta_p^2 = 0.149$，中性条件的准确率（0.974 ± 0.071）高于不一致（0.949 ± 0.131），但两者与一致条件的准确率无显著差异（0.956 ± 0.143，$Fs < 1$）。一致性和组别之间没有交互作用（$F < 1$）。在 Simon 反应时方面，一致性或组别都没有主效应，两个因子之间也没有交互（$ps > 0.1$）。

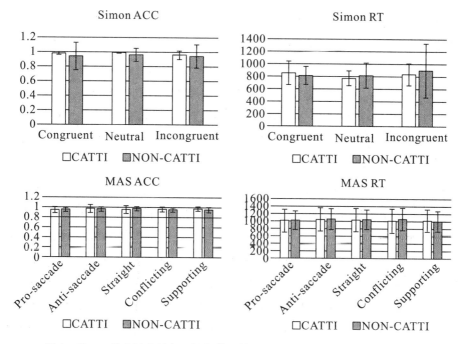

图 1 Simon 和 MAS 任务不同条件下的反应时（RT）和准确率（ACC）

（congruent 一致，neutral 中立，incongruent 冲突，pro-saccade 正向眼跳，anti-saccade 反向眼跳，straight 注视向前，conflicting 注视冲突，supporting 注视一致）

在 MAS 准确率方面，眼跳主效应显著，$F_{(1, 59)} = 5.493$，$p = 0.022$，$\eta_p^2 = 0.085$，反向眼跳的准确率（0.966 ± 0.058）高于正向眼跳（0.95 ± 0.048）。注视和组别没有主效应，眼跳和组别之间没有相互作用（Fs < 1）。但注视和组别之间的交互作用显著，$F_{(1, 59)} = 3.285$，$p = 0.042$，$\eta_p^2 = 0.053$。Mann-Whitney U 检测发现，与"非二口组"相比，"二口组"MAS 注视效应（$z = 2.152$，$p = 0.035$）的准确率增益更大，说明口译水平更高的组别在注视控制上更准确。在 MAS 反应时方面，眼跳主效应显著，$F_{(1, 59)} = 5.44$，$p = 0.023$，$\eta_p^2 = 0.084$，正向眼跳的反应时（1014.915 ± 35.725 毫秒）明显短于反向眼跳（1048.58 ± 38.189 毫秒）。眼跳和组别之间无交互，注视和组别也无主效应（$Fs < 1$）。Mann-Whitney U 检验发现，与"非二口组"相比，"二口组"的眼跳抑制反应时更短（$z = -2.186$，$p = 0.033$）。

3.3 相关性分析

在口译经验和认知指标之中，Spearman's RHO 分析显示：（1）课内口译学习时长与眼跳抑制反应时呈负相关（$r = -0.318$，$p = 0.012$），与眼跳抑制准确率呈正相关（$r = 0.26$，$p = 0.043$），与反向眼跳准确率呈正相关（$r = 0.286$，$p = 0.026$）。（2）课外口译学习时长也与反向眼跳准确率正相关（$r = 0.31$，$p = 0.015$）。此外，自评口译水平与课内（$r = 0.48$，$p < 0.001$）和课外口译学习时长（$r = 0.503$，$p < 0.001$）高度相关。（3）自评口译能力与 MAS 整体反应时负相关（$r = -0.33$，$p = 0.009$），和 MAS 整体准确率正相关（$r = 0.324$，$p = 0.011$）。

3.4 口译能力的预测因素

以 Simon 和 MAS 指标、二语水平、二语学习时长、课内和课外口译学习时长为预测变量，口译水平作为因变量，逐步回归模型分析显示了三个显著模型（见表2）。最优模型可解释 62.2% 的口译水平差异，$\Delta R^2 = 0.622$，$F(3, 57) = 33.885$，$p < 0.001$。课外口译学习时长和二语学习时长被排除在模型之外。模型中最显著的预测变量是二语水平（$B = 0.885$，$SE = 0.12$，$\beta = 0.597$；$t = 7.346$，$p < 0.001$），可正向解释 46.2% 的口译水平差异。课内口译学习时长（$B = 0.338$，$SE = 0.08$，$\beta = 0.346$；$t = 4.207$，$p < 0.001$）可正向解释额外 13% 的差异，而 Simon 一致准确率（$B = 1.88$，$SE = 0.793$，$\beta = 0.191$；$t = 2.372$，$p = 0.021$）对口译水平也有 3% 的独立贡献。

表 2　预测自评口译能力的认知和二语变量逐步回归分析总结

模型	R	R^2	ΔR^2	F	P
1	0.686^a	0.471	0.462	52.544	0.000
2	0.778^b	0.605	0.592	44.466	0.000
3	0.800^c	0.641	0.622	33.885	0.000

a. 预测变量：（常数），二语水平；

b. 预测变量：（常数），二语水平，课内口译学习时长；

c. 预测变量：（常数），二语水平，课内口译学习时长，Simon 一致准确率。

3.5 认知控制的预测变量

以口译水平、课内和课外口译学习时长、二语水平和二语学习时长为预测变量，Simon 和 MAS 指标分别为因变量，多元回归分析结果见表3。

表3　预测认知控制的二语和口译变量逐步回归分析总结

模型	R	R^2	ΔR^2	F	P	t
1	0.299 [a]	0.089	0.074	5.772	0.019	2.403
2	0.305 [b]	0.093	0.078	6.050	0.017	−2.46
3	0.301 [c]	0.090	0.075	5.869	0.019	2.423
4	0.298 [d]	0.089	0.073	5.743	0.020	
5	0.302 [e]	0.091	0.076	5.936	0.018	
6	0.360 [f]	0.130	0.115	8.796	0.004	
7	0.333 [g]	0.111	0.096	7.365	0.009	

a. 预测变量：（常数），口译水平；因变量：Simon 一致准确率；

b. 预测变量：（常数），课内口译学习时长；因变量：MAS 眼跳抑制反应时；

c. 预测变量：（常数），二语水平；因变量：MAS 抑制准确率；

d. 预测变量：（常数），二语学习时长；因变量：MAS 注视一致准确率；

e. 预测变量：（常数），二语学习时长；因变量：MAS 注视向前准确率；

f. 预测变量：（常数），二语学习时长；因变量：MAS 反向眼跳准确率；

g. 预测变量：（常数），二语学习时长；因变量：MAS 整体准确率。

口译水平可正向解释 Simon 一致准确率7.4% 的分数差异，$\Delta R^2 = 0.074$，$F(1, 59) = 5.772$，$t = 2.403$，$p = 0.019$。课内口译学习可正向解释眼跳抑制反应时7.8% 的差异，$\Delta R^2 = 0.078$，$F(1, 59) = 6.05$，$t = -2.46$，$p = 0.017$。

二语水平可正向解释 MAS 干扰准确率7.5% 的差异，$\Delta R^2 = 0.075$，$F(1, 59) = 5.869$，$t = 2.423$，$p = 0.019$。二语学习时长可负向解释 MAS 注视一致准确率7.3%的差异，$\Delta R^2 = 0.073$，$F(1, 59) = 5.743$，$t = -2.396$，$p = 0.02$，负向解释 MAS 注视向前准确率7.6% 的差异，$\Delta R^2 - 0.076$，$F(1, 59) = 5.936$，$t = -3.086$，$p = 0.018$，负向解释 MAS 反向眼跳准确率11.5% 的差异，$\Delta R^2 = 0.115$，$F(1, 59) = 8.796$，$t = -2.966$，$p = 0.004$，负向解释 MAS 整体准确率9.6% 的差异，$\Delta R^2 = 0.096$，$F(1, 59) = 7.365$，$t = -2.714$，$p = 0.009$。

4　讨论

在本研究中，我们使用组间/组内混合设计调查了口译水平与认知控制的互动效应，发现了两者能够互相促进。现将研究发现与前人研究的对比及其意义讨论如下：

（1）在组间对比中，在两个任务初级指标上并未发现抑制优势，与部分前期研究结论一致（刘玉花，董燕萍，2017；Aparicio et al.，2017；Babcock & Vallesi，2017；Dong & Xie，2014；Nour et al.，2019；Rosiers et al.，2019；Van der Linden et al.，2018；Yudes et al.，2011）；但在二级指标上发现，水平更高的学生译员 MAS 抑制反应时上的差异更小，且抑制准确率的增益更大，与上面研究结论不一致。

差异可能源自任务设计和认知指标：第一，因为使用了混合随机呈现和双重干扰因素的设计，所以本研究的 MAS 任务整体反应时要比前期研究任务更长，说明认知优势可能产生在更有挑战性的任务上（Bialystok，2017）。第二，部分研究的指标只使用了反应时，未考虑准确率。本研究的受试为口译员，而准确性是口译的重要质量标准，说明认知优势可能出现在前期被忽略的准确率上。第三，大部分前期研究只考虑了一致性效应指标，本研究还加入了中央（center）与两侧（sides）的差值效应（如 Bialystok et al.，2004），以及表征监测能力的单个条件或整体表现（Dong & Xie，2014），说明认知指标也可能影响口译优势的显现。

（2）组内相关性分析发现，课内口译学习时间越长，监测和抑制准确率越高，抑制时间成本越低；口译能力与整体监测效率和准确率正相关；课外口译学习时间越长，监测准确性越高。在逐步回归模型汇总中，口译能力、课内口译学习时长和二语水平能够正向预测抑制优势，这与部分前期研究结论一致（Timarová et al.，2014；Verreyt et al.，2016；Woumans et al.，2015）。

但本研究显示，二语学习时长负向预测了认知控制。前期研究一般认为，学习二语的时间越早，双语者的认知优势越明显（如 Luk et al.，2011；Yow & Li，2015），因为学习二语早的双语者在语言控制方面的练习量会比学习二语晚的双语者更大（Luk et al.，2011）。该差异可能是因为：第一，本研究被试的二语学习时长虽然平均在 13 年以上，但他们的大部分学习还是属于课堂输入型学习，对认知控制的需求较低；第二，相关性分析发现，这些被试的二语学习时长与二语水平无显著关系（$r = -0.006$，$p = 0.965$），说明二语经验的"质"与"量"不成正比。

（3）回归模型分析发现，被试口译水平的最大预测变量为二语水平，其次是口译学习时长，最后是监测准确率，这与部分前期研究一致。例如，Cai et al.（2015）发现，工作记忆容量能够显著预测本科交传口译成绩，但在除去前测成绩影响之后，只有二语水平对后测成绩的改善仍有贡献。Injoque-ricle et al.（2015）发现，译员每月同传天数和发音抑制下的听力广度能够显著解释49.8%的同传分数变化，但前者的解释力度更大，说明口译实践时长能够调节口译水平。Chmiel（2018）发现工作记忆容量更高的学生口译成绩更高。刘玉花和董燕萍（2020）也发现在口译训练前，工作记忆（二语听力广度）和更新效率（n-back反应时）能够解释48.3%的期末口译成绩变化，但一年后两个指标的解释力度降至35.6%，前测时解释力更强的变量是更新效率，后测时解释力更强的是听力广度。

5 结语

本研究采用组间/组内混合设计比较了不同口译水平的学生译员在Simon和Modified Anti-Saccade任务上的认知表现及其与口译经验的相互预测效应。结果显示，口译水平，二语水平，课内、课外口译学习时长与各个认知控制指标都有积极的交互效应，但二语学习时长对认知控制产生了负面影响。未来研究可以进一步扩大样本，以考察在不同年龄和技能阶段口译水平对认知优势出现的调节作用。

参考文献：

胡敏霞，宋婷婷，2020. 口译学员认知控制能力对口译水平的影响研究［J］. 现代语言学（5）：647−658.

刘玉花，董燕萍，2017. 初级阶段口译训练对认知控制能力的影响——来自纵向研究的证据［J］. 外语学刊（4）：73−78.

刘玉花，董燕萍，2020. 初级阶段口译活动与工作记忆关系的纵向研究［J］. 外国语（1）：112−121.

APARICIO X, HEIDLMAYR K, ISEL F, 2017. Inhibition efficiency in highly proficient bilinguals and simultaneous interpreters: evidence from language switching and stroop tasks ［J］. Journal of psycholinguistic research, 46: 1427−1451.

BABCOCK L, VALLESI A, 2017. Are simultaneous interpreters expert bilinguals, unique bilinguals, or both ［J］. Bilingualism: language and cognition, 20 (2): 403−417.

BIALYSTOK E, 2017. The bilingual adaptation: how minds accommodate experience ［J］. Psychological bulletin, 143: 233−262.

BIALYSTOK E, CRAIK F, KLEIN R, VISWANATHAN M, 2004. Bilingualism, aging, and cognitive control: evidence from the Simon task [J]. Psychology and aging, 19: 290 – 303.

BIALYSTOK E, CRAIK F, RYAN J, 2006. Executive control in a modified Antisaccade task: effects of aging and bilingualism [J]. Journal of experimental psychology, 32 (6): 1341 – 1354.

CAI R, DONG Y, ZHAO N, LIN J, 2015. Factors contributing to individual differences in the development of consecutive interpreting competence for beginner student interpreters [J]. The interpreter and translator trainer, 9 (1): 104 – 120.

CHMIEL A, 2018. In search of the working memory advantage in conference interpreting-training, experience and task effects [J]. International journal of bilingualism, 22 (3): 371 – 384.

DIAMOND A, 2013. Executive functions [J]. Annual review of psychology, 64: 135 – 168.

DONG Y, LI P, 2020. Attentional control in interpreting: a model of language control and processing control [J]. Bilingualism: language and cognition, 23 (4): 716 – 728.

DONG Y, XIE Z, 2014. Contributions of L2 proficiency and interpreting experience to cognitive control differences among young adult bilinguals [J]. Journal of cognitive psychology, 26 (5): 506 – 519.

DONG Y, ZHONG F, 2019. The intense bilingual experience of interpreting and its neurocognitive consequences [C] // SCHWIETER J. The handbook of the neuroscience of multilingualism. Chichester: Wiley-Blackwell: 685 – 700.

INJOQUE-RICLE I, BARREYRO J, FORMOSO J, JAICHENCO V, 2015. Expertise, working memory and articulatory suppression effect: their relation with simultaneous interpreting performance [J]. Advances in cognitive psychology, 11 (2): 56 – 63.

KÖPKE B, NESPOULOUS J, 2006. Working memory performance in expert and novice interpreters [J]. Interpreting, 8 (1): 1 – 23.

LEHTONEN M, SOVERI A, LAINE A, JÄRVENPÄÄ J, DE BRUIN A, ANTFOLK J, 2018. Is bilingualism associated with enhanced executive functioning in adults? A meta-analytic review [J]. Psychological bulletin, 144: 394 – 425.

LUK G, DE SA E, BIALYSTOK E, 2011. Is there a relation between onset age of bilingualism and enhancement of cognitive control [J]. Bilingualism: language and cognition, 14: 588 – 595.

MIYAKE A, FRIEDMAN N, EMERSON M, WITZKI A, HOWERTER A, WAGER T, 2000. The unity and diversity of executive functions and their contributions to complex "Frontal Lobe" tasks: a latent variable analysis [J]. Cognitive psychology, 41: 49 – 100.

MELLINGER C, HANSON T, 2019. Meta-analyses of simultaneous interpreting and working memory [J]. Interpreting, 21 (2): 165 – 195.

MORALES J, PADILLA F, GÓMEZ-ARIZA C, BAJO M, 2015. Simultaneous interpretation selectively influences working memory and attentional networks [J]. Acta psychologica, 155: 82 – 91.

NOUR S, STRUYS E, STENGERS H, 2019. Attention network in interpreters: the role of training and experience [J]. Behavioral sciences, 9 (43): 1 – 13.

NOUR S, STRUYS E, WOUMANS E, HOLLEBEKE I, STENGERS H, 2020. An interpreter advantage in executive functions? A systematic review [J]. Interpreting, 22 (2): 163 – 186.

ROSIERS A, WOUMANS E, DUYCK W, EYCKMANS J, 2019. Is it all in the mind? Investigating the presumed cognitive advantage of aspiring interpreters [J]. Interpreting, 21 (1): 115 – 134.

TIMAROVÁ Š, ČEŇKOVÁ1 I, MEYLAERTS R, HERTOG E, SZMALEC A, DUYCK W, 2014. Simultaneous interpreting and working memory executive control [J]. Interpreting, 16 (2): 39 – 168.

VAN DER LINDEN L, VAN DE PUTTE E, WOUMANS E, DUYCK W, SZMALEC A, 2018. Does extreme language control training improve cognitive control? A comparison of professional interpreters, L2 teachers and monolinguals [J]. Frontiers in psychology, 9: 1998.

VERREYT N, WOUMANS E, VANDELANOTTE D, SZMALEC A, DUYCK W, 2016. The influence of language switching experience on the bilingual executive control advantage [J]. Bilingualism: language and cognition, 19 (1): 181 – 190.

WEN H, DONG Y, 2019. How does interpreting experience enhance working memory and short-term memory: a meta-analysis [J]. Journal of cognitive psychology, 31 (8): 769 – 784.

WOUMANS E, CEULEERS E, VAN DER LINDEN L, SZMALEC A, DUYCK W, 2015. Verbal and nonverbal cognitive control in bilinguals and interpreters [J]. Journal of experimental psychology: learning, memory, and cognition, 41 (5): 1579 – 1586.

YOW W, LI X, 2015. Balanced bilingualism and early age of second language acquisition as the underlying mechanisms of a bilingual executive control advantage: why variations in bilingual experiences matter [J]. Frontiers in psychology, 6: 164.

YUDES C, MACIZO P, BAJO T, 2011. The influence of expertise in simultaneous interpreting on non-verbal executive processes [J]. Frontiers in psychology, 2: 309.

The Interactive Effects of
Interpreting Proficiency and Cognitive Control

Hu Minxia

Abstract: Cognitive control may have a two-way moderating effect with the interpreting and bilingual experiences. Prior evidence did not, however, exhibit a consistent effect. In view of this gap, the current study adopted a mixed between/within-group design to examine the cognitive performance of student interpreters on the two psychomotor tasks, Simon and Modified Anti-Saccade, and their interaction with the participants' interpreting and bilingual experiences. The results showed that: 1) The high-level group (who passed CATTI Level 2 Interpretation exam) produced a cognitive advantage of shorter response time and/or higher accuracy on the more difficult task; 2) The stepwise regression models of L2 proficiency, interpreting learning duration, and cognitive control explained 62.2% of the variances in interpreting proficiency; 3) Interpreting proficiency, L2 proficiency and interpretation learning duration were significant positive predictors of cognitive control, while L2 learning duration were a significant negative predictor. These results suggest that interpreting experience, like second-language experience, is a continuous variable. Therefore, the "quality" and "quantity" of multiple moderators must be considered to clarify whether the interpreters possess a cognitive advantage.

Key words: interpreting experience; second language experience; cognitive control; moderating effect

提升大学生英语翻译水平探索

刘婷兰

（四川大学外国语学院，成都610207）

摘　要：本文分析了大学生英语翻译水平的现状、影响英语翻译能力的因素及提升大学生英语翻译能力的措施，旨在帮助大学生提升英语翻译能力和综合语言水平。

关键词：大学生；翻译能力；现状；影响因素

英语课是大学生的必修课。翻译是英语听、说、读、写、译五大综合技能之一，也是对前四种能力的一种综合，更是一种更高层次外语能力的体现。随着社会的发展，翻译能力日渐成为求职面试以及日常生活和工作中的重要技能。因此，如何提升大学生的英语翻译水平，是每一个大学英语教师都在一直思考的问题。

1　大学生英语翻译水平现状

在学生平时习作和各种测试中，笔者发现，不少学生在英语学习中存在较大的翻译问题，如歪曲句意、语篇缺乏连贯性、语法错误、搭配别扭、逻辑混乱、胡乱翻译等。具体说来，英译汉方面，学生常常不能正确理解句意，组织不好语言，甚至出现英式中文。例如："If you go to the party in slippers, you will be considered rather eccentric."通常学生会翻译为："如果你穿着拖鞋出席舞会的话，你会被认为相当古怪。""你会被认为相当古怪"这话是典型的英式中文表达，不符合中国人的说话习惯。而在汉译英的过程中，很多学生不能有效地用英语进行表达，从英语句型的选择到单词的使用，再到语法的应用，都还存在很多问题。究其原因，主要有以下几点：

（1）词汇量小。

众所周知，较大的词汇量会助翻译一臂之力。词汇量太小势必会影响对原文句意的理解。在翻译过程中，也会因为找不到合适的词语而无法将翻译进行到底。即便勉强成文，也会有不准确、生硬之嫌。背单词是一件苦差事。有些学生花费时间少、单词积累小，致使其在翻译时捉襟见肘、苦不堪言。

（2）阅读理解能力不够扎实。

阅读能力欠缺会导致学生对句子结构的熟悉程度不够、感知能力较弱，不能准确获取句意及特定语境中篇章的意义，缺乏对语篇的领悟能力，不善于抓住关键词和主题句，不善于猜测词义，缺乏语感，最终不能准确理解原文，甚至会歪曲原文的意思。翻译讲究"信、达、雅"。如果没有"信"做基础，那翻译便是无本之木，译文肯定会存在很大问题。

（3）语法基本功不过硬。

无论是英译汉还是汉译英，要想产出高质量的译文，语法能力必须过关。但许多学生因为高考过后疏于对语法的持续学习和巩固，导致语法水平滑坡。一些英语语法本就薄弱的学生更是因长时间很少接触语法而在翻译时心有余而力不足。语法能力弱可能导致学生把握不住原句的结构，进而影响对句子意思的理解，或者在进行英汉互译时不能根据句意的需要选择合适的句型、时态、语态、语序等。以被动语态为例，由于表达习惯上的差异，被动语态在英语中使用非常广泛，凡是不必说、不愿说或不清楚动作的施动者的，都会用被动语态来突出动作的承受者。相比而言，汉语中被动语态就用得比较少。因此，在英汉互译的过程中，适当运用主、被动语态的转换就显得十分必要。这就会考查学生的语态转换能力。遗憾的是，目前很多学生都缺乏这种能力，这恰恰就是语法基本功不过硬的表现。

（4）缺乏翻译技巧。

很多学生以为翻译就是词对词的转换，只要有足够多的单词量和够用的语法知识，就可以正确地进行翻译。这些学生往往在翻译时不注重技巧，一味字对字地翻译句子的字面意思，没有充分考虑到上下文、文化背景、习语俗语等对语义的影响，更不会运用一定的翻译技巧准确再现原文的意思。这是学生的译文不通顺、不完整甚至令人费解的原因之一。

（5）文化背景知识欠缺。

语言是文化的载体，学习英语必须了解一定的英美历史和文化常识，了解一些英美国家的风土人情和生活习俗。这些知识在翻译的过程中起着重要的作用。如果学生缺乏这些方面的积累，翻译时就会望文生义、生硬牵强。

（6）对俗语和习语的学习太少。

英语中有大量俗语和习语，它们都有约定俗成的含义。如果望文生义，势必闹出大笑话。例如："hit the hay"如果理解为"撞击干草"就会贻笑大方。该习语的意思其实是"to go to bed"，即"去睡觉"。从20世纪初开始，"hay"一词在美国就被用来指"床"。毕竟以前并没有现在这样的床垫，以前的床垫里面塞的材料多是稻草，所以人们在睡觉之前会敲打床垫，这样才能睡得比较舒服。因此后来人们就把"hit the hay"这句习语引申为"去睡觉"。对于这类习语和俗语，只有平时多积累多使用，才能在翻译时游刃有余。

2　影响英语翻译能力的几个因素

有些大学生抱怨说，自己学英语这么多年，翻译一个文本却未见得得心应手，甚至有时还有些不知所措。那么，为什么经过这么多年的英语学习，学生的翻译能力却还远远不能达标呢？甚至有些学生连简单的翻译都难以胜任。要回答这个问题，让我们先来看看影响翻译能力的因素。

（1）单词。

单词一直是英语能力的奠基石，也是学生学英语的基本功。单词量的多寡、对单词释义和用法的精确掌握都是制约学生翻译能力的重要因素。几个近义词该选择哪一个？某单词是及物动词还是不及物动词？某动词有没有被动语态？某名词可不可数？某单词是否为一词多义和一词多性？这些问题都直接影响着学生翻译作品质量的高低。

（2）语法。

语法的重要性不言而喻。理解句子意思需要语法，着手翻译也需要语法。如果语法不好，容易造成曲解句意。如果没有语法，很难把英语的若干片段串成一个完整的句子。如果语法出错，翻译出来的句子就会千疮百孔。有些学生单词量并不小，却苦于英语语法的欠缺，不能成功地连词成句，这对于翻译来说是致命的。没有扎实的语法功底，光凭感觉，是不会有好翻译产生的。

（3）文化。

翻译实质上是两种语言之间的转换，必然会受到两种语言所对应的文化的影响和制约。如果不了解源语的文化背景知识，很可能造成目的语产出时出现问题甚至误译，有时还会闹出令人忍俊不禁的笑话。例如："Don't pull my leg."很多学生毫不犹豫地翻译为："不要拖我的后腿。"其实这是望文生义。究竟原因，就是不了解相关的文化背景。

（4）翻译技巧和方法。

翻译虽然很难说有固定的模式，但基本的翻译技巧和方法仍然有助于译者更好地进行源语和目的语之间的转换。完全脱离翻译技巧和翻译方法，纯粹凭感觉的翻译是不可取的。

3　提升大学生英语翻译水平的必要性

随着中外交流的日益深入，东西方往来日益频繁，全球联系日益紧密，对各国语言文化的学习和理解显得越来越重要，翻译能力自然也就显得举足轻重。具有较高的翻译能力，能够帮助我们更好地看世界、融入世界，更好地"引进来"和"走出去"，一方面学习西方的先进文化和科学技术，另一方面传播本民族的先进文化和理念，讲好中国故事，传播中国声音。具体说来，提升大学生英语翻译水平的必要性有以下几点：

（1）有助于提升学生的英语综合水平。

翻译之于语言不是孤立的存在，而是在听、说、读、写基础上的一种升华。要想产出优秀的翻译文本，必须以扎实的阅读能力为基础。要想形成兼具"信""达""雅"的译文，不仅要读出原文的字面意思，还要能解读出原文文字信息背后的文化内涵。源语与目的语的转换不仅仅是文字转换，更是两种文化的交流。反之，通过训练学生的翻译技能，也能反向促进其阅读能力的提升。此外，在翻译过程中，为了使译文更准确流畅，译者必须考虑源语与目的语在语言表达、语言结构等方面的差异，再根据基本语法规则和句型结构来进行语篇翻译，这其实也是对学生写作能力的考验和促进。翻译的过程就是对两种语言的结构和思维方式不断揣摩的过程，这无疑对提高学生的写作能力有极大帮助。可见，翻译不仅是一种劳动，更是提升学生英语综合能力的一种手段。

（2）有助于提升学生的语言文化修养。

翻译是对语言学习者综合能力的考察。要做一名好的译者，必须对语言及其背后的文化有一定的了解。对学生进行翻译训练，同时也会促进学生对中西方的语言和文化有进一步的了解，对两种语言文化间的差异有更深刻的认识。这在无形中也提升了学生的文化素养，还会增强学生的学习兴趣，提高学习效率。例如：英语中的习语"rain cats and dogs"单从字面意思翻译成"下猫下狗"会让人不知所云。倘若让学生了解到猫和狗是西方文化中的风神和雨神，所谓"下猫下狗"其实是指风雨交加、倾盆大雨，学生就会茅塞顿开，学习兴趣大增。

（3）有助于大学生就业。

随着改革开放的进一步深化，中国与世界各国的交流合作越来越密切。中国在不断走向世界的同时，也吸引着越来越多的外商来中国投资，因此各行各业对翻译人才的需求与日俱增。在这样的大环境下，翻译水平高的学生在就业时的语言优势十分明显。此外，随着"一带一路"建设的发展，中国与沿线国家的合作项目越来越多，翻译能力强的学生在就业时也可以走出国门，不限于国内就业市场，从而拥有更广泛的选择。

4 提升大学生英语翻译水平的几点建议

第一，强化学生单词基础，提升学生的单词应用能力。尤其是近义词辨析的能力，很容易被忽略。举个例了："preserve""reserve""conserve"这几个单词都有"保存"的意思，属于近义词，但其适用场合却不太一样。如果不能清晰地了解其中差异，则会在翻译时出现选词不当。比如"预订房间"该用哪个单词？"节约用水"呢？中国人过春节爱吃的"酱肉、腊肉"又该怎么翻译？如果学生知道"preserve"是指用特殊手段进行防腐处理，"reserve"是指预留、保留，而"conserve"是指节省、留存，则不难准确地应用这几个单词完成翻译："预订房间"译为"reserve a room"，"节约用水"译为"conserve the water"，"酱肉、腊肉"译为"preserved meat"。这个例子很好地说明了单词应用能力在翻译中的作用。

第二，提高学生的英语语法水平，从而正确理解句意和进行翻译。以英译汉为例，尤其是遇到英语长难句的时候，语法应用能力格外重要。把长难句的句子结构分析清楚，是成功翻译的前提。只有具备足够的语法知识和应用能力，才能正确地把握长难句的句子结构。比如下面这个句子："Workaholics would rather handle everything themselves, which doesn't always produce the necessary results because often we need the input and help of others."很显然，这是一个长难句。要想翻好这个句子，首先需要理解句意。而句意的理解又和句子的语法结构密切相关。理清语法结构有助于正确理解句意。一个语法能力足够强的学生，应该不难看出，逗号前的部分是主句，逗号后面是从句。而从句部分包含了两个小从句，一个是 which 引导的非限制性定语从句，一个是 because 引导的原因状语从句。有一个语法难点在于"which"这个关系代词究竟指代什么。不少学生会认为"which"指代的是"workaholics"，这说明这部分学生的语法"定语从句"部分有欠缺。如果能理解到"which"指代的是逗号前面的整句话，那就已经成功了一半。接下来，就不难明白整句话的意思，从而翻译整理如下："工作狂宁愿事事亲自处理，但这样做并不总能取得所要结果，因为我们常常需要他人的投入和帮助。"

第三，帮助学生扩大阅读面，拓宽眼界和视野，多学习、了解中西方文化知识。光有词汇和语法，不一定就能成功完成一项翻译任务，因为翻译的最基本任务不是语言的转换而是信息和内容的传达。王佐良先生说："翻译里最大的困难是什么呢？就是两种文化的差异。"美国翻译理论家尤金·奈达也指出："翻译是两种文化之间的交流。对于真正成功的翻译而言，熟悉两种文化甚至比掌握两种语言更重要，因为词语只有在其作用的文化背景中才有意义。"这说明翻译要将中西文化结合起来，离开文化背景去翻译，不可能实现两种语言间的真正交流。因此，提升翻译水平必须重视培养对源语和目的语文化的敏感性。

例如："A leopard cannot change its spots."如果学生不了解西方文化，就不知道这其实是一句谚语，于是会简单地把这句话翻译成："豹子不能改变其斑点。"这个翻译听起来自然是很蹩脚的，甚至还有点莫名其妙。这就是文化背景知识储备不够引发的尴尬。这句话真正的意思是一个人不能改变其本性，这恰恰应了中国的一句俗话："江山易改本性难移。"这才是这句英文的最佳汉译。

又如："John can be relied on. He eats no fish and plays the game."如果直译为"约翰为人可靠，他不吃鱼而且常常玩游戏"就贻笑大方了，而且会让人丈二和尚摸不着头脑：两句之间有何关系呢？其实该句含有英语典故，只有了解英语国家的宗教信仰方能正确理解，实现源语与目的语的等值。原来英国历史上新旧宗教派别之间斗争激烈，旧教规定在斋日可吃鱼，而新教徒用拒绝吃鱼表示对新教的忠诚。所以"to eat no fish"的意思是"to be loyal and faithful"。另外，在游戏中总是有许多规则要遵守，所以"to play games"意味着"to follow principles"。因而原文可译为："约翰是可靠的。他既忠诚又守规矩。"在特定的文化语境中，可能出现语言的表层指称意义与深层语用意义不一致的现象。这就需要学生平时多阅读、多积累，翻译时才能正确地再现习语的文化气息。

让我们回到本文前面所说的"Don't pull my leg."。"pull one's leg"是英语中的一个习惯用语，意思是"开玩笑"。所以"Don't pull my leg."应该翻译为："别拿我开玩笑。"

第四，交给学生基本但有效的翻译技巧和翻译方法。英汉互译的方法有许多种，教师应把基本的方法介绍给学生。最常用的翻译方法不外乎直译法和意译法。（1）直译法。所谓直译，就是在译文语言条件许可的情况下，在译文中既保留原文的内容，又保留原文的形式，在选词用字、句法结构、形象比喻、风格特征等方面尽可能与原文趋于一致。例如："Apart from the name Michael, nothing could be used to identify the owner of the wallet."可以译为："但是除了迈克尔这个名字以外，没有其他任何东西能用于确定钱包主人的身份。"（2）意译法。英语和汉语在词汇、句法结构和表达方式上都存在诸多差异。当原文的思想内容与译文的表达形式有矛盾，不宜采用直译的方法时，就应考虑用意译法，即不拘泥于原文的形式，重点在于准确表达原文的内容。例如："I don't know what he has got up in his sleeve."这句话如果翻译成"我不知道他袖子里装着什么。"就显得很死板，不如译为中国人常说的一句话："我不知道他葫芦里卖的是什么药。"当然，应该告诉学生，在具体的翻译过程中，我们应该审时度势，采取灵活的方法，才能创作出高质量的翻译文本。

第五，提升学生的审美水平。译文好不好，需要进行鉴赏。在此过程中，审美能力的高低起着决定性作用。笔者发现，将两个翻译文本放在一起，让学生进行比较鉴别时，学生竟然会一时语塞，无法对译文的孰优孰劣进行合理的分析和判断。这就是审美水平有限所致。所以，对学生的审美能力进行持续的培养和提升，无疑也是在帮助学生提升其翻译能力。审美能力上去了，才能鉴别翻译文本的好与不好，也才能在翻译过程中更加自觉地朝着"信达雅"的标准将自己的译文做得更好。

综上所述，翻译能力是大学生英语综合能力的一种体现，在当今社会也是一个人的核心竞争力之一。大学生面临就业，具有较强翻译能力能为自己在就业市场更添一份自信。翻译能力的高低又受到词汇能力、语法能力和文化背景知识等诸多因素的影响和制约。只有不断在这些方面加强学习，提升修养，多进行翻译实践练习，才能真正提高翻译水平和英语综合素养。

参考文献：

赖琳，2013. 浅论大学英语翻译技巧［J］. 技术与市场（1）：133－134.

钱歌川，2015. 翻译的技巧［M］. 北京：北京联合出版公司.

武峰, 2013. 英汉翻译教程新说 [M]. 北京：北京大学出版社.

张海瑞, 2010. 大学英语翻译教学存在的问题与对策 [J]. 教育理论与实践（19）: 62 - 64.

庄绎传, 2015. 翻译漫谈 [M]. 北京：商务印书馆.

Study on Improving College Students' Translation Ability

Liu Tinglan

Abstract: This paper analyzes the current situation of college students' translation ability and its influencing factors. It also gives suggestions on how to improve college students' translation ability. The paper aims to help college students with their English-Chinese translating and comprehensive English language skills.

Key words: college students; translation ability; current situation; influencing factors

汉文佛典 《妙法莲华经》 英译史及译本接受研究[①]

潘丽妃

（四川大学外国语学院，成都 610207）

摘　要： 大乘佛教经典《法华经》自 3 世纪由西域译入我国以来，对我国文化以至东亚文化圈带来了深远的影响。自 19 世纪后期始，《妙法莲华经》陆续出现十余个英文译本，英译活动长盛不衰，持续至今。本文微观史与宏观史并重，以历时的方法梳理该经的英译史，并总结各译本的特点。同时，本文梳理了英译本的接受情况，提炼出此经英译对汉文佛典英译的启示，指出汉文佛典的翻译及其研究对我国文化外译有重要的价值。

关键词： 佛经；《妙法莲华经》；英译史；接受研究

1　引言

佛教典籍《法华经》[②] 自西域传入中国以来，所存汉文本共三种，即竺法护西晋太康七年（286 年）翻译的《正法华经》，鸠摩罗什弘始八年（406 年）翻译的《妙法莲华经》，以及阇那崛多与达摩笈多隋仁寿元年（601 年）共译的《添品妙法莲华经》。此三经中，以鸠摩罗什的《妙法莲华经》最受后世推崇。从世俗社会到王公贵族，从在家白衣到出家僧众，从新词创造到文学创作，从石窟建筑、造像美术到哲学思想、中国本土宗派创立，《法华经》影响之深远，不一而足（严耀中，1997；张海沙，2009；辛岛静志，2013；Wang，2005）。随着近两千年历史的推进，《法华经》与中国文化紧密相融并向周边东亚各国传播，已成为中国文化甚至东亚文化的

---

① 本文系四川大学中央高校基本科研业务费项目"汉文佛典《阿弥陀经》英译研究"（项目编号：2022 自研 - 外语 - 06）、"鸠摩罗什汉译佛典英译研究"（项目编号：2022skzx - pt194），以及四川大学专职博士后研发基金项目"汉文佛典英译之译者群像研究"（项目编号：skbsh2022 - 40）阶段性研究成果。
② 本文中《法华经》一名是对该经各种版本的统称，《妙法莲华经》为多个中文异译本中的一种。

重要组成部分。此经向西方的译介成为西方了解佛教文化与中国文化的重要途径之一。

目前此经的英译研究有四篇文献，主要围绕两位传教士的英译本、译者生涯、译语特点、翻译动机以及翻译依据的底本等进行分析，并将两位传教士进行对比，突出二位译者对他者文化态度的差异性（蒋维金，2014；2015；2018；杨靖，2018）。国内对《法华经》翻译问题的探讨主要集中在汉语与其他语言文本方面，如《21 世纪以来〈法华经〉研究综述》（党晓龙，2016）、《〈法华经〉三个汉译本的比较研究》（余娜，2018）、《同经异译佛经人名管窥——以〈法华经〉异译三经为例》（陈源源，2008）、《西藏梵文〈法华经〉写本及〈法华经〉汉藏文译本》（桑德，2010）、《梵汉本〈法华经〉语词札记》（朱冠明，段晴，2005）、《从梵汉对勘看汉译佛经中数的表达——以〈法华经〉为例》（龙国富，2013）、《什译〈妙法莲华经〉的泰译研究》（白濡，2016）等。目前学界对《法华经》英译方面的讨论很少，对其英译史梳理有限。基于此，本文拟采用历时的方法梳理《法华经》的英译历史，并考察译本在读者中的接受情况，最后提出此经英译对汉文佛典英译的几点启示。

2　《妙法莲华经》英译史

《法华经》的西方语言译本涵盖了英、德、法、意等语言，其中数量最多的是英译本，其他几个语种远不能及，甚至有从英文本转译成其他西方语言的译本。《法华经》的英译本根据译出语的种类可分为三种：一是由梵文译为英文，二是由法语译为英文，三是由中文译为英文。此处简述前两种的翻译历史，重点梳理由中文译为英文的历史。

《法华经》从梵文向英文的翻译由荷兰语言学家、东方学者亨德里克·克恩（Hendrik Kern，1833—1917）完成，书名为 *The Saddharma-Puṇḍarīka or the Lotus of the True Law*（1884），此译本是德国文献学者、东方学者缪勒（Friedrich Max Müller，1823—1900）编撰的五十卷本《东方圣书》（*The Sacred Books of the East*）系列英文译著中的第二十一卷。第二种由法语译为英文的，是在 1844 年发表于美国超验主义学派的杂志《日晷》（*The Dial*）上的《法华经》第五章的英译片段，原文为法国东方学家比尔努夫（Eugène Burnouf，1801—1852）从梵文译出的法文本（参见 Preaching of Buddha，1844：391 – 401）。

《法华经》从中文译入的英译本种类繁多，且均是由鸠摩罗什的《妙法莲华经》为底本，此部分再分为两种，一种为节译，一种为全译，以下用历时的方法对其分别进行梳理。

2.1 《妙法莲华经》英文节译史

1871 年，毕尔（Samuel Beal，1825—1889）出版 *A Catena of Buddhist Scriptures from the Chinese*，书中节译了《妙法莲华经》的第二十五章《观世音菩萨普门品》。1935 年，铃木大拙（Suzuki Teitaro Daisetz，1870—1966）出版 *Manual of Zen Buddhism*，该书成为他用英文总体介绍禅宗的三部曲之一。此书共六章，第三章介绍禅宗最广为接受的五部经：《心经》《观音经》《金刚经》《楞伽经》《楞严经》。其中的《观音经》，也即鸠摩罗什《妙法莲华经》中的第二十五章《观世音菩萨普门品》。1954 年罗伯森（Richard Robinson，1926—）出版 *Chinese Buddhist Verse*，其中从第七首到第九首诗歌，分别译自鸠摩罗什《妙法莲华经》第十章《法师品》"若人说此经"到"得见恒沙佛"、第十六章《如来寿量品》"自我得佛来"到"速成就佛身"和第二十五章《观世音菩萨普门品》"世尊妙相具"到"是故应顶礼"。1994 年，休伯特·尼尔曼（Hubert Nearman）选择了《妙法莲华经》第十四《安乐行品》、第十六《如来寿量品》、第二十一《如来神力品》英译，与从其他佛经中选译的章节共同形成十个佛经选段，集合成 *Buddhist Writings on Meditation and Daily Practice: The Serene Reflection Meditation* 一书出版。将《观世音菩萨普门品》单独抽出进行英译的还有台湾中台禅寺译经团（Chung Tai Translation Committee），其译名为 *The Universal Gateway of Guanyin Bodhisattva*，该译本出版于 2011 年，末尾还补充了"观音灵感真言""七佛灭罪真言""观音菩萨赞""三皈依""四弘誓愿""忏悔偈""回向偈"等内容。

不同于以上几种节译，英国传教士李提摩太（Richard Timothy，1845—1919）从《妙法莲华经》中的每一个章节中抽取了内容进行翻译。其 1910 年出版的 *The New Testament of Higher Buddhism* 一书共有七个部分，第五部分包括翻译成英文的《妙法莲华经》共二十八品的中文概述，这些概述由鸠摩罗什《妙法莲华经》中的片段组成，每一品译出的英文体裁均为诗歌。唯一给予特殊处理的是"观世音"所在的一品。在佛教中占有重要地位的"观世音"被李提摩太称作"远东的圣灵"（a Far Eastern Version of the Holy Spirit）（Timothy，1910：16）。因此，他在对整本书的总体介绍部分中将

《妙法莲华经》第二十五品《观世音菩萨普门品》除偈颂之外的部分全译成了英文。

1921 年，时任牛津大学汉学教授的苏慧廉（W. E. Soothill, 1861—1935）与日本日莲宗的加藤文雄（Bunnō Katō, 1888—1934）共同将《妙法莲华经》翻译成英文，历时近四年，于 1925 年完成。苏慧廉为让西方学生以及普通读者能更好地理解经文内容，对译稿做了删减，把原经文中重复的部分和不必要的细节删除了，并在 1930 年于英国出版，题为 *The Lotus of the Wonderful Law: Or the Lotus Gospel*。

2.2　《妙法莲华经》英文全译史

从中文译入英文的译本截至 2018 年总共有九种，而且均由鸠摩罗什版《妙法莲华经》译出。在 20 世纪 70 年代出现了分别由三个不同译者翻译的全译本，年代分别为 1971 年、1974 年和 1976 年。

1971 年于东京出版的 *Myōhō-Renge-Kyō the Sutra of the Lotus Flower of the Wonderful Law* 由加藤文雄于 1930 年翻译且由苏慧廉修订①，出版时再经席费尔（Wilhelm Schiffer, 1914—1972）进一步修订。1975 年，新版 *The Threefold Lotus Sutra* 由立正佼成会出版，其中包括的三部英译佛经为《无量义经》《妙法莲华经》《观普贤菩萨经》，合称"法华三部"。第一部和第三部经被认为是中间一部经的"前言"和"后序"，其中的英译《妙法莲华经》是基于 1971 年的版本。该译本的目的是帮助东西方文化交流和互相理解（Katō, 1975：x）。

1974 年，村野宣宗（Senchu Murano, 1908—）翻译的 *The Lotus Sutra*（英文全名为 *The Sutra of the Lotus Flower of the Wonderful Law*），由日本日莲宗总部（Nichiren Shu Headquarters）于东京出版。译者村野宣宗任立正大学的佛学教授以及日本镰仓一所日莲宗寺院的住持，受波林根基金会（Bollingen Foundation）资助，在 1960 年至 1964 年间翻译完成（参见Murano, 1974）。译本随后在 1991 年和 2012 年分别出版第二版和第三版。

1976 年，加拿大英属哥伦比亚大学（University of British Columbia, UBC）亚洲研究系的教授赫维茨（Leon Hurvitz, 1923—1992）翻译的

---

① 此年代与苏慧廉在其节译本的前言中"1925 年"的说法相抵触，笔者认为应该采用当事人苏慧廉的说法。原译稿在加藤文雄家中保留到 1934 年他去世。同年，其妻子将稿件赠予日本立正大学（Risshō University）。1967 年，立正佼成会将其交给席费尔进一步修订，并于 1971 年付梓。

Scripture of the Lotus Blossom of the Fine Dharma: The Lotus Sutra 出版。译本是哥伦比亚"东方典籍译著"（Translations from the Oriental Classics）和"文明记录"（Records of Civilization）系列丛书中的第 94 册。赫维茨不仅用了鸠摩罗什的《妙法莲华经》，还参考了克恩和南条文雄（Bunyū Nanjō）编辑的梵文本《法华经》（Saddharmapuṇḍarīka）。在英译本中还补充了中文本缺少的梵文本内容，并列出了中文和梵文相差很大的部分（参见 Hurvitz，1976：x）。译本在 2009 年出了第二版。

自 1977 年始，位于美国的佛经翻译协会（Buddhist Text Translation Society，BTTS）开始翻译出版 16 卷的 *The Wonderful Dharma Lotus Flower Sutra*，1999 年最后一卷出版完成。该译本不仅包含英文翻译，还有佛经翻译协会所在的法界佛教总会的创建人宣化上人在译文之前所作的大量铺垫性的讲解，每句译文后还有对其意义的详细解释。译本首页收录了蕅益大师（1599—1655）编写的《妙法莲华经》目录式概要的英文翻译，译本中的解释即以此为基础。

20 世纪 90 年代出现两个英译本。其一是 1993 年日本佛教促进协会（Bukkyo Dendo Kyokai，BDK）出版的 *The Lotus Sutra*。该协会由沼田叶垣（Yehan Numata，1897—1994）于 1965 年创立，他还于 1982 年建立了"三藏英译委员会"（Translation Committee of the English Tripiṭaka）。该委员会建立之初，拟定翻译 139 本佛教文本作为其第一个系列，计划在 20 世纪发行，翻译底本为《大正藏》中收录的中文和日文佛教文本。1991 年，位于加州伯克利的沼田佛经翻译与研究中心（Numata Center for Buddhist Translation and Research）成立日本佛教促进协会三藏英译系列的发行委员会。该协会出版的《妙法莲华经》由两个日本学者久保继成（Tsugunari Kubo）和汤山明（Akira Yuyama）翻译完成（Kubo & Yuyama，1993：v）。2007 年，译本出版修订本。

同时在 1993 年出版的还有美国著名学者华兹生（Burton Watson，1925—2017）翻译的 *The Lotus Sutra*，为"亚洲经典译作系列"（Translations from the Asian Classics）之一。译者在注中交代了在已有多个英译本的情况下，再次翻译该经的两个原因：（1）随着语言的变化，翻译文本会过时。（2）译本读者是随着时代变化的。考虑到该译本的受众是对佛教或亚洲文学缺乏背景知识的读者，因此译本采用了简单易懂的现代英语，而非带有宗教气息的古典语言（Watson，1993：xxiii‑xxiv）。2009 年，华兹生出版了

此经的修订本 *The Lotus Sutra: And Its Opening and Closing Sutra*，华兹生英译的另两部佛经《无量义经》和《观普贤菩萨行法经》也被囊括其中。

2008 年，里夫斯（Gene Reeves，1933—2019）英译的 *The Lotus Sutra: A Contemporary Translation of a Buddhist Classic* 出版。此译本主要针对对佛教有兴趣的普通人，因此翻译中尽量避免佛教术语和梵文词汇，而直接用英文对应词表达，例如用英文中源自希腊或罗马神话的神兽名称来翻译该经中的部分角色（参见 Reeves，2008：ix）。

2014 年的《妙法莲华经》英译本由佛教僧人释成观（1947—）于台北译成，译名是 *The Lotus Sutra of Wondrous Dharma*。释成观于 20 世纪 70 年代末赴美留学，攻读英美文学，在语言方面有专门的学术积累，后来于 80 年代出家，成为高野山真言宗第五十三世阿阇梨、贤首宗兼慈恩宗第四十二世法脉传人，是《法华经》英译者中少有的中国本土僧人。

2015 年，《妙法莲华经》新版的译者为米内尔娃·李（Minerva T. Y. Lee），译本是"法华三部"的合集，名为 *The Lotus Sutra and Its Opening and Closing Sutras*。"译者注"中专门提到了提升译本价值的两个特点：（1）符号系统。译者将每章分成几个部分，每个部分分出几个段落，并标记号码。因此，符号"LS 16：3.18"指代"Lotus Sutra, Chapter 16, Section 3, Paragraph 18"。这种符号系统也见于《圣经》文本的编排中，如"Rom. ix. 3"即指代《圣经》中的《罗马书》第 9 章第 3 句。（2）针对偈颂（或诗歌）的文学手法。译者认为词语的韵律模式能够提升精神境界（Lee，2017：iii），因此她在翻译偈颂过程中采用了压头韵、半谐音、压辅音和压尾韵的翻译方式。

2.3　《妙法莲华经》译本小结

根据上文梳理的《妙法莲华经》英译情况，笔者归纳出如下表格（见表 1）。

表 1　《妙法莲华经》的英译史

类型	序号	年代	译者	书名
节译本	1	1871	毕尔	*A Catena of Buddhist Scriptures from the Chinese*
	2	1910	李提摩太	*The New Testament of Higher Buddhism*
	3	1930	苏慧廉	*The Lotus of the Wonderful Law: Or the Lotus Gospel*
	4	1935	铃木大拙	*Manual of Zen Buddhism*
	5	1954	罗伯森	*Chinese Buddhist Verse*
	6	1994	尼尔曼	*Buddhist Writings on Meditation and Daily Practice: The Serene Reflection Meditation*
	7	2011	中台禅寺译经团	*The Universal Gateway of Guanyin Bodhisattva*
全译本	1	1971；1975	加藤文雄	*Myōhō-Renge-Kyō the Sutra of the Lotus Flower of the Wonderful Law*；*The Threefold Lotus Sutra*
	2	1974；1991；2012	村野宣宗	*The Lotus Sutra*
	3	1976；2009	赫维茨	*Scripture of the Lotus Blossom of the Fine Dharma: The Lotus Sutra*
	4	1977；2001	佛经翻译协会	*The Wonderful Dharma Lotus Flower Sutra*
	5	1993；2007	日本佛教促进协会	*The Lotus Sutra*
	6	1993；2009	华兹生	*The Lotus Sutra*；*The Lotus Sutra and Its Opening and Closing Sutras*（2009）
	7	2008	里夫斯	*The Lotus Sutra: A Contemporary Translation of a Buddhist Classic*
	8	2014	释成观	*The Lotus Sutra of Wondrous Dharma*
	9	2015；2016；2017	李	*The Lotus Sutra and Its Opening and Closing Sutras*

　　从表 1 中《妙法莲华经》的英译历史简述可见，从毕尔将中文《妙法莲华经》翻译为英文始，直到近 150 年后的米内尔娃·李的译本的出现，该经的英译一直在持续中。20 世纪 70 年代、90 年代和 21 世纪初是全译本的集中出现时期，此前以节译本为主。从译者身份层面看，在节译的译者中，西方传教士，如毕尔、李提摩太和苏慧廉，对译本向西方的译介做出了铺垫性的贡献。从全译本译者来看，各个译者的身份差别很大，有佛教僧

侣、高校学者、职业翻译家、学佛居士等，其中以日本译者和欧美译者居多。进入 21 世纪，新的译本仍然在逐渐出现，说明当代该经仍是中西方文化交流对话的内容之一。

3　《妙法莲华经》英译接受研究

《妙法莲华经》英译本的多样性为读者提供了众多选择。本节将讨论两类读者对英译本的阅读反馈，一类为广大普通英文读者的在线阅读评价，另一类为学界书评。读者的反应能够体现译本在目标文化中的受欢迎程度，学界发表的书评更能从专业的角度指出译本的优劣之处，这些反馈都能引导英译本读者的选择，并为未来新译本的修订或者复译提供可兹参考的信息。

3.1　普通读者反应

本节搜集的读者反应资料来自两个英文网站，一个是 Amazon，另一个为 Goodreads，二者均为全球化的大型购物网，后者尤其专注于图书的销售和推荐。本小节分别统计两个网站中对 8 个《法华经》英文全译本的评价情况（见表 2 和表 3），Goodreads 上给出了读者的书评个数，笔者将其列入对应表格的最后一栏中（见表 3）。

表 2　Amazon 英文网站上的读者评价统计①

译者	书名（年份）	评论个数	平均分（满分为 5）
华兹生	*The Lotus Sutra*（1993）	61	4.4
	The Lotus Sutra and Its Opening and Closing Sutras（2009）	11	5
里夫斯	*The Lotus Sutra: A Contemporary Translation of a Buddhist Classic*（2008）	78	4.6
日本佛教促进协会	*The Lotus Sutra*（1993）	1	5
	The Lotus Sutra（*Revised Edition*）（2007）	27	4.6
村野宣忠	*The Lotus Sutra*（*3rd edition*）（2013）	15	4.5

---

① 在 Amazon 网站上未见释成观、米内尔娃·李的译本有售。

续表 2

译者	书名（年份）	评论个数	平均分（满分为 5）
加藤文雄	*The Threefold Lotus Sutra*（1975）	2	5
	*The Threefold Lotus Sutra*①（1975）	1	2
	*The Threefold Lotus Sutra*②（1989）	28	4.4
赫维茨	*Scripture of the Lotus Blossom of the Fine Dharma: The Lotus Sutra*（1976）	5	4.2
	Scripture of the Lotus Blossom of the Fine Dharma: The Lotus Sutra（2009）	5	4.6
佛经翻译协会	*The Dharma Flower Sutra*（*Volume 1*）（1977）	1	5

①统计表中出现多条同一个译本的统计情况，是基于网站上的事实资料，可能是同一个译本由不同的售卖者经营，此处均分条列出，给出各自的评分，不作合并。

②Amazon 上给出的出版时间是 1989 年，并说明是新版，但从该网站对书的介绍来看，该书与笔者手里 1975 年的版本相同。

从表 2 可看出，评价最多的是里夫斯、华兹生的译本，均在 70 个以上；其次是加藤文雄、日本佛教促进协会的译本，均为 20 个以上；再次是村野宣忠和赫维茨的译本，分别为 15 个和 10 个；佛经翻译协会的评价个数最少，只有 1 个。

表 3 给出了 Goodreads 上对各个全译本的评价统计：

表 3　Goodreads 网站中的读者评价统计

译者	书名（年份）	评分个数	平均分（满分为 5）（文字评论的个数）
华兹生	*The Lotus Sutra*（1993）	1296	4.25（32）
	The Lotus Sutra（1993）	8	4.00（2）
	The Lotus Sutra（1993）	20	4.2（3）
	The Lotus Sutra（1993）	2	3（0）
	The Lotus Sutra and Its Opening and Closing Sutras（2009）	12	4.42（2）
里夫斯	*The Lotus Sutra: A Contemporary Translation of a Buddhist Classic*（2008）	189	4.19（11）

续表3

译者	书名（年份）	评分个数	平均分（满分为5）（文字评论的个数）
日本佛教促进协会	*The Lotus Sutra*（1993）	39	4.13（2）
	The Lotus Sutra（2007）	6	4.0（2）
村野宣忠	*The Lotus Sutra*（2nd edition）（1991）	4	4.50（1）
	The Lotus Sutra（3rd edition）（2013）	9	4.89（2）
	The Lotus Sutra（3rd edition）（2013）	2	5（0）
加藤文雄	*The Threefold Lotus Sutra*（1989）	85	4.07（8）
赫维茨	*Scripture of the Lotus Blossom of the Fine Dharma: The Lotus Sutra*（1976，2009）	34	4.03（4）
佛经翻译协会	*The Dharma Flower Sutra*（Volume 1~10）（1978）	1	3（0）
	The Dharma Flower Sutra（Volume 11）（1998）	1	4（0）
	The Dharma Flower Sutra（Volume 13）（1998）	2	5（1）
李	*The Lotus Sutra*（2014）	2	5（0）

　　Goodreads 上的统计比 Amazon 上更为完善，8 个全译本的评价都有，而且评价个数远超过 Amazon。从表 3 中数据可知，华兹生译本的评分个数远远超过了其他译本，达到了 1300 多个，表现出相当高的关注程度；其次为里夫斯的译本评分个数，为 189，也远超过了后面评分个数 100 以内的加藤文雄、日本佛教促进协会和赫维茨的译本；评分个数最少的是村野宣忠、佛经翻译协会和李的译本。

　　由表 2 和表 3 可以推测，英语世界里最受关注的是华兹生和里夫斯的译本，其次是日本佛教促进协会、加藤文雄的译本，再次为村野宣忠和赫维茨的译本，最末为佛经翻译协会和李的译本。根据上文描述的译本特色，可以分析形成这样的读者评分结果的原因：（1）华兹生和里夫斯母语为英文，华兹生的翻译方式灵活且目标为普通英文读者，里夫斯的用词也简洁且采用了"归化"的翻译方式，对英文读者来说更具亲和力。（2）日本佛教促进协会、加藤文雄的译本或虽然有英文为母语的人参与润色，但是译者日本人的身份可能对译语产生影响，相比于华兹生和里夫斯的译本而言，语句对读者来说还不够完善。（3）作为佛教徒的村野宣忠在用词上可能也有第二条所列情况，用语不够完善，且插入注解较多也是他的版本连续修订的原因之一。赫维茨译本学术性很强，包含有关梵文本的长篇注释，会让读者望而生畏，对普通读者吸引力有限。（4）佛经翻译协会作为一个有中国大陆汉传佛教背景的翻译组织，但从它的发展历史来看，其翻译事业起步时并没有同时精通佛学与英文的译者参与，译本篇幅过大，宣化上人讲解篇幅相当多。综合起来，虽然佛经翻译协会翻译该经的时间较早，但受众似乎有限。而李作为一个学佛的居士自己翻译经文出版，在之前已经有了多个英译本的情况下，又首次采用了类似《圣经》的编排方式，出版时间也在近十年之类，故还未受到足够关注。

3.2 学界书评

学界书评一定程度上能够集中反映所评作品的优缺点、学界对作品价值的认可度，以及作品在目标语环境中产生的影响。笔者目前共收集到13篇英译本的书评，每篇书评所评为译本的第一版，其中有两篇书评同时评价了两个译本，译者和其对应的书评个数如表4所示：

表4 译者及其译作的书评个数

译者	赫维茨	村野宣忠	加藤文雄	华兹生	苏慧廉	日本佛教促进协会
书评数	4	3	3	2	2	1

从表4中的书评数目看，赫维茨的译本最受学者青睐，这与其译本严谨的学术风格紧密相关。华兹生的译本在学术界受到的关注并不广泛，与其广受普通英文读者欢迎形成强烈反差。赫维茨的译本受到四位评论者（Weinstein，1977；Chappell，1982；Tay，1980；De Jung，1977）的赞赏，评论者认为其译文语言准确度高、文字细腻、表达流畅，同时也指出其不足之处在于缺少注释，以及有关梵文的注释有待商榷之处。村野宣忠的译本相较于加藤文雄的译本更为忠实顺畅，且后者缺注释（Chappell，1975；De Jung，1975；Métraux，1976；Kiyota，1976）。华兹生的译本风格优美，具有亲和力，但存在翻译上的错误，如数字翻译有误（Deal，1996；De Jung，1995）。苏慧廉的译本省略内容较多，可供读者了解本书概况，无益于学界研究（Thomas，1931；Shryock，1931）。日本佛教促进协会的译本缺乏详细的介绍和注释，没有体现出日本在学术上对该经的研究成果（De Jung，

1995）。

　　书评不仅对读者有引导的作用，对译者未来更新改进译本也有重要作用。以上评论中，狄雍（De Jung）的佛学造诣深厚，学术视野广阔，其书评具有较高学术价值。他认为直译并不总是可行，比如加藤文雄把"得未曾有"（梵文 adbhutaprāpta）译成"obtaining that which had never been before"并不完全正确，英文与梵文本意相去甚远，这说明英译汉文佛典还需要兼顾其梵文版本。狄雍认为，绝大部分汉文佛典的翻译由精通佛学的专家所做，但是他们对古汉语并非完全精通，在这种情况下，译者可以与汉学家合作。这些建设性的意见对未来汉文佛经向西方的翻译以及对做这方面研究的学者具有借鉴意义。

4　《妙法莲华经》英译对佛典英译的启示

　　《妙法莲华经》的英译对未来汉文佛典的外译有一定的启示，这可以从以下三个方面来讲。

　　从原文本的角度讲，本文所研究的《妙法莲华经》是拥有英文全译本最多的汉文佛典之一。该经受到的青睐得益于此经教理上独特的阐释，以及在中国、日本等东亚国家广泛而深入的影响力。佛经三藏十二部中，未来应该选择哪些译本翻译，这里是有暗示的。即应选择汉文佛典中传播广泛，影响深远，经文有特色或者思想在佛学历史上有代表性或者突破性的经典。另外，中文本《妙法莲华经》被英译的次数远高于梵文本《法华经》被英译的次数。其原因不仅是梵文有一定难度，还包括《妙法莲华经》梵文原文本已不可考。现存梵文本均在 9 世纪之后形成，而《妙法莲华经》形成于 5 世纪初。相比而言，中文《妙法莲华经》更为古老，其本身有更大的历史价值。再者，《妙法莲华经》"同本异译"本《正法华经》没有英译本，也能说明译出文本选择上，最好选择中文本产生于古代译经时的"中段时期"，也就是译经较为成熟的时期。此时的经文译本更加精确优美，质量相对更高。待佛典的英译到了一定阶段，可考虑再将古代译经各个时期的汉文佛典进行翻译，给西方学界展示出中国古代佛经风格与内容的变迁过程。

　　从译者的角度讲，《妙法莲华经》英译者身份多样，有学者、出家人、居士等。有的是以个人之力完成翻译，有的是以团队合作的形式来翻译或者在机构带领下翻译。译者有以英文为母语的欧美学者如赫维茨、华兹生、里夫斯，以日文为母语的译者，如村野宣忠、加藤文雄、日本佛教促进协会的译者,有以中文为母语的译者,如宣化上人、释成观。因此从译者来看,不仅有以译入语为母语的译者参与翻译,还有一些译者是以非译入语为母语,甚至是以第三国语言日语为母语(既非以译出语中文为母语,也非以译入语英文为母语)。在未来汉文佛典翻译中,这种现象很可能会保持,译者身份甚至会更加多样化。随着世界各大高校东亚研究、宗教或佛学研究中心的发展,未来会有更多母语非汉语的学者参与汉文佛典的英译。

从译本的角度讲,《妙法莲华经》英译本有各自特点,各译本所针对的读者群体不同,译者对文本的理解和翻译策略有别,这些都造成了译本的多样性。21 世纪的译本中里夫斯和李的译本出现了将东西方文化相互调和的倾向,前者用西方意象词代替东方意象词,后者参考《圣经》排版方式来重排《妙法莲华经》。相较于以忠实地传递信息为主的先前译本,这是创新的体现。译者的主体性与创造性为译本带来新的元素,一部汉文佛经未来可能会不断出现新译本,正如汉文佛典中存在"同本异译"的情况。而哪一个译本会成为在读者群中最受欢迎的译本,还需要更长时间的检验。另外,从《妙法莲华经》的英译中可以看出中国古代佛经翻译话语以及译场布置对当代佛经翻译的影响。比较明显的体现是佛经翻译协会译场的翻译程序以及对译者的规约均有古代佛经翻译方式的影子。《妙法莲华经》英译本的生成过程中,多数译者参考了梵文本,导致译本涵盖了中梵比较的成果。因此不同语言之间的文本比较,可能会存在于未来汉文佛典英译之中,在对未来译者的培养方面,我们需要注重多语种结合。

5 结语

《法华经》的英译史体现了参与汉文佛典英译的译者、译本、翻译目的与策略、翻译组织方式等的多样性。译本的接受情况体现出读者群对不同译本青睐程度具有差别,这也昭示出翻译的历史性与长期性。通过对《法华经》英译史的考察,可以管窥当下汉文佛典翻译事业的状况,并从中得到一定的启示。汉文佛典最初译自西域语言,数量庞大。随着佛教文化与本土文化之间的反复龃龉共融,逐步催生了由本土人士所作的佛教典籍,世世代代的积累最终形成了浩瀚的汉文佛教典籍宝库。一方面,由于某些汉文佛典当初所依据的西域源语文本彻底遗失在历史的长河之中,现只存在中文版本,另一方面,某些佛典在译入中文后,与中国本土文化交织结合,催生出新的文化意义与价值,成为具有中国特色的佛教典籍,因此,汉文佛典的译介成为西方了解中国文化的重要途径之一，具有重要的文化价值。对现有汉文佛典的英译研究能让我们看到中西文化之间如何通过宗教文本翻译进行对话与交流。

参考文献：

白滨，2016. 什译《妙法莲华经》的泰译研究［M］. 北京：社会科学文献出版社.

陈源源，2008. 同经异译佛经人名管窥——以《法华经》异译三经为例［J］. 西南交通大学学报（社会科学版）（3）：22－26.

党晓龙，2016. 21 世纪以来《法华经》研究综述［J］. 哈尔滨工业大学学报（社会科学版）（2）：103－107.

蒋维金，2015. 苏慧廉对《妙法莲华经》的翻译与诠释［D］. 温州：温州大学.

蒋维金，2018. 耶佛对话之"守护自我"与"尊重他者"——以苏慧廉和李提摩太对《法华经》的不同英译为例［J］. 兰州教育学院学报（3）：150－152.

蒋维金，李新德，2014. 论苏慧廉对《妙法莲华经》的英译与诠释［J］. 浙江万里学院学报（5）：77－83.

龙国富，2013. 从梵汉对勘看汉译佛经中数的表达——以《法华经》为例［J］. 外语教学与研究（1）：36－48.

桑德，2010. 西藏梵文《法华经》写本及《法华经》汉藏文译本［J］. 中国藏学（3）：128－131.

辛岛静志，2013. 妙法莲华经词典［M］. 台北：法鼓佛教学院.

严耀中，1997. 论隋以前《法华经》的流传［J］. 上海师范大学学报（1）：29－35.

杨靖，2018. 译经背后的真相——李提摩太英译《妙法莲华经》探微［J］. 外语与外语教学（4）：109－121.

余塑，2018.《法华经》三个汉译本的比较研究［D］. 重庆：四川外国语大学.

张海沙，2009. 唐宋文人对《法华经》的接受与运用［J］. 东南大学学报（2）：91－99.

朱冠明，段晴，2005. 梵汉本《法华经》语词札记［J］. 古汉语研究（2）：68－73.

ANON, 1844. Preaching of Buddha［J］. The dial：a magazine for literature, philosophy, and religion（3）：391－401.

CHAPPELL D W, 1975. Reviewed work(s)：*The Lotus Sutra* by Senchu Murano［J］. Monumenta Nipponica（3）：328－330.

CHAPPELL D W, 1982. Reviewed work(s)：*Scripture of the Lotus Blossom of the Fine Dharma* (*The Lotus Sūtra*) by Leon Hurvitz［J］Journal of the American Oriental Society（3）：573－574.

DE JUNG J W, 1975. Book reviews［J］. The eastern Buddhist（2）：154－159.

DE JUNG J W, 1977. Book reviews [J]. The eastern Buddhist (2): 169 – 174.

DE JONG J W, 1995. Book reviews [J]. The eastern Buddhist (1): 155 – 161.

DE JONG J W, 1995. Book reviews [J]. The eastern Buddhist (2): 303 – 304.

DEAL W E, 1996. The lotus sutra (review) [J]. China review international (2): 559 – 564.

HURVITZ L, 1976. Scripture of the lotus blossom of the fine dharma: the lotus sūtra [M].
New York: Columbia University Press.

KATŌ, BUNNŌ, YOSHIRŌ TAMURA, KŌJIRŌ MIYASAKA, 1975. The threefold lotus sutra
[M]. Tokyo: Kosei Publishing Co.

KERN H, 1884. The saddharma-pundarīka or the lotus of the true law [M]. Oxford: Clarendon
Press.

KIYOTA M, 1976. Book reviews [J]. The journal of Asian studies (3): 509 – 511.

KUBO, TSUGUNARI, YUYAMA AKIRA, 1993. The lotus sutra [M]. California: Numata
Center for the Buddhist Translation and Research.

LEE M T Y, 2017. The lotus sutra and its opening and closing sutras [M]. 3rd edition.
Delaware: Lotus Happiness Pte. Ltd.

MÉTRAUX D A, 1976. Review [J]. Japanese journal of religious studies (4): 334 – 336.

MURANO S, 1974. The sutra of the lotus flower of the wonderful law [M]. Tokyo: Nichiren
Shu Headquarters.

REEVES G, 2008. The lotus sutra: a contemporary translation of a Buddhist classic [M].
Boston: Wisdom Publications.

SHRYOCK J K, 1931. Review [J]. Journal of the American Oriental Society (2): 185.

TAY C N, 1980. Reviewed work(s): *Scripture of the Lotus Blossom of the Fine Dharma* by Leon
Hurvitz [J]. History of religions (4): 372 – 377.

THOMAS E J, 1931. Review [J]. The journal of the Royal Asiatic Society of Great Britain and
Ireland (1): 182 – 184.

TIMOTHY R, 1910. The new testament of higher Buddhism [M]. Edinburgh: T. & T. Clark.

WANG E Y, 2005. Shaping the lotus sutra: Buddhist visual arts in medieval China [M].
Seattle and London: University of Washington Press.

WATSON B, 1993. The lotus sutra [M]. New York: Columbia University Press.

WEINSTEIN S, 1977. Reviewed work(s): *Scripture of the Lotus Blossom of the Fine Dharma*
[J]. The journal of Asian studies (1): 89 – 90.

Study on the English Translation History of
The Lotus Sutra and the Acceptance of the Translations

Pan Lifei

Abstract：The Mahāyāna Buddhist scripture *The Lotus Sutra* was first translated into Chinese in the third century and has exerted a profound influence on Chinese culture and other East Asian cultures. *The Lotus Sutra* has been translated into English from Chinese since the late nineteenth century and has more than ten English translations nowadays. This paper outlines the English translation history of this sutra in a diachronic way and surveys how the English translations are accepted in the English world. The English translation of this sutra can provide valuable suggestions for future translation of Chinese Buddhist texts. This paper finally points out that a significant historical value lies in the translation activities and translation studies of Chinese Buddhist texts.

Key words：Buddhist scripture；*The Lotus Sutra*；English translation history；acceptance study

基于体认识解机制的唐诗隐喻英译研究

杨运杰

（成都工业学院外语与国际教育学院，宜宾 644005）

摘　要：隐喻是人类赖以生存的重要认知方式，与常规语言现象不同，其体认路径具有间接性和非透明性。唐诗中含有大量隐喻，这些隐喻的存在对其成功外译造成了不小的阻碍。本文以体验性识解和认知参照点为理论框架，以"许渊冲经典英译古代诗歌 1000 首"系列之《唐诗（上、下）》为语料来源，考察唐诗中隐喻的英译路径。研究发现：（1）唐诗中隐喻的英译有直接译为隐喻、译为隐性明喻、译为显性明喻三种路径；（2）三种隐喻英译路径构成了一个有机的隐喻英译连续体。

关键词：体验性识解；认知参照点；唐诗；隐喻；英译

1　引言

中国共产党第二十次全国代表大会报告指出，要增强中华文明传播力影响力，深化文明交流互鉴，推动中华文化更好走向世界（习近平，2022）。毋庸置疑，唐诗是中华文化的瑰宝，其成功英译可以帮助外界更好地了解中国和中国文化。然而，唐诗中存在大量隐喻，隐喻能有效增强诗意，提升诗歌美感与内涵，但是这些隐喻同时却也成为唐诗英译过程中绕不开的一大难点。

研究者从认知语言学、语用学、系统功能语言学、翻译学、文化学等不同学科视角出发，探讨了中国古典诗歌中的隐喻及其翻译问题（穆诗雄，2000；周洁，2008；罗倩倩，2012；李旭刚，2013；何雨婷，2014；韩娇蓉，2017）。相关研究虽然取得了一定的成果，但多为隐喻翻译策略的提出、总结和验证，对于隐喻在不同语言间相互转换的认知机制研究尚付阙如。

王寅（2014）认为，心智和语言都是来自对现实的互动体验和认知加工。隐喻不只是一种修辞手段，更是一种重要的认知方式。只是与普通语言表达不同的是，隐喻的体认路径具有间接性和非透明性。有鉴于此，本文以体验性识解和认知参照点为理论背景，以"许渊冲经典英译古代诗歌1000首"系列之《唐诗（上、下）》为语料，探讨唐诗隐喻英译的路径，以期为相关翻译实践和研究提供一些参考。

2　隐喻与体认识解机制

参照点是一种普遍的现象，最初主要用于物理学中，后被引入语言学领域。埃莉诺·罗希（Eleanor Rosch）（1975）最早提出"认知参照点"（Cognitive Reference Point，CRP）这一概念。基于识解原则，罗纳德·兰盖克（Ronald W. Langacker）对其进行了发展和完善，进一步提出了认知参照点模型（如图1所示）。

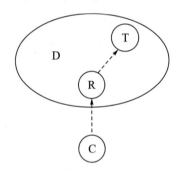

C(conceptualizer)：概念主体
R(reference point)：认知参照点
T(target)：目标
D(dominion)：认知域
虚线箭头(mental path)：心智路径

图1　认知参照点模型（Langacker，1999：174）

其中，C是概念主体，R是认知参照点，一个认知参照点激活一个相关的认知域D。概念主体倾向于选择一个概念域中较为熟悉、较易辨认、较为突显的实体作为认知参照点，沿着一定的心智路径（这里用虚线箭头表示），达及该认知域中的另一目标实体T，使其得到激活并变得突显可及。

"识解"是指人们采用不同的方式认识同一事物或概念的能力（Langacker，1987：138）。这取决于我们如何通过详略度（specificity）、视角（perspective）、突显（prominence）、调焦（focusing）（Langacker，2008：55）四个方面的不同操作来观察和解释同一事物或概念，从而产生不同的解释，形成不同的概念结构，并最终促使不同语义结构和语言表达的产生。其中，突显是指在共同基体内可突显不同的子结构，从而产生不同的意义（刘玉梅，2020：26）。

乔治·莱考夫（George Lakoff）和马克·约翰逊（Mark Johnson）

（1980）认为，隐喻广泛存在于我们的日常生活之中，是人类赖以生存的重要认知方式之一，根植于人类的认知结构和语言表达之中。根据体认语言学（Embodied-Cognitive Linguistics，ECL）的核心原则"现实—认知—语言"，心智和语言都是来自对现实的"体（互动体验）"和"认（认知加工）"（王寅，2014）。而与普通语言表达不同的是，隐喻的体认路径具有间接性和非透明性，反映的是人们对基本经验体认方式的创造性调整与变通。在认知参照点的运作过程中，通过对侧显关系的调整，改变人们常规的认知路径，隐喻表达就此产生。据此，隐喻表达的英译也可从此出发，在观照汉民族和英民族体认方式异同的同时，通过对原隐喻表达中认知路径的调整，探索出一种或数种较为恰当的隐喻英译路径。

3 唐诗隐喻英译分析

3.1 语料来源与分类

研究语料选自"许渊冲经典英译古代诗歌 1000 首"系列之《唐诗（上、下）》（下文简称《唐诗》）（许渊冲，2015），该译本由当代最有影响力的翻译家之一许渊冲翻译。经过识别①和研究发现，根据认知参照点和体验性识解原理，参考刘玉梅（2020）基于体认识解机制提出的汉语修辞格分类，我们认为，《唐诗》中的隐喻词项构成情况大体可分为两类：一是"本体＋喻体"构成的隐喻词项，例如"中有一人字太真，雪肤花貌参差是"（《长恨歌》白居易）中的"花貌"；二是仅有喻体的隐喻词项，例如"沉舟侧畔千帆过，病树前头万木春"（《酬乐天扬州初逢席上见赠》刘禹锡）中的"沉舟"。根据认知参照点和体验性识解的基本原理，现将两种隐喻词项的认知路径变化及结果图示如下（见图2、图3）：

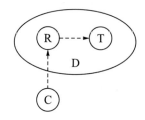

图2　"本体＋喻体"的隐喻词项

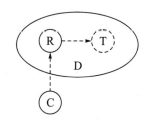

图3　"仅有喻体"的隐喻词项

① 受篇幅所限，关于《唐诗》中隐喻的识别过程，笔者将另文详细论述。

图 2 显示，概念主体 C 在 R→T 的识解运作中，突显了 R、T 以及二者之间的关系。其中，R 是喻体，T 是本体，二者之间存在一定的相似性，构成了"本体＋喻体"的隐喻词项。这种心智路径是较为直接和透明的，其语义指向也比较明确。因此 R 和 T 用实线黑圈表示，二者之间的相似关系用虚线箭头表示。与此同时，这一认知路径也存在突显转移的情况。如图 3 所示，当概念主体 C 改变了符合实际体验的认知路径，转移了 R→T 的认知突显，认知突显从本体 T 转移到喻体 R，即 T 被隐显，用虚线黑圈表示；而 R 被突显，用实线黑圈表示。这就构成了"仅有喻体"的隐喻词项。与"本体＋喻体"构成的隐喻词项相比，"仅有喻体"的隐喻词项的突显发生转移，R→T 心智路径的直接度和透明度降低，其语义指向也相对比较模糊。

3.2　隐喻英译路径

3.2.1　直接译为隐喻

"直接译为隐喻"，即隐喻词项在《唐诗》原文中为隐喻，在英文译文中也同样为隐喻。然而，在认知参照点的运作过程中，由于概念主体（这里指译者）注意力分配的不同和对侧显关系所进行的调整，R（喻体）到 T（本体）的认知路径也会相应地发生变化，主要涉及突显喻体、突显本体、同时突显本体和喻体三种方式，而三种方式对应的翻译方法则为直接译出喻体、用本体替换喻体、译喻体时补充本体，具体如下：

（1）黑云压城城欲摧，甲光向日金鳞开。（《雁门太守行》李贺）
　　　Dark clouds over the town threaten to crush it down；
　　　Like golden scales the armor glistens in sunlight.
（2）蓬莱文章建安骨，中间小谢又清发。（《宣州谢朓楼饯别校书叔云》李白）
　　　Your writing's forcible like ancient poets while
　　　Mine is in Junior Xie's clear and spirited style.
（3）征蓬出汉塞，归雁入胡天。（《使至塞上》王维）
　　　Like tumbleweed I leave our fortress drear；
　　　As wild geese I come under Tartar sky.

《雁门太守行》是一首描写战争场面的诗歌。"黑云压城城欲摧"一句，成功地渲染了敌军兵临城下的紧张气氛和危急形势。句（1）中的"黑云"是隐喻的喻体，指的是敌军，但译者并没有将"黑云"译成"enemies"（敌人），而是直接将喻体突显译出，译为"dark clouds"（黑云），如图4(a)所示。因为无论是中国人还是西方人，结合战争这一具体语境，都能够通过源域"黑云"投射到目标域"敌人"上，即 ENEMIES ARE DARK CLOUDS。也就是说，对"黑云"的隐喻认知具有体认的普遍性特征。正是因此，译者才选择了最为省力的译法，并未对原隐喻词项的认知路径进行任何调整。

句（2）选自李白的《宣州谢朓楼饯别校书叔云》，该诗是诗人在宣城（今属安徽）与其族叔李云相遇，并同登谢朓楼时所创作的一首送别诗。其中，"蓬莱文章"为隐喻。"东汉时朝廷贮书所在'东观'，因其所藏皆幽经秘录，故以海中神山蓬莱称之。这里指李云供职的秘书省"（蘅塘退士，2014：57），而"蓬莱文章"则用以借指校书郎李云的文章。如图4(b)所示，译者经由认知参照点 R（喻体，这里是"蓬莱文章"）达及目标 T（本体，这里指"校书郎李云的文章"），然后将喻体 R 置于消显状态，本体 T 便成为唯一突显可及的实体。作者将其突显译为"your writing"，使不了解相关史实及作者独特认知创造的目标语读者也能顺利理解隐喻和诗意。

句（3）中的"归雁"意为"往北回飞的大雁"，此处喻指诗人自己。喻体 R 为"往北回飞的大雁"，本体 T 为"诗人自己"。译者在翻译该词时，如图4(c)所示，首先经由认知参照点喻体 R（wild geese）达及本体 T（I），然后将二者同时译出，使认知参照点和目标，即喻体和本体同时呈现于译文之中，译为"wild geese I"。通过对 R→T 心智路径的还原，提高了其直接度和透明度，这样就能明确地将喻体投射到本体上，喻体的喻说对象也变得清晰可见。同时，又通过上下两句的排比形式，以及两个意义完全相反的动词"leave"（离开）和"come"（回来）的使用，将"I"的人物形象及其经历栩栩如生地展现在读者面前，俨然一幅现实体验的画面，力图创建出适合目的语读者理解的认知概念，填补了目的语读者对"归雁"的认知空缺。

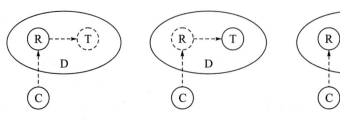

（a）直接译出喻体　（b）用本体替换喻体　（c）译喻体时补充本体

图 4　直接译为隐喻

3.2.2　译为隐性明喻

"译为隐性明喻"是指，隐喻词项在《唐诗》原文中为隐喻，译者在英译时，将喻词补充译出，即将相似关系突显出来（如图 5 所示）。

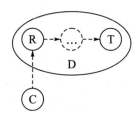

图 5　译为隐性明喻

如图 5 所示，在英文译文中，译者通过对相似点认知脚手架作用的还原，将相似关系置于突显状态。"…"为相似点，即喻底；认知路径为相似关系，即喻词。虽然相似点仍处于隐显状态，但不妨碍其发挥认知脚手架的作用。例如：

(4) 云鬓半偏新睡觉，花冠不整下堂来。（《长恨歌》白居易）
　　Her cloud-like hair awry, not full awake at all,
　　Her flowery cap slanted, she came into the hall.

句（4）中的"云鬓"形容妇女美丽的秀发，意为"妇女的优美的发鬓卷曲如云"（商务印书馆辞书研究中心，2014：1865）。"云鬓"是一个隐喻，其中，本体是"鬓"（发鬓），喻体是"云"。在翻译"云鬓"一词时，译者通过对相似点认知脚手架作用的还原，将相似关系置于突显状态，将喻词"like"明确译出。译者首先将本体和喻体分别译出，译为"hair"和

"cloud"，然后添加了喻词"like"，并将其与喻体"cloud"相结合，构成形容词修饰本体名词"hair"，最终将"云鬓"译为"cloud-like hair"。此种译法突显了喻体 R、本体 T 以及二者之间的相似关系，为目标语读者理解这一隐喻提供了便利，无疑能在一定程度上减轻目标语读者的认知负担。

3.2.3 译为显性明喻

威廉·克罗夫特和艾伦·克鲁斯（Croft & Cruse，2004：211）提出，隐喻来源于简化后的明喻，揭示了二者出现的先后顺序，即先有明喻，后有隐喻。这进一步佐证了明喻这一认知方式的始源性（王寅，王天翼，2009：2）。"译为显性明喻"，即隐喻词项在原文中为隐喻，在译为英文时，作为概念主体的译者将隐喻的体认路径明示出来，将原本不甚直接和透明的心智路径直接化、透明化，使其语义指向也更加明确和清晰。例如：

（5）钟鼓馔玉不足贵，但愿长醉不复醒。（《将进酒》李白）
What difference will rare and costly dishes make?
I only want to get drunk and never to wake.

（6）日暮汉宫传蜡烛，轻烟散入五侯家。（《寒食》韩翃）
At dusk the palace sends privileged candles red.
To the five lordly mansions where wreaths of smoke spread.

（7）君不见高堂明镜悲白发，朝如青丝暮成雪。（《将进酒》李白）
Do you not see the mirrors bright in chambers high
Grieve o'er your snow-white hair though once it was silk-black?

句（5）中的"馔"，意为"饭食"（中国社会科学院语言研究所词典编辑室，2016：1723）；"馔玉"则指"肴馔的珍美，可比于玉"（喻守真，2005：141），亦即"食物精美如玉"（萧涤非等，2004：231）。如图6(a)所示，在英译"馔玉"时，译者首先对"馔玉"这一隐喻词项的体认路径进行了还原——通过认知参照点 R（喻体，此处为"玉"），经由相似点 Z（喻底），达及目标 T（本体，此处为"馔"）。紧接着，译者将喻体置于消显状态，喻底 Z 和本体 T 便变得突显可及。最后，译者将喻底 Z 和本体 T 突显译出，译为"rare and costly dishes"，明确地将本体"dishes"（馔）和喻底"rare and costly"（昂贵的、精美的）都译了出来。此种译法将原文喻体隐显，同时将原文本体和喻底置于突显状态，能增加语义的透明度，进而帮助读者顺利理解隐喻的含义。

句（6）中的"五侯①家"喻指"宦官们之所在"。"东汉桓帝时封单超新丰侯，徐璜武原侯，具瑗东武阳侯，左悺上蔡侯，唐衡汝阳侯。因他们谋诛外戚梁冀有功，故五人同日封侯，世谓之五侯……这里当是以汉之单超等，比喻肃宗、代宗以来恃宠弄权的宦官。"（蘅塘退士，2014：308）这里的宦官和历史上的五侯，两者都具有"受到特别恩宠""位高权重""尊贵"等特征，这也是喻体和本体的相似点，亦即喻底。译者在翻译时，如图6(b)所示，译者首先还原了这一心智路径，然后分别对本体 T 进行消显，对喻体 R 和喻底 Z 进行突显，最终将其喻体"the five (lordly) mansions"和喻底"lordly"（高贵的，威严的，同时也有趾高气扬之意）突显出来，将恃宠弄权的宦官不可一世的傲慢之态展现得淋漓尽致。这样，目标语读者不仅能体验原文隐喻喻体，还能直接理解其目标意义而不会产生误解。

句（7）中的"雪"喻指白发。其中，"雪"为喻体，"白发"为本体。"雪"具有较多的描述性特征，如"冰凉的""晶莹的""洁白的"。在这里，译者通过其与本体"白发"的对照，选择性地突显了其"洁白的"描述性特征（即喻底），即"(snow-)white"。同时结合喻体"雪"，通过连字符连接两者，构成形容词，将其译为"snow-white"。与此同时，除了喻体和喻底以外，译者还将隐喻的本体也明确翻译了出来，并与喻体和喻底构成的形容词"snow-white"结合，最终译为"snow-white hair"。这样，原文隐喻词项中的本体、喻体和喻底就同时呈现在译文之中，构成了一个完整的体认路径，如图6(c)所示。这种译法既能给目的语读者构建出适合他们理解的认知概念，又能缩短其认知路径，将其直接带向目标意义，最大限度地减少误解的产生。

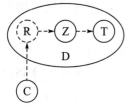 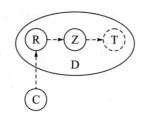

（a）用喻底替换喻体　（b）译喻体时补充喻底　（c）译喻体时补充本体和喻底

图6　译为显性明喻

---

① 侯，古代五等爵位的第二等。

3.3 隐喻英译连续体

"明喻和隐喻形成了一个具有 AS 范畴化功能的比喻修辞格连续体。"（刘玉梅，2020：29）可见，隐喻和明喻的关系本就紧密，无论是在修辞层面上，还是在认知方式上，二者都有着密不可分的关系。从认知参照点和识解理论出发，我们发现，在《唐诗》隐喻的英译过程中，也存在一个"隐喻英译连续体"（如图 7 所示）。

图 7　隐喻英译连续体

如图 7 所示，《唐诗》中的隐喻词项，在其英译过程中，可以直接译为隐喻，也可以译为隐性明喻或是显性明喻。其间涉及隐喻的喻体、本体、喻底（相似点）、喻词（相似关系）在原文和译文中的隐显状态切换和体认路径的调整，这取决于概念主体，也就是译者的认知操作。当然，这从根本上还是基于汉民族和英民族体认方式的异同。从较为模糊和间接的"直接译为隐喻"，到相对透明和直接的"译为隐性明喻"，到最为透明和直接的"译为显性明喻"，三者之间构成了一个"隐喻英译连续体"。在这一连续体中，译者付出的认知努力逐渐增大，而读者所需的认知加工在逐渐减小，二者构成了一种此消彼长的反比关系。

4　结语

本文以体验性识解和认知参照点为理论框架，以"许渊冲经典英译古代诗歌 1000 首"系列之《唐诗（上、下）》为语料来源，考察了唐诗中隐喻的英译路径。经过研究，我们发现，唐诗中隐喻的英译路径有直接译为隐喻、译为隐性明喻、译为显性明喻三种。三种隐喻英译路径构成了一个有机的隐喻英译连续体。其中，直接译为隐喻包括直接译出喻体、用本体替换喻体和译喻体时补充本体；译为显性明喻又包括用喻底替换喻体、译喻体时补充喻底和译喻体时补充本体和喻底。其间涉及概念主体的认知操作，也就是译者对隐喻的喻体、本体、喻底（相似点）、喻词（相似关系）在原文和译文中隐显状态的切换和体认路径的调整，这既取决于概念主体的认知，也基于汉民族和英民族体认的异同。目前，这只是初步的理论探索和个案研究，这一研究问题未来还有待进一步的考察和探索。

参考文献：

韩娇蓉，2017. 概念合成理论视角下宇文所安与许渊冲唐诗宋词英译本的概念隐喻翻译对比研究 ［D］. 成都：西南石油大学.

何雨婷，2014. 唐诗中的隐喻及其翻译研究 ［D］. 荆州：长江大学.

蘅塘退士，2014. 唐诗三百首新注（附辑评）［M］. 金性尧，注释. 金文男，辑评. 上海：上海古籍出版社.

李旭刚，2013. 合成空间理论视域下隐喻翻译之认知映射过程研究：以许渊冲译《唐诗三百首》为例 ［D］. 成都：西南交通大学.

刘玉梅，2020. 基于体认识解机制的汉语修辞格分类研究 ［J］. 外语教学 (6)：25 - 31.

罗倩倩，2012. 概念整合理论视角下的古诗隐喻英译 ［D］. 北京：华北电力大学.

穆诗雄，2000. 浅谈英译中国古诗中的隐喻 ［J］. 外语与外语教学 (6)：51 - 53.

商务印书馆辞书研究中心，2014. 古代汉语词典 ［M］. 2 版. 北京：商务印书馆.

王寅，2014. 后现代哲学视野下的体认语言学 ［J］. 外国语文，30 (6)：61 - 67.

王寅，王天翼，2009. "AS 认知方式"：隐喻等机制的统一解释——十五论语言的体验性 ［J］. 解放军外国语学院学报 (4)：1 - 6.

习近平. 高举中国特色社会主义伟大旗帜 为全面建设社会主义现代化国家而团结奋斗——在中国共产党第二十次全国代表大会上的报告 ［EB/OL］. (2022 - 10 - 16) ［2023 - 01 - 30］. http：//www. gov. cn/gongbao/content/2022/content_ 5722378. htm.

萧涤非，程千帆，马茂元，等，2004. 唐诗鉴赏辞典 ［M］. 2 版. 上海：上海辞书出版社.

许渊冲，2015. 唐诗（上、下）［M］. 北京：海豚出版社.

喻守真，2005. 唐诗三百首详析 ［M］. 北京：中华书局.

中国社会科学院语言研究所词典编辑室，2016. 现代汉语词典 ［M］. 7 版. 北京：商务印书馆.

周洁，2008. 概念整合理论及其在唐诗隐喻翻译中的应用——许渊冲《唐诗三百首》个案研究 ［D］. 大连：大连理工大学.

CROFT W, CRUSE D A, 2004. Cognitive linguistics ［M］. Cambridge：Cambridge University Press.

LAKOFF G, JOHNSON M, 1980. Metaphors we live by ［M］. Chicago：The University of Chicago Press.

LANGACKER R W, 1987. Foundations of cognitive grammar ［M］. California：Stanford University Press.

LANGACKER R W, 1999. Grammar and conceptualization [M]. Berlin: Mouton de Gruyter.

LANGACKER R W, 2008. Cognitive grammar: a basic introduction [M]. Oxford: Oxford University Press.

ROSCH E, 1975. Cognitive reference points [J]. Cognitive psychology, 7 (4): 532 – 547.

A Study on the Translation of Metaphors in Tang Poetry Based on the Embodied-Cognitive Construal

Yang Yunjie

Abstract: Metaphor is an important cognitive approach for human beings to survive. Different from conventional linguistic phenomena, its cognitive path is indirect and opaque. There are a lot of metaphors in Tang poetry, and the existence of these metaphors hinders its successful translation. In terms of embodied construal and CRP, this paper examines the English translation of metaphors in Tang poetry with *Version of Classical Chinese Poetry: Tang Poetry Translated by Xu Yuanchong* as the source of corpus. The findings are as follows: 1) there are three ways of translating metaphors into English in Tang poetry: translation into metaphor, implicit simile, and simile; 2) the three ways constitute an organic continuum of metaphor translation.

Key words: embodied construal; CRP; Tang poetry; metaphor; English translation

文学与文化

百年孤独
——从李群英的《残月楼》观加拿大华裔女性的历史

李 晖

（四川大学外国语学院，成都610207）

摘 要： 华裔群体在加拿大拥有悠久的历史。在移居他乡的一百多年中，加拿大华裔女性为华裔社区的稳定和发展做出了很多奉献和牺牲。她们曾经遭遇语言障碍和文化冲突、严重的种族及性别歧视。早期的华裔女性多为家庭妇女，生活局限于唐人街，没有机会接受高等教育，因此几乎没有留下关于自己生活的记录。所幸在当代加拿大多元文化社会中，不少华裔后代接受了高等教育，他们通过创作关于祖母、母亲或者自己的回忆录、小说及诗歌等，深刻反映了加拿大华裔女性的独特人生经历和精神诉求。本文通过解读加拿大著名华裔女作家李群英的长篇小说《残月楼》中四代女性的命运，探索加拿大华裔女性百年来的孤独历史。

关键词： 加拿大华裔女性的历史；性别歧视；种族歧视；《残月楼》

20世纪70年代以前，由于加拿大政府尚未实施尊重各族裔文化传统的多元文化政策（Canadian Multiculturalism，1971— ），加拿大华裔的历史没有引起主流社会应有的关注，而作为边缘人群中的弱势群体，加拿大华裔女性的历史更是无人问津。著名印度裔美国文化批评家斯皮瓦克曾言："在属下阶级主体被抹去的行动路线内，性别差异的踪迹被加倍地抹去了…… 在殖民生产的语境中，如果属下没有历史、不能说话，那么，作为女性的属下就被更深地掩盖了。"（赛义德等，1999：125）她所谓的"属下"（Subaltern）指的是被剥夺了话语权或不能发声的文化群体。如果说曾经遭遇严重种族歧视的加拿大华裔是加拿大社会中的"属下"，那么，加拿大华裔女性则是"属下中的属下"，她们的历史曾被有意或无意掩盖。然而，作为重要的历史存在，加拿大华裔女性及其奉献不应该被遗忘。

国内外目前已经出版的关于加拿大华裔历史的权威书籍未曾专门提及华裔女性的历史及其贡献，往往仅在讲述家庭婚姻状况时，略着笔墨。所幸的是加拿大华裔作家们，尤其是第一代土生作家根据祖母或母亲口头传述的故事及自身经历创作了许多优秀作品，揭示了在移民过程中女性所经历的苦难及付出。作为先辈的代言人，他们用文学创作有效地填补了历史空白。翻开这些文本，可以读到华裔女性在异国他乡经历的各种艰辛，以及为争取权力和自由进行的不懈斗争。其中，李群英（Sky Lee，1952—）创作的《残月楼》（*Disappearing Moon Café*，1990）是首部以华裔移民历史为题材的英文小说，它生动地刻画了一个加拿大华裔家族四代女性的"百年孤独"。《华盛顿邮报》曾经给予高度赞誉：

> 假如加西亚·马尔克斯是加拿大华裔，并且是一位女性，那么《百年孤独》就可能与《残月楼》有些相似。①（Lee，1990：封底）

本文通过分析《残月楼》中四代女性的波折命运，追溯被种族主义和男权主义置于社会"边缘中的边缘"的加拿大华裔女性的百年历史。

1　李群英及其《残月楼》

加拿大华裔女作家李群英的英文名原为"Sharon Kwan Ying Lee"，现用名中的"Sky"则来自前三个单词的首字母。她出生于不列颠哥伦比亚省的一个港口小镇，毕业于不列颠哥伦比亚大学美术系，后来在一家杂志社工作。20世纪80年代，她开始创作短篇小说，主要以华裔女性生活为题材。1990年，她的首部长篇小说《残月楼》出版当年便获得"温哥华市图书奖"，及加拿大文学领域最高奖项"总督文学奖"（Governor General's Literary Award）的提名。该书把传统小说中以男性为主角的历史设为背景，将女性置于文本中心，从而有效地把"男性历史"（history）改写为"女性历史"（herstory）。小说中故事的叙述者是黄家的第四代女性凯英（Kae Ying Woo，本文提及的小说人物的中文名参见牛抗生译《残月楼》，2013），她的讲述从曾祖父黄钜昌（Wong Gwei Chang）沿着太平洋铁路寻找华工遗骨开始，同时又以他在弥留之际回顾往事结束。然而，小说的主人公并非黄钜昌，而是黄家的四代女性。小说的主体分为七个部分，叙述的时间从1892年到1986年，跨度约一个世纪。在讲述错综复杂的往事的过程中，作者不以人物和时间为序，而是采用时空穿插交织的手法，看似纷乱的情节中

---

① 本文所征引的英文文献译文，除特别说明，皆由笔者自译。

有一条明晰的线索，那就是黄家四代女性的命运。

代际传承与更替中，四代女性的命运始终交织在一起，正如作者所指出的："女性的生命是环环相扣的，母亲和女儿之间，姐姐和妹妹之间……"（Lee，1990：196）书中的凤梅（Chan Fong Mei）和女儿碧翠丝（Beatrice），凯英和姨妈苏珊（Suzanne）颇有相似之处：凯英儿时常常把外婆和母亲弄混，凯英和姨妈甚至爱上了同一个人……作为《残月楼》的讲述者，凯英一直以第一人称叙事，而其他人物角色都用第三人称，只有提及苏珊的故事时，依然用第一人称。显然，作者旨在暗示凯英和苏珊其实是一个人。作者刻意用一个小节（从该书的249页到255页）构想小说中几位重要的女性角色跨越时空围坐一堂、反省人生，席间对话发人深省。每一代女性都有相似的困扰，经历了一个又一个孤独的轮回，她们最终理解了彼此。"我们可能会一次又一次地掉进同一个洞里；这样，我们再一次相遇……"（Lee，1990：196－197）

《残月楼》确实可以看作某一位加拿大华裔女性的奋斗故事，她在不断反抗和成长，最终变得独立坚强。性别及种族歧视曾经严重制约加拿大华裔女性获得权利和机会，在遭遇这样的双重歧视后她们往往选择自我封闭，独自承担伤害。然而，只有通过分享苦痛才能把彼此联系在一起，进而为共同目标奋斗。随着种族及性别歧视的消减，正如小说的题目"残月楼"所喻示的，约束女性发展的一些传统观念正在消亡，新一代具有独立意识的女性正在崛起。"月亮"从古到今就象征着女性，作者借"残月"喻指了华裔女性的过往经历，并且预示新的一轮明月即将升起，华裔女性正在开拓新的历史。

2 19世纪末至20世纪初的加拿大华裔女性

中国人移居加拿大主要始于19世纪50年代，先期到达加拿大的华裔多为男性，有以下几个基本原因：首先，他们多以苦力为生，只有男性才能承受超负荷的劳动强度和恶劣的工作环境。其次，他们中多数只想挣钱后衣锦还乡，叶落归根，并没有在加拿大定居的打算。他们的工资微薄，几乎不可能养家糊口，更难以支付不断上涨的人头税（The Chinese Head Tax，1885—1923）。再则，由于种族歧视引起的暴力事件时常发生，非常不利于华裔女性的安全，因此，华工通常不会携同妻子远渡重洋去异国谋生。并且，加拿大白人中的排华分子也唯恐华裔女性的到来导致华裔人口的增加。基于上述原因，早期华裔移民中男女比例严重失调，尤其在最初 10 年里（1881—1891）几乎没有女性移民。（Tan & Roy，1985：9）

《残月楼》中第一代女性美兰（Lee Mui Lan）因为丈夫在唐人街拥有最大的一家餐馆——"残月楼"，能够支付高额的人头税（1911 年，人头税已经涨到 500 加元，这个数目在当时相当于华工一年的工资），才可能带着儿子存福（Wang Choy Fuk）去加拿大与丈夫团聚。当美兰满怀欣喜到达加拿大之后，却发现面对陌生的异国环境，语言不通，没有能力去适应和改变，最难忍受的是孤独。当然，其中还有一个重要的原因，那就是她和丈夫之间的感情淡漠。黄钜昌在同美兰成婚之前曾与混血姑娘凯萝拉（Kelora）相恋，生下儿子庭安。黄钜昌早年授命于维多利亚中华慈善协会，沿着"加拿大太平洋铁路"（Canadian Pacific Railroad，简称 CPR，横贯加拿大东西的铁路交通大动脉，修于 1880 年至 1885 年，当时华工的生活条件简陋，劳动强度很大，尤其是落基山脉一段，山势险峻，筑路非常危险，导致事故率高）捡拾华工的遗骨。一天，他晕倒在途中，幸而被凯萝拉父女救助。后来，黄钜昌因为要运送遗骨回维多利亚，离开了凯萝拉。再后来，他遵父母之命，回国娶了素未谋面的美兰。数年后，当他回到故地寻找凯萝拉时，却发现昔日情人已经病故，只留下儿子庭安（Wong Ting An）。碍于名声，黄钜昌虽然收留了庭安，却不敢相认。

美兰原指望到加拿大过上幸福生活，但是同丈夫却形同陌路，随时有返乡的冲动。然而，作为一个承袭了旧中国封建传统的女性，美兰不可能选择离开丈夫回老家去。更何况残月楼生意兴隆，她毕竟是唐人街上令人羡慕的老板娘，可以颐指气使，连儿子都惧怕她三分，更不必提媳妇凤梅了。凤梅和儿子结婚 5 年之后仍未生育，她便认定是凤梅的错，开始刁难媳妇，同时怂恿儿子借腹生子。存福生性懦弱，做事懒散，缺乏主见。为了传宗接代，在母亲的授意下，他同餐馆的侍女宋蔼（Song Ang）私通，甚至为了完成母亲布置的任务，默许宋蔼与他人相好，生下儿子基曼（Keeman）。美兰到了迟暮之年才得知基曼并非自己的亲孙子，备受打击，郁郁而终。作为黄家的第一代女性，美兰为了延续香火，弄巧成拙，不仅自己遭遇封建思想的惩罚，并且将它转嫁到儿媳凤梅及侍女宋蔼身上。

黄家的第二代女性凤梅和婆婆美兰一样来自中国南方农村。然而，凤梅的生活时代和环境毕竟与婆婆有很大的不同。从 19 世纪末开始，加拿大妇女组织起来争取社会地位的改善。1918 年，加拿大妇女获得了选举权。（蓝仁哲等，1998：168－169）唐人街虽然相对封闭，西方的女权主义思想还是逐渐渗入华裔社区。20世纪20年代初，"妇女国际和平自由联盟"在加拿大成立，女性参与社会工作的机会也逐渐增多，华裔女性也已经开始在家庭之外发挥比较积极的作用。（蓝仁哲等，1998：165）在这样的社会背景下，凤梅开始思考和觉醒，不再甘于逆来顺受。在得知丈夫与别的女人姘居后，她和庭安暗中相好，生下三个孩子。凤梅这样做除了确实喜欢庭安，显然还有报复的动机，她的行为表现了开始觉醒的女性意识对封建礼教和男权社会的反抗。

凤梅为了金钱和地位，为了家族声望，"出卖"了自己的孩子和爱情，引发了后续的家庭悲剧。庭安明白凤梅的选择后，尤其是当他知道自己就是黄钜昌的亲生儿子后，倍感伤痛，最终含恨离开了黄家，随意娶了一个法裔女人为妻，生下儿子莫根（Morgan），后终因酗酒离开了人世。黄家的后面两代女性——凤梅的小女儿苏珊和孙女凯英由于不知道家族的这段隐情，先后和莫根陷入畸恋。幸而大女儿碧翠丝喜欢的基曼并非其同父异母哥哥，否则又会上演一出人间悲剧。所有这一切似乎都是由凤梅一手造成，其实不然，因为她和婆婆美兰一样，也是男权主义和种族主义的受害者。同为女性，远离故土，她们本应该更能相互体谅和扶持。然而，作为恪守封建思想的婆婆，美兰在媳妇面前俨然就是一个暴君，处处为难媳妇。后来，同样受家长制影响的凤梅也用这样的方式对待自己的女儿，甚至将女儿逼上自杀的境地，酿成追悔莫及的人生悲剧。

3 20世纪中期的加拿大华裔女性

在两次世界大战期间，加拿大华裔热血青年在国家最需要的时候挺身而出，奔赴欧洲战场，为加拿大的和平安宁做出了重要贡献。其间，有五百多位华裔军人在前线流血牺牲。（姜芃，2001：250）甚至一些华裔女性也参加了加拿大陆军妇女军团（Canadian Women's Army Corps）。（黎全恩等，2022：372）在日军侵略中国期间，海外华裔为支援祖国，慷慨解囊，加拿大华裔女性也走上街头为国募捐。这些活动让加拿大华裔女性走出家庭，参与公众活动，为争取自己的自由平等奠定了基础。20世纪中期，经历了两次世界大战之后，西方女性主义运动掀起第二次浪潮。60年代末，加拿大的妇女运动蓬勃发展。（蓝仁哲等，1998：166）黄家的第三代女性碧翠丝和苏珊正是成长于这样的时代背景之下，她们更加迫切地想要摆脱中国传统思想的束缚，过自己想要的生活。

1947 年，加拿大政府取消了《排华法案》，但是种族歧视的阴影仍然存在，土生华裔依然难以被主流社会接受。碧翠丝和苏珊虽然生长在加拿大，本以为自己就是加拿大人，但是却时常因华裔的身份受到歧视。当时的华裔女性甚至不可能做护理或文秘工作，更不可能当钢琴家。（Yee，1988：67）碧翠丝在音乐方面本来颇有天赋，渴望去大学深造，但是校方不但不愿意给她奖学金，而且还拒绝录取。生活在东西方文化的夹缝中，姐妹俩时常感到苦闷彷徨，因此变得非常叛逆。如果家长，尤其是母亲能够给予正面引导，她们的性格可能不会这样偏激。然而，每当她们想从家庭中寻求安慰和理解的时候，却发现在她们与祖母和母亲之间存在一条难以逾越的鸿沟。况且，祖母与母亲常常钩心斗角，这也让她们无法敞开心扉。

在加拿大出生的黄家第三代女性由于接受了西方教育，更加认同加拿大主流社会的价值观，更加崇尚个性的自由发展。在西方价值观的影响下，她们憎恶封建传统，迫切希望逃离华裔社区。碧翠丝爱上了侍女的儿子基曼，全然不顾祖母和母亲的反对，擅自成婚，远远地搬离了唐人街。苏珊更加激进叛逆，在不知真相的情况下，疯狂地爱上了自己同父异母的哥哥莫根，逃离了这个充满封建礼教的沉闷家庭。后来，在母亲的干预下，苏珊和莫根被迫分开，苏姗在医院产下怪胎后，精神失常，割腕自尽。就某种意义而言，黄家的第三代女性不仅是性别歧视和种族歧视的受害者，也是中西文化冲突的受害者。

4　20 世纪后期的加拿大华裔女性

在 20 世纪七八十年代，加拿大女性积极争取社会地位的根本改变。"妇女运动涉及社会的深层结构，涉及人们的思想方式，也涉及人们体会世界的方式，其意义在于将妇女所受的不平等待遇看成是社会的、公共的，而不是个人的。"（蓝仁哲等，1998：169）随着多元文化政策的实施，加拿大华裔女性的地位得到显著提高。黄家第四代女性凯英（碧翠丝和基曼的女儿）虽然深受西方文化影响，却力图在中西两种文化之间寻求平衡与沟通。因此，凯英并不像妈妈和姨妈那样偏激。由于她的母亲碧翠丝出生在加拿大，受西方文化影响更多，因而她的个人生活并没有受到母亲过多干涉。祖母留下的家书以及母亲讲述的家族往事让凯英逐渐开始明白家中女性的遭遇，并且慢慢找到了家族文化的根源，开始接受一些有益的中国传统。

　　除了家族中的女性，凯英深受另外两位思想独立的女性影响：一位是黄家的管家兼保姆芝（Seto Chi），另一位是郝米雅（Hermia Chow）。芝是马来西亚华裔，出生后因是女孩被父母遗弃，其后跟随收养她的家庭移居加拿大。虽然芝只是凯英的保姆，但是对凯英而言，她是凯英的另一个母亲，是凯英的精神支柱；而郝米雅则是凯英生命中最重要的人物，正是她帮助凯英从父权制中解脱出来，选择适合自己的人生道路。"这种反叛是她看清历史，确立自主身份的结果，也是中加文化相互作用的结果。"（刘克东，段儒云，2010：17）凯英理解和接受两种不同的文化，黄家第四代女性已经逐渐融入主流社会，成为能够驾驭自己命运的现代女性。在深刻反思黄家前三代女性与性别歧视和种族歧视的妥协与斗争之后，凯英决定挣脱枷锁，勇敢地追求属于自己的幸福和权利。最终，凯英结束了感情缺失的婚姻，放弃了公司的晋升机会，与同性知己郝米雅团聚。

5　结语

　　纵观历史，加拿大华裔女性不仅是西方文化中的他者，也是中西方男权社会中的他者。她们曾经遭遇种族和性别的双重压迫，在政治、文化、经济等社会生活的各个方面都处于边缘地位。《残月楼》可以被看作一个"浸润着女权理念的历史小说文本"（星笛，2006：101）。第一代女性美兰完全屈服于男权社会，并且用封建礼教压制媳妇；第二代女性凤梅开始觉醒，对男权社会进行挑战与报复；第三代女性碧翠丝和苏珊蔑视一切传统，为了自由决不妥协；第四代女性凯英虽然同样不愿意遵循传统，但是她能够坦然面对中西文化的差异，并且乐于接受不同文化中积极的方面。由此可见，黄家的第四代女性已经与前面三代女性迥异，她们更加独立自信，拥有更明确的身份意识。小说中前两代女性出生在中国，后移居加拿大，生活局限于唐人街；第三代女性虽然出生在唐人街，然而成年后搬离了唐人街；第四代女性则完全生活在唐人街以外的地方。虽然远离了唐人街，但是发生在唐人街的故事在她们心中成为挥之不去的影子。"你可以把她从唐人街带走，但是你不能让她忘掉唐人街。"（Lee，1990：221）华裔后代们通过挖掘族裔往事，思考处于主流社会边缘的女性如何驾驭自己的命运，确立自己的独特身份。

参考文献：

姜芃，2001. 加拿大文明［M］. 北京：中国社会科学出版社.

蓝仁哲，廖七一，冯光荣，等，1998. 加拿大百科全书 ［M］. 成都：四川辞书出版社.

黎全恩，丁果，贾葆蘅，2022. 加拿大华侨移民史：1858—2001（社科卷 上）［M］. 北京：华夏出版社有限公司.

李群英，2013. 残月楼 ［M］. 牛抗生，译. 天津：南开大学出版社.

刘克东，段儒云，2010.《残月楼》中的女性形象——加拿大文化与中国文化的双重影响 ［J］. 世界华文文学论坛（3）：14 - 17.

赛义德，等，1999. 后殖民主义文化理论 ［M］. 陈永国，等译. 北京：中国社会科学出版社.

星笛，2006."面对已有历史，我们无法真正了解自己"——加拿大华裔女作家李群英及其获奖小说《残月楼》［J］. 华文文学（4）：99 - 101.

LEE S, 1990. Disappearing moon café ［M］. Vancouver/Toronto/Berkeley：Douglas & McIntyre.

TAN J, ROY P E, 1985. The Chinese in Canada ［Z］. Canadian Historical Association：Keystone Printing & Lithographing Ltd.

YEE P, 1988. Saltwater city：an illustrated history of the Chinese in Vancouver ［M］. Vancouver/Toronto：Douglas & McIntyre.

The Solitude of a Century
—A Reflection on the History of the Chinese Canadian Women Based on Sky Lee's *Disappearing Moon Café*

Li Hui

Abstract：The Chinese community possesses a relatively long and rich past in Canada. In the process of settling down in Canada for more than 100 years, the Chinese Canadian women have sacrificed and contributed a lot to the stability and the development of the Chinese Canadian community. When the early Chinese women pioneers came to Canada, they were confronted with not only language barriers and cultural clashes, but severe sexual and racial discriminations. Since most of them were confined to Chinatown and their housewife duties, having no access to higher education, there are few records about their life left. Fortunately, in the contemporary Canadian multicultural society, many of their descendants have been entitled to advanced education and produced considerable works about their grandmothers, mothers or themselves. By composing memoirs, fictions, poetries, etc., they have tried to reveal the unique living experiences and spiritual quests of the Chinese Canadian women. This paper aims to explore the solitary history of the Chinese Canadian women that has lasted for a century through the fate of the four generations of female in *Disappearing Moon Café* written by the famous Chinese Canadian female writer Sky Lee.

Key words：the history of the Chinese Canadian women；sexual discrimination；racial discrimination；*Disappearing Moon Café*

规训、动员与实验：
美国电视真人秀的社会功能探析

吕 琪

（四川大学外国语学院，成都 610207）

摘 要：电视真人秀是新世纪具有典型全球化特点的电视文化现象，在各国的发展兼具普遍性与特殊性，其特殊性由电视在特定社会文化中所具有的社会功能所决定。美国流行的电视真人秀在制作和传播方式上广泛采用了新媒体技术，具有开放的文本结构和多元的叙事角度，但其叙事又始终以改造自我为动力，旨在完成经典的"美国梦"的叙事主线。真人秀一方面对个体的改造历程进行娱乐化展示，一方面利用新媒体广泛鼓励个体主动参与这种改造他人和自我的过程。真人秀自觉充当了进行不同层面上的社会实验的场所，达到了社会动员和社会规训的双重目的，在娱乐化和高度商业化的外衣下实现了其意识形态上的社会功能。

关键词：美国梦；电视真人秀；意识形态；社会实验；规训

自 21 世纪伊始，电视真人秀在全球持续流行，并占据了越来越大的电视份额，呈现出极度繁荣的状态，同时真人秀的热潮也始终伴随着巨大的争议，屡屡被推上舆论的浪尖。真人秀是一个典型的具有全球化和新媒体技术特征的电视节目类型，由于其节目模式易于模仿和引进，因此可较快产生区域性乃至全球性影响力。但在全球化的统一性和规范性之下，不同国家真人秀的形态构成和文本内容中又包含着非常重要的差异性符号。比如，国内学界约定成俗把"Reality TV/Reality Show"（直译为"真实电视"或"真实秀"）称为"真人秀"（李民，2015：102），应是借鉴了 1998 年的美国著名科幻讽刺电影《楚门的世界》（*Truman Show*，直译为《楚门秀》，Truman 即有"真人"之意）（尹鸿等，2006：2），这与其英文意义并不完全符合。但业界在节目宣传中则常常避免使用"真人秀"，而冠之以五花八门的头衔，试图将其归于以往的节目类型当中，比如"综艺娱乐节目""选秀节目""才艺展示节目""生活服务综艺节目""恋爱婚姻节目"等。这种命名上的微妙差异，反映的是真人秀在两国的媒体文化和社会生活中所处地位和所起作用的不同。对电视真人秀形态和文本的研究，可以作为进行国别文化研究的一种有效观察途径。

自 2000 年《生存者》（Survivor）的风靡开始，电视真人秀在美国迅猛发展，已经成为与传统的戏剧和喜剧三足鼎立的黄金时段电视节目形态。无论是学界还是业界，美国从一开始就比较明确地接受了"真实电视"这一叫法，电视"艾美奖"也为这种新的节目形态迅速单立奖项。本文拟在文化研究的视阈下，通过集中探讨美国电视真人秀在叙事和文本构成上的特点，解释其在美国电视产业、大众文化和社会生活中的地位与作用。总的来说，在新媒体时代的美国，电视真人秀延续并进一步发展了电视所具有的社会动员、社会规训与社会实验这三种功能。

1 社会动员：新媒体与美国梦的联姻

社会动员，广义上讲就是社会影响或社会发动，它指"人们在某些经常、持久的社会因素影响下，其态度、价值观与期望值变化发展的过程"（郑永廷，2000：21）。塞缪尔·亨廷顿（Samuel Huntington）认为现代化是社会动员与经济发展共同推动的，而前者涉及个人、组织和社会渴求的变化，是人们态度、价值观和期望等弃旧从新的过程。（亨廷顿，2021：31）在技术层面上，现代社会的动员方式主要可以分为传媒动员、参与动员和教育动员。（王学俭，高璐佳，2010：144）无论从哪个层面来说，美国电视真人秀的文本构成和流通方式都可以令其在社会动员机制中占有一席之地。

美国电视真人秀在 21 世纪伊始出现，是作为美国无线电视产业应对新媒体时代威胁，进行新媒体转向的试验田。一方面，真人秀大多采用开放的文本结构和流通方式，让电视播出平台与手机和网络融合，充分利用新媒体的互动手段，让普通人以选角或是投票等各种形式参与真人秀情节发展，提升参与感。另一方面，在挑选参与者时，它尽量挑选具有多元特征的真人参加，如不同种族、性别、年龄、教育背景、职业、性取向等的参与者，以确保这种新的文本构成方式既具有足够的张力，又让受众易于产生强烈的代入感。其多元和开放的元素符合新媒体文化的特征，让观众耳目一新。

在美国真正引起真人秀浪潮的是《生存者》节目，这与欧洲情况有所不同。荷兰的《老大哥》（The Big Brother）掀起了欧洲的真人秀风暴，具有标杆性的影响。（尹鸿等，2006：2）从节目形态和组织构架看，两者非常相似：将一群身份各异的普通人置于一个与世隔绝的空间中，在规定时间内通过成员间的投票进行淘汰，最后一个留下的为赢家，得到大奖。但是细查两者所完成的叙事，在社会象征意义上却有很大差异。

《老大哥》将真人们置于衣食寝居无忧的大宅中，对他们的日常生活进行 24 小时全面监控，通过电视和网络直播让大众对其进行窥视，成为对后现代技术垄断的戏仿。其实，美国的有线电视台早在 1992 年就出现了类似于《老大哥》的真人秀节目，即 MTV 电视台的《真实世界》（*The Real World*），但是这一新颖形态却被美国无线电视网认为不符合电视所代表的大众审美需求和主流意识形态，未受到后者重视也而未产生强大的社会影响力。与《老大哥》的后现代警示意味不同，《生存者》的叙事模式遵照的是好莱坞最经典的"美国梦"的叙述方式，具有鲜明的美国特征。

《生存者》将多元群体置于远离美国本土的陌生海岛，让其处于拓荒求生的困境之下，因此在叙事中重在展示个人在逆境中不懈奋斗，施展才能，不断调整和完善自身和人际关系，旨在成为"终极生存者"名利双收的过程，是对西方传统漂流情结的现代回归。20 世纪 30 年代亚当斯（James Adams）在其著作《美国史诗》中提出了"美国梦"的概念，将其解释为"美国梦就是有一片梦想的大地，在这片土地上，每个人根据其能力和成就大小均享有机会，可以生活得更好，更富裕，更充实"（敬南菲，2011：1）。在这一定义中，公平的社会制度是核心和前提，最重要的是提供一种流动的社会秩序，让个人不被出身或阶级所限制，可以通过自身的奋斗和抱负来改变现状，在社会中实现个人价值。然而，长久以来，好莱坞的电影和电视往往将"美国梦"阐释为个人的梦想，社会制度则是一个不可也无须改变的客观存在。因此，"美国梦"是否实现取决于个人主体的意愿和奋斗，而这一奋斗的过程就必然是一个重塑和改造自我以适应社会的过程。重塑的能力进而被视为美国神话的一部分，从杰斐逊（Thomas Jefferson）的自立公民到大熔炉理念，都反映了美国人性格中要求自我改造的精神。（Heller，2007：8）

采用了新媒体技术的电视真人秀延续着这样的"美国梦"叙事传统，不仅《生存者》而且绝大多数的美国最流行的真人秀，比如《美国偶像》（*American Idol*）、《学徒》（*The Apprentice*）等，都采用了类似的模式。在这一叙事模式中，在游戏中，社会制度就是游戏制度，它存在即合理，因此"重塑/改造自我"成为叙事动力。这样的叙事直接推动真人秀与"美国梦"之间形成对等关系：参与真人秀，即在追求"美国梦"，而实现这一等式的方式就是对自身境遇和条件的改造。美国成功的电视真人秀，往往提供极其丰厚的奖金或成名的机会，电视观众和参与者认同这样的一夜暴富的叙事，也在于名利正是激励和动员民众实现美国精神的最佳工具，得到它本身就等同于"美国梦"的实现。

虽然能够直接参与真人秀的是少数人，但是通过新媒体的互动方式，真人秀可以营造全民参与的氛围。即便观众不能直接改造自我，也可以通过参与新媒体互动直接改变他人的命运，得到替代的成功感，并由于参与这个过程而形成某种社群归属感。美国真人秀往往据此宣称它们提升了民众的民主参与意识，具有重要的社会意义。比如在 2006 年第 5 季的《美国偶像》总决赛上，主持人骄傲地宣称，有超过 6400 万美国人为最后的冠军投票，而这一票数已经超过以往任何一位总统候选人最终所得的票数。其绵延数月的参与过程和它所创造的投票方式都被认为发挥了电视前所未有的社会动员能力。

一个事实是，美国人，尤其是年轻人的参政意识在近几年的确有所增加，新媒体的政治动员能力在美国 2008 年的总统大选中显现端倪，而在 2016 年特朗普的成功当选中更是大显其威。伴随真人秀的繁荣和新媒体的发展成长起来的年轻人在这一次大选中达到了投票年龄。对于这个 30 岁以下的群体而言，2008 年总统大选既是一个具有历史意义的严肃的政治事件，也可以被认为是更大型的"真人秀"。他们在娱乐文化里经过锻炼，感到有望通过自身的参与改变现实的进程，并将这种认识扩展到政治运动当中，运用他们在娱乐文化中已经反复实践过的方式参与政治事件。2016 年美国大选的候选人特朗普，则更是直接受益于其十几年苦心经营的真人秀节目所带来的名望、辨识度和公众亲密度。虽然我们不能说真人秀的一代决定了 2008 年或者 2016 年总统大选的最后结果，但是其中的确切关联也不应被忽视。

2 社会规训：自觉反省的个体与积极干预的专家/社群的协力

电视真人秀进行社会动员的过程和方式又相当典型地表征了一种规训和控制化的社会现实，被动员起来的民众必须是可控制的而非肆意颠覆的力量。福柯（Michel Foucault）将现代社会的规训制度解释为，通过规训身体来实施权力，因此主体被鼓励进行自我监督，控制自我行为实践。（福柯，2012：193）德勒兹（Gilles Deleuze）指出当下资本主义社会权力运行的方式不再局限在一套自上而下的某个机构的规则和程序，而是将这些权力漫布在整个社会网络中去实现。"一个控制化的社会"的权力不再仅仅使用惩罚，而是通过无休止的改良、迅速的跨空间交流和去中心化的传播方式将控制渗透进日常生活的社会。（德勒兹，2012：196 - 199）进入 21 世纪的美国社会，去产业化的加剧使得劳动力不再能长期集中固定于某个产业，因而必须塑造和鼓励"善于交际的、游牧式的、自省灵活的主体，以应对随时性和经常性被置换的劳动力需求"（Heller，2007：12）。

美国电视真人秀由于其形态特点正适合作为这种社会中一个主流的文化形式，成为社会规训机制中巧妙的一环。这集中体现在节目环节的设计上，真人自述和专家/团队干预成为真人秀发挥规训作用的关键。首先，真人参与者随时的自述是真人秀与其他综艺或游戏节目形态的一个标志性区别。"自述改造经历"这样的仪式，就是使参与者从节目游戏的参与者回归成为"真实世界"的主体。在内容迥异的真人秀中，无论参与者身份如何，无论他们胜利还是失败，都被要求经常性地自述，而自述的核心在于反省自身，认同参与的经历是一个学习和成长的积极过程。这就实现了社会规训的一个重要目的：认同结构规则上的平等，接受个体结局的不平等。

除了对自述反省的强调外，电视真人秀充分利用节目形态上的互动优势，通过一系列对参与者外在或内在的积极干预，改变个体不如意的境遇。这种干预往往要借助专家群体的力量，如心理专家、就业专家、时尚专家、育儿专家等，有的干预也要借助团体和社群的力量，如竞技性真人秀中惯用的部落讨论等方式。通过这种方式，真人秀明确把改造作为一种摆脱阶级局限的有效方式，帮助塑造和规范美国的阶级归属性。布尔迪厄（Pierre Bourdieu）认为，文化、品味和知识是进行阶级区分的关键，公民性被重新认定为对生活品位、穿着打扮和行为举止的选择。（Bourdieu，1984：1 - 2）真人秀的干预理念非常符合美国社会自 20 世纪 90 年代以来的社会心理和政治倾向的发展趋势，而这种趋势既是电视所反映的，也是电视所引导的。更重要的是，它与美国 90 年代所流行的新自由主义和社群主义的政治倾向都可以产生契合点，而后两者的逻辑起点和政治目标本身是有很大差异，甚至相互桎梏的。（易莉，2014：208 - 212）

但是，值得指出的是，真人秀式的"干预人生"的主要目的不是维护弱势群体得到基本的社会保障，而是集中强调对个人进行培训以符合或是迎合占统治地位的市场的权威。所以，它们强调的是对个人灌输全方位的自我管理的技巧，让他们能够实现自我的提升从而解决生活中的问题，而不去依赖国家改革或政府福利。真人秀将服从商业的统治性原则以服务社会之名悄然灌输给受众，而这些受到灌输的人们，无论是直接的参与者还是观看的人，在娱乐的氛围中非但易于赞同这种策略，而且感激得到教化和启发，从而自觉地按专业指导来规范和改变自身。

在福柯看来，现代自由主义的政府不是靠命令的方式来告诫公民如何行为，而是给予公民某种自理权，他们的自由就在于他们有各种选择，但是最终的目的还是要让公民所选择的行为方式服务于统治的运作，成功的政府依靠统治者和被统治者同时约束自身的行为来进行运作。各种基于科学的或有益身心的知识形式构建成了互相呼应协作的网络体系，这一体系为行为设定了各种与"正常"相关的标准和价值观，从而规约了个体的选择，而无须诉诸自上而下的暴力镇压。从这个意义上，我们可以理解，为什么各种侵入了"私人空间"的美国真人秀节目，虽然看似不符合对隐私极为推崇的西方主流文化，却受到美国主流意识形态的认同。因为它们都属于这样的主流网络，努力平衡试图解决新自由主义与社群主义的两难局面，既不需要政府直接参与，又可以让公民自觉或不自觉地按政府的意图通过"自由选择"规范自身融入社会，改变生活状况。

3 社会实验：多元开放与结构认同的融合

美国电视真人秀节目对美国社会生活的干预和社会现实的塑造，已经触及了政治实践的层面。就政治实践方式而言，美国电视真人秀区别于其他电视形态乃至其他国家真人秀的重要之处在于，它对自己的社会动员与社会规训的作用相当自觉，并且找到了一种将电视现实与社会现实进行关联的有效方法：将自身定位于社会实验的场所。真人被置于种种或虚拟或真实的场景中接受规训与控制的种种实验。真人的身体和身份成为实验中的变量，真人的改造与改变、人际交往方式的展示以及所引发的社会效应则是实验的结果。

真人秀中的社会实验可以从微观和宏观两种层面来理解。微观层面的社会实验，一是指将实验的场景局限在或真实或虚拟的较封闭的环境之下，作为社会的缩影，而真人们则化身为不同社会阶层和群体的代表，旨在考察不同条件下人性的表现，如《生存者》就是这一类的代表；二是指将个体及其生活方式当作被实验的对象，考察个体的状况是否可以或是如何能够在适当干预下得到改造，如以传递科学育儿方式为主要内容的《超级保姆》（*Super Nanny*）。

宏观的社会实验则是指，以真人秀为中介或平台，将个人与慈善家、慈善组织或者大公司等相联系，发起社会活动，号召个人的参与，考察个人与社会机构机制进行协调互动的方式。比如，ABC 电视台推出的为贫困家庭免费改造住房的《极致改造之家庭版》（*Extreme Makeover: Home Edition*）就是这类中的佼佼者。宏观实验的另一种理念是让个人通过真人秀的平台参与真实的经济活动或社会活动，同时这些经济活动和社会活动中的企业或机构也利用这个中介来联系更广大的受众。《学徒》和《美国偶像》都带有这种实验的性质。

无论是微观还是宏观的实验，美国真人秀制作者都自觉地将真人秀的这种实验性质作为这一电视形态所具有的社会意义的论据，以减少对其低俗性或商业性的质疑。真人秀的制作过程很大程度上依靠真人参与者的即兴反应，这从某种程度上来说也是一种社会建构过程。对于真人秀的制作方而言，这也意味着需要更精心地、从社会学的角度，设计节目规则和流程以对这些即兴行为加以控制。实验最重要的前提在于实验的可控性和可重复性，因此制作方可以据此解释他们对真人行为的约束与控制的必要性，并且可以将同一模式进行重复使用，只要其中的真人秀参与者这一变量不同，且是真实的反应，实验都可以具有意义。这又反过来为真人秀在商业上的可持续性奠定了重要的基础。

有的美国学者认为，真人秀不仅提供给了社会学家研究人际互动方式的素材，而且通过运用这些社会学理论，真人秀制作方可以对各种变量进行设计和控制，以便操控冲突的发生和频率，决定节目在道德上的走向，分析成功节目之所以成功的原因，最终增加收视率。以《老大哥》美国版为例，第一季的《老大哥》的真人参与者对节目的淘汰性叙事产生了抵触，他们谋划集体退出这一正在直播的节目，以显示他们为友谊而放弃金钱的高尚。虽然这一计划在制作方的及时干预下瓦解，节目按照预设的发展线路继续，但此后节目从选角到选址都更为思虑周全，不再选择朴实得让人惊讶的天真选手，以防出现难以控制的突发情况。（Mathijs，2004：74）

以真人为实验对象的真人秀，却可能因真人伪装式表现而失去实验所要求的真实性，因此从理论上而言，真人秀参与者越是对自身所处的实验环境无知，其实验性质就越明显，结果的真实性也越强。根据真人参与者的知情程度，真人秀的社会实验可以分为全知实验、半知实验和隐蔽实验。

隐蔽实验和半知实验的参与者，对自己所处的实验环境处于全然无知或不完全准确知晓的状态。比如 ABC 电视台的《你会怎么做》（*What Would You Do*）制作方挑选热点社会事件，按照社会学专家的建议，在真实环境下使用一些演员来虚拟场景进行社会实验，用以观察普通路人对某一社会事件的反应，其间可以置换各种变量，如演员的性别、种族、外貌、职业等。这是直接运用社会学理论的带有明确实验目的的隐蔽型真人秀。而 ABC 电视台的《真美人》（*True Beauty*）则是半知型实验，即在招募志愿者时宣称是一个选美真人秀，但在参与者完成与身体之美相关的任务时，又制造一些场景以考验志愿者是否具有心灵之美，并用隐蔽摄像头将全程摄录。

然而，美国电视真人秀的主流形式却是全知实验，参与者完全清楚地知道自己所处的实验环境以及实验的目的。这种现状是由美国电视真人秀的传统商业性质所决定的。与隐蔽实验和半知实验用实验性质来突出自身的公益性相比，全知实验则更突出节目的娱乐本性，将实验作为一种提高娱乐附加值的方式。从受众心理感受而言，过于强调实验性质的节目秀，容易与观众的体验疏离，将真人当作可置换的变量，不利于激发大众的代入感和参与热情。而全知实验看似降低了社会实验的准确性，但另一方面减少了操控真人参与者的痕迹，营造了参与者自主掌握实验进程的幻想，从而更符合大众参与体验媒体的期望（吕琪，2016：326）。

不同层面和性质的实验，对社会产生影响的方式和程度都有所不同，但从整体上来说，美国真人秀的社会实验性质都与它的社会动员与规训目的紧密相关。它既表征着它所处文化和社会的潮流变化，同时又是推动潮流的一股力量。无论是在以改造普通人日常生活为内容的真人秀中，还是在以打造明星为目的的展示才艺的真人秀中，"社会"以及"美国"这些宏大概念都被频繁地调用。真人秀在微观层面进行的社会实验，虽然内容各有不同，但它们都以一种展示性规训的方式，引导民众对自身的行为进行反省与改造，成为负责任和有贡献的公民，融入社会的主流当中，而不是成为边缘的不合群的另类。而真人秀在宏观层面进行的社会实验中，个人的命运则更为显著地与美国的国家认同与国家精神相联系。

20 世纪末到 21 世纪初美国在政治和经济上发生数个危机的时刻：先是1999 年由于高科技公司泡沫经济破灭所带来的股票市场的剧烈震荡，接下来是 2002 年的"9·11"事件，以及随后的安然公司的轰然破产。这些政治和经济上的危机使美国人的安全感和自信大打折扣。而真人秀"通过控制性地反映危机,又创造性地号召和引导民众来应对危机,从而达到表达自身政治述求和意识形态功能的目的"(吕琪,2016:334-335)。以《极致改造之家庭版》为例,这一真人秀通常选择由于天灾人祸而生活极端困苦的美国普通家庭,回应了美国社会普遍的危机感,但是最终这些家庭都因社区和社会的帮助得到改造,节目末都回归"正常"的中产阶级居住质量与生活方式。危机感在节目中得到解除,并且创造出身为美国人的安全感。因此,这一真人秀很好地完成了商业营利和社会公益的双重任务。而这一节目理念配合的正是美国政府近三十年来所推行的削减政府职能、去福利依赖性以及强调公民自我能动性的政治理念和社会政策,因此既能得到观众的好评,也能得到体制的支持。

4　结语

美国电视产业整体来说具有极端商业性的弊端,但在"娱乐至死"的表面下,美国商业电视也一直通过节目形态的改变来维持和发展自身的社会功能。美国电视真人秀的新媒体形态特征符合美国文化的整体发展趋向,具有开放和多元的特点,其叙事和节目架构又始终鼓励个体通过改变自身来实现"美国梦",巧妙隐蔽了体制的问题,从而巩固了体制的认同,实现了社会动员和社会规训的目的。真人秀节目在追求利润最大化的过程中,自觉充当了相当重要的社会实验场所,起到了一种训练负责任的公民的工具作用,以期帮助后者成为有危机意识的,能识别并且管理风险的自觉个体。这种训练不是其独立完成的,而是整合在一张社会治理网络中,依靠各机构与个人合力共同完成。无论是在鼓励"美国梦"的实现、强调个体转型的重要还是进行多层次社会实验之时,美国的电视真人秀在明面上大量调用多元、开放的元素,而在其节目架构的核心处,仍然旨在强化个体对规则和主体结构的认同。

美国电视真人秀引发了美国电视在新媒体时代的转型,也激发了其社会机构乃至政府对自身社会功能和统治方式的反思。中国电视真人秀目前正处于高速发展的阶段,从早期主要还是通过借鉴模仿和版权引进的方式,对国外的真人秀节目进行本土化改造(郭艳民,刘培,2012:44-47),到现在开始多样尝试创造具有中国特色的节目模式,已经取得了长足进步。中国电视与私有化、商业性的美国电视有着本质区别,但是美国电视真人秀对自身社会功能的自觉，以及美国电视产业顺应技术与文化潮流变化进行自我调整的方式还是值得深入全面的关注与研究。中国电视真人秀应把握住新媒体时代的特征，通过找准自身社会定位，以更自觉地方式参与社会，实现社会功能。同时，我们必须看到，目前中国得到世界高度认同和借鉴的原创真人秀节目还较少。"中国梦"也是文化强国梦，实现这一梦想必然需要有与之匹配的强大的文化产业，同时需要技术和制度的协调发展创新。真人秀以真人为主要参与者，场景灵活多元，利用好这一特点，在节目叙述与架构上更有意识地体现中国社会当下的精神与气质，社会治理路径与方法的创新，那么在展示真实可信的中国形象，讲好蓬勃向上的中国故事上都将大有可为。

参考文献：

德勒兹，2012. 哲学与权力的谈判［M］. 刘汉全，译. 南京：译林出版社.

福柯，2012. 规训与惩罚（修订译本）［M］. 4 版. 刘北成，杨远婴，译. 北京：生活·读书·新知三联书店.

郭艳民，刘培，2012. 浅议电视综艺娱乐节目的模式引进与本土化改造［J］. 中国电视（9）：44－47.

亨廷顿，2021. 变化社会中的政治秩序［M］. 王冠华，刘为，等译. 上海：上海人民出版社.

敬南菲，2011. 出路，还是幻象：从《应许之地》、《店员》、《美国牧歌》看犹太人的美国梦寻［D］. 上海：上海外国语大学.

李民，2015. 我国真人秀电视节目刍议与反思［J］. 中国电视（11）：102－105.

吕琪，2016. 真实的建构与消解——美国电视真人秀中的身体与社会［M］. 成都：四川大学出版社.

王学俭，高璐佳，2010. 现代社会动员理论与马克思主义大众化策略［J］. 兰州大学学报（社会科学版）（2）：144－148.

易莉，2014. 平衡与重建：新自由主义与社群主义的比较及反思［J］. 西南民族大学学报（人文社会科学版）（3）：208－212.

尹鸿，冉儒学，陆虹，2006. 娱乐旋风——认识电视真人秀［M］. 北京：中国广播电视出版社.

郑永廷，2000. 论现代社会的社会动员［J］. 中山大学学报（社会科学版）（2）：21－27.

BOURDIEU P，1984. Distinction：a social critique of the judgement of taste［M］. NICE R，trans. Boston：the President and Fellows of Harvard College and Routledge & Kegan Paul Ltd.

HELLER D，2007. Makeover television：realities remodelled［M］. New York：I. B. Tauris &

Co Ltd.

MATHIJS E, et al., 2004. Big brother international: formats, critics and publics [M]. London and New York: Wallflower Press.

MURRAY et al., 2004. Reality TV: remaking television culture [M]. New York and London: New York University Press.

Discipline, Mobilization and Experiment:
On the Social Functions of American Reality TV Shows

Lü Qi

Abstract: The popularity of Reality TV shows is a typical cultural phenomenon with features of globalization in the 21st century. Reality TV shows in different countries share quite some similarities but still exhibit many differences, which are caused by the differences in the social functions of TV in these cultures. The popular American Reality TV shows widely adopt these new media technologies in their production and publicity, embracing an open textual structure and multiple narrative lines while sticking to a main plot of realizing "American Dream" with a focus on self-transformation. On the one hand, Reality TV shows expose the remaking process of individuals in an entertaining way, and on the other hand, they encourage individuals to take part in this process of remaking others or themselves by adopting new media technologies. Fully consciously, Reality TV shows are playing the role of being the social experiment space, realizing their functions of social mobilization and social discipline. Their ideological purposes are smartly achieved with the cover of just being an entertainment and show business.

Key words: American Dream; American reality TV shows; social mobilization; social experiment; discipline

客卿阿倍仲麻吕与留学生井真成的在唐官葬

张维薇

（四川大学外国语学院，四川成都610207）

摘　要：虽然唐朝在相关法律文献中对在唐而亡的外籍人士的葬仪有特殊规定，但事实上井真成获得"尚衣奉御"的官葬殊遇确为同期外籍人员在唐而亡者中的特例。日籍留学生井真成在其死后获得追赠"尚衣奉御"的特殊待遇，不仅与其生前所从事的职业与官位有关，时任补阙的日籍客卿阿倍仲麻吕的参与亦不容忽视，这不仅体现了身为"驻唐使节"的阿倍仲麻吕在同期日籍人员在唐事务、待遇方面所发挥的积极作用，亦体现了8世纪中上叶处于重构期的唐日关系的重要侧面。

关键词：阿倍仲麻吕；井真成；尚衣奉御；官葬

1　引言

就目前的研究而言，井真成的入唐时间及身份是学界争论的焦点。一般认为，井真成是随灵龟三年（717）入唐的第九次遣唐使入唐的，即与阿倍仲麻吕（即朝衡、晁衡）、吉备真备属同批入唐。亦有部分学者认为，井真成是随开元二十一年（733）的第十次遣唐使入唐，在其入唐后不久病故（马一虹，2006：58-65）。就身份而言，一般观点认为井真成是入唐留学的学问生，亦有学者主张其为请益生（马一虹，2006：58-65）、遣唐使判官（韩昇，2009：67-75）等。学界对于井真成的入唐时间及身份尚存争议，但井真成与客卿阿倍仲麻吕、吉备真备为同期遣唐使这一点是毋庸置疑的。井真成死于长安的开元二十二年（734），同期遣唐使、在唐任职的日籍客卿阿倍仲麻吕处于担任左补阙的"近臣"时期。这就不难推测唐廷对井真成的官葬礼遇与客卿阿倍仲麻吕之间的潜在联系。本文通过相关文献及前期研究取得的相关成果，对这一问题略做进一步推证，管窥阿倍仲麻吕在8世纪中上叶唐日人员交流、日籍人员在唐待遇方面所发挥的积极作用。

2　遣唐留学生井真成的官葬殊遇

2004年，在唐而亡的日本遣唐使井真成墓志惊现西安南郊。井真成墓志是中国境内出土的第一件与日本遣唐使有关的实物文物（王维坤，2008：55-90）。井真成墓志的出土在当时中日学界引发轰动，并激发了东亚学界及民间的各方热议。为中日交流史、遣唐使、东亚区域史、考古学的研究提供了丰富的素材，并引发了深度的思考和新层面的探索。

今藏于西北大学博物馆的井真成墓志，志盖上题写"赠尚衣奉御井府君墓志之铭"十二字楷书。墓志铭文共计一百七十一字，其中有九字残缺，通过相关研究的整理与校订后，兹引墓志铭文内容如下。

赠尚衣奉御井公墓志文并序

公姓井，字真成。国号日本。才称天纵，故能衔命远邦，驰骋上国。蹈礼乐，袭衣冠，束带而朝，难与俦矣。岂图强学不倦，问道未终，壑遇移舟，郾逢奔驷，以开元廿二年正月一日，乃终于官弟，春秋卅六。皇上哀伤，追崇有典。诏赠尚衣奉御，葬令官给。即以其年二月四日窆于万年县浐水东原，礼也。呜呼素车晓引，丹旐行哀，嗟远道兮颓暮日，指穷郊兮悲夜台。其辞曰，死乃天常，哀兹远方，形既埋于异土，魂庶归于故乡。①

井公于开元二十二年正月终于其寓所。而对其突然的早逝，唐玄宗"哀伤，追崇有典"，于是赠予五品尚衣奉御。从墓志铭文中"葬令官给"的表述可知，井真成被唐朝给予了"官葬"的待遇，其葬仪亦是由唐廷负责主持操办。虽然有学者指出，井真成墓志所具有的简朴特点，以及葬期与同期其他唐朝官员相比较短等特征的确为事实，这与井真成作为外籍留学生地位的低下或引起突然意外死亡的因素相关（王维坤，2008：55-90）。但井真成作为外籍人员获得唐朝官葬待遇的事实，亦不可否认。

井真成亡故的开元二十二年（734），阿倍仲麻吕任左补阙，而吉备真备等留学生即将随当时访唐的第十次遣唐使归国。王仲殊认为，当时留唐不归的朝衡参与井真成在长安的葬仪，自在情理之中。而吉备真备在开元二十二年准备随多治比广成所率遣唐使团归国而暂留于长安，是为参加井真成的葬仪（王仲殊，2006：60-65）。据《通典·礼典》相关记载，几乎所有的朝廷集会及重大国事活动都需包括留学生在内的藩客的参与。在这些典礼仪

---

① 该墓志现藏于西北大学博物馆，本文依据西北大学王维坤教授所提供墓志拓本录文。

式中，包括留学生在内的蕃客要身着本国服装，按照身份等级列队迎候。如遇国丧，蕃客也要与群臣一起服丧痛哭，以示哀痛（蒋楠楠，2015：111）。由此可推测，阿倍仲麻吕、吉备真备等井真成的"故国之人"，必定参加了唐廷为之举行的葬仪，并协助办理相关事务。而时任补阙且实为"驻唐使节"身份的仲麻吕向唐玄宗奏请并斡旋协调，无疑是推进井真成葬仪顺利举办的重要动因。

3 唐朝外蕃人士的葬仪规制

依据墓志铭中"诏赠尚衣奉御"的记述，普遍认为"尚衣奉御"并非井真成生前所任之职，而是死后所追赠，也就是说"尚衣奉御"是在其死后被赐予的一种荣誉性官职（王勇，2006：121－128）。气贺泽保规指出，井真成身份特殊，他是客死唐朝的外籍留学生，其埋葬不能太过于随意。井真成的安葬需采用"官方"的形式，应获得"赠官"的名分。"尚衣奉御"则是为配合其官葬而临时赐予的官衔（气贺泽保规，2007：7－17）。气贺泽保规认为，井真成的官葬与时任左补阙的客卿朝衡有关。他指出："阿倍仲麻吕实际在这个问题上是否有关联虽不能断言，但是他的确是处于能为此发挥能力的立场。""井真成本是应随此批遣唐使归国，却又不幸因病身故。作为朝衡，希凭借一己之力尽其全力将处于悲惨境遇的井真成进行正规安葬。因而，在公务上又处于与皇帝如此接近的位置，必然会有某种机会并通过某种方式向唐皇请示，将井真成进行正式的安葬，亦在情理之中。"（气贺泽保规，2007：7－17）

事实上，唐朝对外籍在唐而亡者的丧葬事宜，具备相关规制。《旧唐书》记载，蕃客在朝"如疾病死丧，量事给之"（刘昫等，1975：1885）。《唐六典·鸿胪寺》典客署部分对蕃人在华死亡者的丧葬待遇有明确的规定。"若身亡，使主、副及第三等已上官奏闻。其丧事所须，所司量给；欲还蕃者，则给举递至境。首领第四等已下不奏闻，但差车、牛送至墓所。"（李林甫等，1992：506－507）若有身份级别较高的外籍人员在唐身亡，则须上奏天子，由皇帝亲自决定丧葬的规格。即便级别较低者，亦会由典客署派遣车马送至墓所。可见，在唐而亡的井真成得到唐朝廷的正式官葬的待遇，原则上是遵循了唐朝外蕃人士丧葬制度的相关规定。外籍人士的葬仪由唐朝官方按统一标准执行，而唐朝法律中亦对亡故外籍人士的葬仪有明确的规定。所谓"官葬"，是唐廷对待外籍人士的国际礼遇，是高度国际化的唐朝社会给予外籍人士的特殊政策与福利。唐朝的相关法制中虽对在唐而亡的外籍人士的丧葬事宜进行了规定，但并未明示详细标准。也就是说，并非任何在唐而亡的外籍者都能获得井真成这样的待遇。再则，在这些制度中，亦未明示对亡者进行追赠官衔的规定，仅言明了具有三等以上官职者须"上官奏闻"。至于具体的待遇，则为"其丧事所须，所司量给"，也即亡者所受待遇视情况而定。

井真成死后获得五品"尚衣奉御"的追赠官衔，必定有其历史原因。不少学者认为，这可能与井真成生前从事过的工作相关。井真成生前很可能从事过宫廷服饰方面的工作，甚或参与过唐玄宗的起居服饰管理，并与之有所交集。倘若这一推论成立，作为唐玄宗近臣的阿倍仲麻吕或与井真成有过公务方面的接触。二人之间不仅是作为同批入唐的留学生的关系，甚或亦是同僚关系。此外，"尚衣奉御"的赠官，抑或与井真成生前的官位有关。韩昇根据唐朝对外蕃在唐而亡者的丧葬制度规定，推证井真成为遣唐使团第三等，即判官官衔（韩昇，2009：67－75）。蒋楠楠指出，从井真成的墓志铭可以看出，其身份地位较高，应属于第三等以上。其葬仪比较隆重，应得到了皇帝的亲自批示。（蒋楠楠，2015：103）从日本遣唐使派遣的总体情况来看，留学生兼任遣唐使团干部的事例亦不乏。据古濑奈津子的考证，遣唐使团中有若干判官兼留学生的例子。日本承和五年入唐的遣唐使判官长岑高名有"纪传留学生"的身份，请益生伴须贺雄亦有"第五船判官"的身份（古濑奈津子，2015：151－159）。笔者认为，在日本留学生入唐大多伴随官职册封的 8 世纪，井真成的留学生身份与其本身所具备的官衔之间并不存在绝对矛盾。

4 井真成赠官"尚衣奉御"与阿倍仲麻吕

此外，作为日本遣唐使的成员，井真成不仅获得了唐朝的官葬殊遇，且被追赠五品"尚衣奉御"，这是其引发相关领域学者高度关注的重要原因。井真成的官葬待遇，遵循了唐朝对外蕃人士丧葬制度的相关政策与规定，有据可依，有理可循。但作为外籍者，亡故后能被追赠五品官衔，应与井真成所处的时代背景和社会历史因素有关。

据墓志铭记载，井真成死后被追赠的官职为"尚衣奉御"。尚衣奉御一职为隋唐时期"尚衣局"下属职事官，官衔为五品。据《唐六典·殿中省》记载，"尚衣局：奉御二人，从五品上"（李林甫等，1992：1864）。"尚衣奉御掌供天子衣服，详其制度，辨其名数，而供其进御。"（李林甫等，1992：326）"尚衣"为衙门的名称，"奉御"是尚衣衙门（尚衣局）的长官。唐代尚衣局设奉御两名，官阶为从五品。据黄正建的研究，有唐一代，任职"尚衣奉御"的官员约有26人。若对这26人的相关资料做进一步的分类，又可知"尚衣奉御"主要由皇帝的外戚、功臣或名臣之子、前朝皇帝之子嗣，以及具有专门技术或技能者担任，如阎立德、白志善等都任过此职（黄正建，2004：223-245）。

森公章在论及阿倍仲麻吕与唐日关系问题时曾指出，井真成获得极高的待遇被追赠官职，使我们窥见这层关系的特殊性。另外，阿倍仲麻吕在唐廷和日本遣唐使之间发挥的桥梁作用也十分重要。不论他在日本期间的情况如何，他作为在唐留学生的角色值得关注（森公章，2021：120）。气贺泽保规认为，留学生死后被追赠五品官职，定有"深刻的社会政治因素"。井真成受到唐廷厚待，是因为有在唐"权势者的介入"。而通过对井真成生活的时代及同期日籍在唐人员进行考察，可知当时能与唐玄宗进行直接沟通者，仅有身为近臣的左补阙阿倍仲麻吕足具条件（气贺泽保规，1995：175-195）。笔者认为，时任唐廷左补阙的阿倍仲麻吕身为皇帝的谏官，具有随时谏言的资格，因此他斡旋交涉推动井真成的官葬是很有可能的。

5 阿倍仲麻吕的补阙任职及其"近臣"地位

阿倍仲麻吕于日本文武天皇二年（698）生于奈良附近的贵族家庭，为筑紫大宰帅阿倍比罗夫之孙，中务大辅阿倍船守长子，随元正朝养老元年（717）的遣唐使团，同吉备真备、大和长冈、学问僧玄昉等同批入唐。据《续日本纪》记载，"我朝学生播名唐国者，唯大臣及朝衡二人而已"（菅野真道，1897：588）。若按井真成入唐时间为717年的观点，则二人当为同批遣唐使，亦为唐国子监的故友同窗。阿倍仲麻吕卒业后经科举中进士，遂留仕唐廷，入朝为官。王维诗言其"名成太学，官至客卿"（彭定求等，1960：1289）。《旧唐书·东夷传》曰："慕中国之风，因留不去，改姓名为朝（晁）衡。仕历左补阙、仪王友。"（刘昫等，1975：5341）阿倍仲麻吕留居唐土五十余年，历仕玄、肃、代宗三朝，多所要职，先后任左春坊司经局校书、门下省左拾遗、左补阙、亲王府仪王友、卫尉少卿、秘书省长官秘书监、卫尉卿、左散骑常侍、安南都护、安南节度使等职，从讽谏、规劝等侍奉君王近侧的要职，至文职、军机类的三品要员，其职权领域所辖之广，荣达公卿。

拾遗、补阙是唐代谏官体系中的重要官职，虽品级不高，但政治地位极高（傅绍良，2005：56-61），拾遗、补阙二职，在理论上有参议朝政的权利（赵建建，2006：12-17）。正因此二职是侍奉皇帝近侧的谏官之职，故其特殊性决定了任职者的实际权限、地位及其与皇帝之间的真实距离。补阙和拾遗虽官秩卑微，但在纳谏和议政方面却拥有一定的特权。《唐六典》记载，"凡发令举事有不便于时，不合于道，大则廷议，小则上封。若贤良之遗滞于下，忠孝之不闻于上，则条其事状而荐言之"（李林甫等，1992：247-248）。不仅如此，他们还有建议组织相关官员进行廷议的权利，亦有针对皇帝或国家事务的过失而直谏皇帝、弹劾公卿的特权。可见，作为皇帝的近臣，拾遗、补阙二职的重要性与特殊性。《旧唐书·温造传》中关于补阙、拾遗二职，亦可见"国朝故事，供奉官衔中，除宰相外，无所回避"（刘昫等，1975：4316），"遗、补官秩虽卑，陛下侍臣也"（刘昫等，1975：4316）的记载，这是对补阙、拾遗地位的真实写照。拾遗、补阙能近距离接触皇帝，是皇帝身边的"近臣"，可见其与皇帝的亲近程度，以及其特殊的地位和荣誉。阿倍仲麻吕在天宝十二年（753）辞唐归国之际所作《衔命还国作》诗言："衔命还国作，非才添侍臣。"（彭定求等，1960：8375）他在归国之际赋诗述怀，追忆当年侍奉天子近侧的情景，并强调了自己的近臣地位。

笔者认为，留学生井真成所获五品尚衣奉御的赠官，虽可能与其身前的官衔有关，但同时亦受惠于阿倍仲麻吕的奏请斡旋。井真成在唐亡故是在唐开元二十二年（734），阿倍仲麻吕正担任唐玄宗的侍臣左补阙一职。而属于唐朝谏官体系的皇帝侍臣补阙，有随时向皇帝谏言的资格，甚或因身为"近臣"而享有某些特权，且深受信赖。在同窗故友井真成在唐亡故的情况下，他为其争取适当待遇乃情理之中。根据史料记载，天宝末年第十二次遣唐使在唐所获殊遇，是由"朝衡等致设"（宗性，1979：74）。身为客卿的阿倍仲麻吕实际上为同期日本遣唐人员谋取了诸多优厚的特殊待遇。

6 阿倍仲麻吕：有关井真成墓志撰者的推论

关于井真成墓志的撰者与书写者为何人，中日学者各执己见。"墓志的撰写者并非唐人"的观点逐渐得到认可。王瑞来指出，井真成墓志并非由当时的唐人所撰,而是出自与其同在长安的日本人之手,其撰者很有可能是阿倍仲麻吕(王瑞来,2021:155)。土屋昌明亦认为,同期日本人多习唐风而擅书道,井真成墓志的书写者有可能是阿倍仲麻吕(土屋昌明,1995:239-258)。根据墓志中"形既埋于异土,魂庶归于故乡"的表述,笔者认为称呼大唐为"异土"的口吻透露了墓志撰写者非唐人,而应是与井真成同国籍的日本人。

笔者注意到铭文中"故能衔命远邦,驰骋上国"的表述。"上国"并非唐人对唐土的自称。在同期相关文献中,唐人称唐土时,用"九州""祖州""天中"等表述的情况较为常见①。从井真成墓志中"上国"等表述,可知墓志撰写者对于唐日"上下"关系及"主臣"之别的认知。这一称谓实为恪守华夷秩序的外籍人士对唐土的"尊称"。来自朝贡国的外籍人士的立场,自然为"下国"人员。包佶赠仲麻吕诗《送日本国聘贺使晁臣卿东归》曰:"上才生下国,东海是西邻。"(彭定求等,1960:2142)可见,"下国"是唐人站在宗主国立场上对日本的称呼。因而,同期相关文献中对唐日"上国"与"下国"的称谓,不仅反映出唐日人员对两国地位差别的认知,亦能由这些称谓对作者的身份与国别进行判断。关于井真成墓志的撰者究竟为何人,虽无确凿的文献可循,但从"上国"这一特殊称谓,可断定墓志应出自同期在唐日籍人员之手。笔者推论其撰者为阿倍仲麻吕,是由于仲麻吕时任客卿,其身份实际等同于当时日本的驻唐使节。另外,亦可推测仲麻吕与井真成本人有私交。基于唐朝官员的墓志是由官方负责操办这一惯例,井真成墓志的撰写者即便是与之私交笃厚的阿倍仲麻吕,也应经由唐朝相关机构委任。

唐玄宗赐予日本留学生井真成如此盛大的葬仪,可谓当时唐长安城中日往来的一段佳话。留学生井真成在其死后获得追赠"尚衣奉御"的殊遇,不仅与其生前所从事的职业与官位相关,时任补阙的日籍客卿阿倍仲麻吕在其中发挥的作用亦不容忽视,这不仅体现了阿倍仲麻吕在同期日籍人员在唐事务、待遇方面所发挥的积极作用,亦体现了8世纪中上叶唐日关系的重要一面。

---

① 如王维诗《送秘书晁监还日本国并序文》中的"九州何处远,万里若乘空",及唐玄宗诗《送日本使》中的"天中嘉会朝"等。

参考文献:

傅绍良, 2005. 唐代诗人的拾遗、补阙经历与诗歌创作 [J]. 陕西师范大学学报 (4):
　　56 - 61.

古濑奈津子, 2015. 遣唐留学生与日本文化的形成 [M] //王勇. 东亚坐标中的遣隋唐
　　使研究. 北京: 中国书籍出版社.

韩昇, 2009.《井真成墓志》所反映的唐朝制度 [J]. 复旦学报 (6): 67 - 75.

黄正建, 2004. 唐六尚长官考 [J]. 魏晋南北朝隋唐史资料 (0): 223 - 245.

菅野真道, 1897. 续日本纪: 卷三三, 黑板胜美, 国史大系: 卷二 [M]. 东京: 经济杂
　　志社.

蒋楠楠, 2015. 王者无外: 天下观视野下的唐代留学生管理法制 [M]. 北京: 中国政
　　法大学出版社.

李林甫, 等, 1992. 唐六典 [M]. 北京: 中华书局.

刘昫, 等, 1975. 旧唐书 [M]. 北京: 中华书局.

马一虹, 2006. 日本遣唐使井真成入唐时间与在唐身份考 [J]. 世界历史 (1): 58 - 65.

彭定求, 等, 1960. 全唐诗 [M]. 北京: 中华书局.

气贺泽保规, 2007. 井真成墓志的世界与阿倍仲麻吕 [J]. 东海史学 (总41): 7 - 17.

森公章, 2021. 遣唐使船的时代 [M]. 东京: 角川学芸出版.

土屋昌明, 2005.《井真成墓志》之书道史解读 [M] //专修大学·西北大学共同项目.
　　遣唐使所见中国与日本——新见井真成墓志. 东京: 朝日新闻社.

王钦若, 2006. 册府元龟: 卷九七五外臣部 [M]. 南京: 凤凰出版社.

王瑞来, 2021.《李训墓志》书写者"朝臣备"是不是吉备真备? [M] //王瑞来. 日知
　　余录——海客谈瀛洲. 上海: 上海人民出版社.

王維坤, 2008, 西安で発見された在唐日本留学生·井真成墓誌の最新研究——井真成
　　墓誌に関する研究·後篇 [J]. 日本研究 (総37): 55 - 90.

王勇, 2006. 井真成墓志与唐国子监 [J]. 日本学刊 (2): 121 - 128.

王仲殊, 2006. 井真成与阿倍仲麻吕·吉备真备 [J]. 考古 (6): 60 - 65.

赵建建, 2006. 唐代拾遗的使职工作 [J]. 首都师范大学学报 (A2): 12 - 17.

宗性, 1979. 日本高僧传要文钞 [M] //佛书刊行会. 大日本佛教全书: 卷一〇一. 东
　　京: 第一书房.

Alien Minister Abenonakamaro and the Official Burial for Japanese Student Imanari in Tang Dynasty

Zhang Weiwei

Abstract: Although some special provisions on the burial ceremony of foreigners had been regulated in the relevant laws in Tang Dynasty, Imanari, a Japanese who studied in Tang, got the special streatment for the position of "Shangyifengyu" after he died, which can be considered as a special example in the foreingers who passed away in that period. As a Japanese student, the position of "Shangyifengyu" got by Imanari after he died, was connected not only with his job before his death, but also with the mediation and negotiation from the alien minister Abenonakamaro serving as Buque. Therefore, it reflects the positive role played by Abenonakamaro as the "Envoy to the Tang Dynasty" in the affairs and treatment of Japanese personnel during this period. Moreover, it displays the importance of restructure for Tang-Japan relationship in the first half of the 8th century.

Key words: Abenonakamaro; Imanari; Shangyifengyu; official burial

西方中心论在新时期的表现：
以知识产权问题为例

陈 铭

（四川大学外国语学院，成都 610207）

摘 要：在知识经济和全球化时代，西方中心论并未消失，而以更隐蔽的形式出现。知识产权就是其最突出的表现之一，它已成为西方国家维护其在国际秩序中的优越地位、遏制发展中国家崛起的"利器"。我们应在深入认识其本质的基础上加强我国自主研发和创新能力的提高。

关键词：西方中心论；知识产权；知识经济；创新

15 世纪地理大发现以后，欧洲人的足迹出现在越来越多的地区。与此同时，工业革命的蓬勃发展，科学技术的进步，给西方世界带来了经济上的繁荣、物质的富足、生活的改善，人们的自信心和自豪感增强。西方文明中心论、西方文化优越论等文明理论逐渐形成，并成为西方国家进行殖民扩张的理论依据。时至今日，随着原殖民地国家的纷纷独立，各国相互依赖程度不断加深，其他国家要求平等、共同进步的呼声越来越高，西方文明中心论似乎已经消失；实际上，西方文明的自豪感、优越感并没有消失，而是以各种不同的理论形态和行为方式表现出来，所谓"历史终结论"、所谓"普世价值"等成为西方文明中心论的新的理论表现形式；在行为方式上，利用各种合作关系展开的文化殖民、政治干涉或者赤裸裸的武装干涉更是屡见不鲜，其中一项隐藏很深、不易察觉的方式则是西方各国对知识产权不遗余力的保护。

近些年来，即使是对创新能力全球一流的华为，西方媒体也在不断地、反复地质疑其是不是偷窃了技术。不只是对华为，西方社会对中国科技公司和高校科研机构普遍持有这样的怀疑。1990 年，美国未来学家阿尔温·托夫勒（Alvin Tofoler）在其名著《权力变移》中明确指出，国家权力的三个基础是暴力、财富、知识。其中，暴力已经被转化成法律，而资本和货币正在被转化为知识。知识减少了对原料、劳动力、时间、空间、资本的需求。于是，它成为先进的核心资源。知识的价值陡增，连带着引起当代国家权力结构的改变（托夫勒，1991：83－84）。在以知识、人才、技术等要素为主要竞争领域的21世纪，全球的权力之争，核心就是如何控制知识。"知识的控制，是明天世界上每一个人类机构争夺权力的斗争之关键所在。"（托夫勒，1991：19）在今天，西方国家就是通过对知识产权的保护和利用，达到服务国家利益和彰显西方文明优势的目的。

1 西方文明中心论的含义

"文明"一词在今天广为人们所使用，用来描述小至个人生活、道德、言行举止的方方面面（与此相关的词有"有教养""礼貌""优雅"等），大至一个国家经济、文化、政治、法律等方面所取得的成就之和。作为一个看似褒义的高频词，"文明"概念的产生、发展和演变经历了一个漫长的时期。"文明"一词诞生后，一度成为"欧洲"（截至第二次世界大战）和"西方"（第二次世界大战后，指以美国为首的发达资本主义国家）的代名词或同义词，而其他地方的文明一度被视为落后的、低劣的或根本没有文明的存在。1756年，法国启蒙运动时期重农主义思想家维克多·雷克蒂·密拉波（Victor Riqueti Mirabeau）在一部名为《人类的朋友》的著作中提到了"文明的范围"之后，文明成为西方各国进行殖民活动的"正义之旗"和借口，经历了殖民扩张、资本主义、帝国主义阶段，在19世纪末20世纪初形成了一种理论体系。

西方文明中心论的前身是欧洲中心论（Eurocentrism）。《牛津英语词典》（第二版）（*The Oxford English Dictionary*, 2nd edition）把 Eurocentric（欧洲中心的）解释为以欧洲或视欧洲为中心，认为在世界文化中欧洲文化至高无上；把 Eurocentrism 解释为把欧洲视为世界中心的那种观念或行为（Simpson & Weiner, 1989：442）。欧洲中心论，从人类学角度来说，是一种扩大的"我族中心主义"，从文化学的角度来说，是一种西方文化中心主义。这种以欧洲的价值观念为尺度，根据自己的理解所形成的世界史观念和人类进步观念，掩盖了人类历史发展的复杂情形，为欧洲侵略者在"传播文明""促进开化"等口号的掩护下进行掠夺、屠杀乃至种族灭绝的暴行提供论据（谭英华，1987：41）。欧洲中心论是一种意识形态，也是一种观察世界的方式，同时也是一种知识体系的概念框架。

在 20 世纪，美国在经济、政治和文化方面的影响为欧洲中心论向西方中心论的转变提供了客观条件，美国的经济、政治、文化的广泛影响使原来的"欧洲核心"转变为"美欧核心"，原来的欧洲中心论已经不再切题，在 20 世纪，帕森斯、福山和亨廷顿等学者完成了从欧洲中心论到西方中心论的理论建构。西方中心论与欧洲中心论一脉相承，其本质特征和内涵从未更改：强调西方强大的经济、政治、军事、科技、文化力量，欧洲或者西方与世界其他地方的不同，西方或欧洲文明相较其他文明的优越性，并有意识地建构或塑造其他地区、国家文化和文明"落后的""野蛮的"形象与叙事话语，强调欧洲或西方文明模式的"旗帜"及"模范标准"作用等。时至今日，西方国家凭借其强大的经济、政治、军事实力，从未停止过对他国的干预，只不过表现形式更加隐蔽和多样化，如利用大众传媒，利用各种合作关系展开的文化殖民、经济制裁和打着"反恐怖主义"口号展开的军事行动等，其中，知识产权成为最近几十年来西方国家彰显其优越性、遏制发展中国家的"利器"。

2　知识产权概述

现今世界随着全球化进程的不断加快，区域间的合作与联系更加紧密，产品的生产与销售已不再局限于一个地区。无形的知识产权也是如此。

知识产权的英文名称是"intellectual property"，与有形的实物产权（physical property）相对应，其原义为"知识（财产）所有权"或者"智慧（财产）所有权"，也称为智力成果权。根据我国《民法通则》，知识产权属于民事权利，是基于创造性智力成果和工商业标记依法产生的权利的统称。

知识产权具有如下特点：（1）独占性，即只有权利人才能享有，他人不经权利人许可不得行使其权利。（2）知识产权的对象是人的智力的创造，属于"智力成果权"，它是指在科学、技术、文化、艺术领域从事一切智力活动而创造的精神财富依法所享有的权利。（3）知识产权取得的利益既有经济性质的，也有非经济性的。（4）知识产权具有地域性和时间性。知识产权的地域性是指除签有国际公约或双边、多边协定外，依一国法律取得的权利只能在该国境内有效，受该国法律保护；知识产权的时间性，是指各国法律对知识产权分别规定了一定期限，期满后权利自动终止。

有关知识产权保护的重要的国际法律法规如下：《保护工业产权巴黎公约》（1883 年 3 月 20 日签订）、《商标国际注册马德里协定》（1891 年 4 月 14 日签订）、《建立世界知识产权组织公约》（1967 年 7 月 14 日发布）、《国际专利分类斯特拉斯堡协定》（1971 年 3 月 24 日修订）、《保护文学和艺术作品伯尔尼公约》（1971 年 7 月 24 日修订）、《世界版权公约》（1971 年 7 月 24 日修订）、《集成电路知识产权条约》（1989 年 5 月 26 日签订）、《与贸易有关的知识产权协定》（1994 年 4 月 15 日签订）、《世界知识产权组织表演和录音制品条约》（1996 年 12 月 20 日签订）、《世界知识产权组织版权条约》（1996 年 12 月 20 日签订）等。

3　知识产权：西方文明中心论的表现

按照亨廷顿"文明冲突理论"，"物质的成功带来了对文化的伸张；硬权力衍生出软权力"（亨廷顿，2002：110）；"成功的经济发展给创造出和受益于这一发展的国家带来了自信和自我伸张。财富像权力一样也被看作是优点的证明及道德和文化优越性的显示。当东亚人在经济上获得更大成功时，他们便毫不犹豫地强调自己文化的独特性，鼓吹他们的价值观和生活方式优越于西方和其他社会。亚洲社会越来越无视美国的要求和利益，越来越有能力抵制美国或其他西方国家的压力。"（亨廷顿，2002：104－105）事实正是如此，在 20 世纪七八十年代，当欧洲和美国的经济普遍处于中速或低速增长时，以日本为首的亚洲许多国家和地区的经济开始腾飞，很多国家保持了 10 年或 10 年以上的 8% 至 10% 或更高的年平均增长率。到 20 世纪八九十年代，拉丁美洲、非洲也纷纷开始了复兴和发展之路。自身经济实力的增强，进一步促进了民族自豪感和自信心的提升，各个国家不愿生存在以美国为首的世界经济贸易格局之下，想摆脱西方文明的控制。在这种情况下，什么优势还能使西方国家继续维护其在世界地缘政治中的领头羊地位？是什么还能够使西方文明继续扩大并加强对其他文明的控制力和吸引力，使他国继续仿效西方文明模式？是什么还能在避免正面战争、军事冲突的情况下帮助西方国家牢牢控制住其他国家以攫取更多的政治经济利益？答案是多方面的，但其中最重要且最关键的因素便是西方国家拥有的知识、技术优势。

"知识再生产的低成本甚至零成本特点，对于劳动力增长趋于停滞，资源开发几乎殆尽，资本在世界范围内自由流动愈发难以控制，但却拥有知识优势的西方工业国家来说，无疑极具诱惑力。"（张网成，2010：17）对西方国家来说，牢牢掌握并有效利用知识产权，不仅可以维护其强势地位，还可以以此牵制那些经济发展迅速的国家，确保世界政治体系处于西方文明体系的笼罩之下。

意识到这一点，我们便不难理解为何西方社会将这一最初产生于西方的概念进行重申并制定了一系列的法律法规作为坚强堡垒来保证其贯彻实施，由于知识产权的地域性，西方国家也采用了各种方式和手段强迫各国签订各项条约，遵守知识产权保护协定。在此，笔者想重点说明 1994 年乌拉圭回合谈判最后签署的《与贸易有关的知识产权协定》（TRIPs）。

此项协议是迄今对各国知识产权法律和制度影响最大的国际条约。与过去的知识产权国际条约相比，该协议有以下几个特点：（1）它是一个涵盖了绝大多数知识产权类型的多边条约，既包括实体性规定，也包括程序性规定。这些规定构成了世界贸易组织成员必须达到的最低标准，除了在个别问题上允许最不发达国家延缓执行以外，所有成员均不得有任何保留；（2）它对侵犯知识产权行为的民事责任、刑事责任以及保护知识产权的边境措施、临时措施等都作了明确规定；（3）它引入了世界贸易组织的争端解决机制，用于解决各成员之间产生的知识产权纠纷。过去的知识产权国际条约对参加国在立法或执法上违反条约并无相应的制裁条款，TRIPs 协定则将违反协议规定直接与单边及多边经济制裁挂钩。

第（2）点和第（3）点宣告西方国家将对专利的民事保护为主升级为刑事保护为主，并用经济制裁来保驾护航。"为了更有力地打击侵权犯罪，西方各国纷纷成立了各种组织，官方的、半官方的、民间的都有，目的是为了收集资料、分析各国侵权情况、研究对策，有些组织还在发展中国家设有办事机构。"（张网成，2010：18）

这一系列的法规看似非常公平，所有签订条约的国家都要遵守，但是我们必须看到西方国家所采取的保护知识产权的种种手段是经济帝国主义的一种形式，这些国家借着他们对国际版权法的严格执行，企图从原来曾被它们控制现在却是竞争对手的地区榨取尽可能多的金钱，阻止、延缓非西方国家经济的发展，维持西方经济的强势地位和西方文明的优势地位。细细观察我们可以发现，参与制定国际法规的主要是西方国家。实际上，这些国家利用现有的优势制定仅对自己有利的"游戏"规则，强迫所有的国家遵守，不守规矩者就要出局，而遵守规矩者也得不到太多的好处。西方国家在过去几百年间通过殖民主义活动积累下来的经济、知识、科技优势吸引了大量的人才，研发出更先进的设备和技术，又利用这种知识垄断将产品、技术以昂贵的价格出口，转让给那些急需这些技术却又欠发达的国家和地区，再用赚取来的利润吸引更多人才，改善研发环境。欠发达国家由于经济落后，人才流失较严重，自身创新能力有限，为了追赶现代化进程，只好支付巨额转让费，欠债越来越多，造成穷国越来越穷，富国越来越富，非西方国家的创新能力得不到提高，知识创新的主动权牢牢掌握在西方国家手中，而同时这些国家还利用严格执行这一系列对自己有利的知识产权法律法规进一步巩固既得利益，拉大西方与非西方的差距，保持了西方文明遥遥领先的地位。

4　反思和结论

但凡关注过国际知识产权方面新闻的人都知道，近些年来，西方国家以"受害者"的口吻，频频谴责其他国家侵犯知识产权。很多国家纷纷出具报告，指责那些不遵守知识产权法律法规的国家给它们带来了多少经济损失，造成了多少人失业，假冒伪劣产品不仅使西方的消费者蒙受经济损失，而且还威胁到他们的健康与生命安全。这种主张的背后还是西方文明优越论，这些国家是在变相地进行经济侵略，并在意识形态、法律和政治上对他国指手画脚，进行干涉，最终还以受害者的面目出现，手段更加隐蔽也更加高明，我们应该加深认识，提高警惕。

首先，就知识产权这个概念而言，它是西方文明优越论和中心论的一个体现。有学者考证，该词最早由法国学者卡普佐夫于 17 世纪中叶提出，后为比利时著名法学家皮卡第所发展。这个概念产生之后，被西方政府加以利用，维护既得利益，攫取更多利益。众所周知，在西方文明的漫长发展过程中，它借鉴和吸收了其他文化和文明形态中的无数知识和智力成果，才有了如今的高度和繁荣。那么按照知识产权保护原则，西方国家是否应该对此做出赔偿呢？对使用一个引进观点或者产品的发展中国家所收取的费用应该合理，让更多的人在合理收费的基础之上分享人类的智力成果不是会让人类文明更加繁荣吗？

其次，西方国家在知识产权保护方面的"受害者"面目，具有很强的隐蔽性和伪装性，稍不留神人们便会陷入它们设下的"陷阱"。纵观近几个世纪人类文明发展史，西方国家始终坚持必须在经济、政治和军事上保持强势，西方的文明优越于其他文明的观点影响无处不在，知识产权成为他们的手段之一，像微软这样的公司每年从在世界各地的电脑软件销售中获得巨额利润。然而这样巨额的收入还不够，它们想收获更多，因此它们说自己遭到了软件盗版者，特别是亚洲国家盗版商的抢掠。实际上，许多西方软件公司在亚洲地区将它们的产品价格提高了20％，虽然它们的产品是在亚洲廉价地生产出来的。

再次，在立法上，西方国家从自己的价值观、社会情况和利益出发，制定法律和法规，迫使各国进一步协调、统一。世界知识产权组织分别于1996年和2000年又缔结了3个条约，强化知识产权保护，压缩TRIPs条约留给各国的自由选择空间。西方发达国家还在推行"世界专利"计划。截至目前，各国仍有独立地授予专利权的自由，而所谓"世界专利"就是要改变这种模式，由一个国际组织或者某几个国家的专利局统一授予专利权，该专利权在世界各国均能生效，各国不再进行审批。假使这一计划得以推行，欠发达国家不仅丧失部分主权，知识产权也只会更好地服务于西方各国，成为遏制他国知识创新的一把"匕首"。

另外，在报道和揭露侵犯知识产权问题上，一方面先发国家、政府、企业采用双重标准，另一方面，在报道和统计数据上，西方国家存在夸大和歪曲事实，选择性地使用资料的情况。对于本国企业侵犯知识产权问题，西方国家的报道有意淡化和回避；而亚洲国家经常因侵犯版权受到指责，但鲜有人去给中东强加贸易和版权协议。像科威特、阿联酋、沙特阿拉伯和巴林这样的国家几乎不可能拿贫穷作为它们不能够也不愿意去买合法的软件的理由。然而，这些富有的国家并未因侵犯版权问题像亚洲国家一样饱受指责。西方对石油供应的需求是否对制定国际贸易协议产生重要的影响？答案是不言而喻的。西方国家的政府、媒体、民间机构不遗余力地指责中国缺乏知识创新意识，批评中国侵犯知识产权，却看不到中国政府在打击盗版方面所做的努力。另外，在称伪造产品在给西方国家造成巨大的损失上，都是估计的结果，没有遵循科学的方法和运算方式。

最后，我们应该看到，尽管知识产权问题的背后隐藏着西方文明中心论，我们仍然要重视知识创新问题，因为不能寄希望于西方国家放弃知识产权保护。相反，我们要联合其他发展中国家在知识产权保护问题上进一步维护自身利益，要更加积极地参与知识产权国际法律法规的制定，要呼吁各国重视发展中国家的利益，根据各国发展水平的不同制定相应的保护条款，确保各国建立知识产权制度获得的利益大于付出的代价。还要"加大国家政策和资金扶持力度，充分利用国际规则留下的空间，鼓励企业提高自身创新能力的同时加快技术引进，为走出国门的中国企业提供各种保障，设立专门基金用以资助企业的专利申请、专利产业化和专利诉讼费用"（张网成，2010：21）。同时应充分重视媒体的作用，加大宣传中国政府在打击盗版、保护知识产权方面所做出的努力，提升中国的国家形象，纠正和改变西方国家和民众对中国的狭隘看法。

参考文献：

亨廷顿，2002. 文明的冲突与世界秩序的重建［M］. 周琪，刘绯，张立平，等译. 北京：新华出版社.

潘娜娜，2008. 18、19 世纪欧洲中心论思想研究［D］. 成都：四川大学.

谭英华，1987. 十六至十七世纪西方历史思想的更新［J］. 历史研究（4）：28－41.

托夫勒，1991. 权力变移［M］. 周敦仁，等译. 成都：四川人民出版社.

张网成，2010. 知识产权或成西方备战中西文明冲突的工具？［J］. 中国软科学（3）：15－21.

SIMPSON J A，WEINER E S C，1989. The Oxford English dictionary（Vol. 5）［M］. 2nd Edition. Oxford：Clarendon Press.

The Manifestation of West-centrism in the New Era: Take the Issue of Intellectual Property as One Example

Chen Ming

Abstract: West-centrism does not vanish in the knowledge-based economy and the globalized world. On the contrary, it is exposed in a more delicate and invisible way. Intellectual property is one of its most significant demonstrations. This kind of property has become the most important instrument for western countries to keep their powerful status in international order and to discourage the potential growth of under-developed countries. Therefore, we have to unveil their mask as "victims" and penetrate their internal purposes. Meanwhile, our national self-reliant research and development ability as well as innovation should be enhanced.

Key words: west-centrism; intellectual property; knowledge-based economy; innovation

西班牙比较文学学科发展中的代表学者
——吉伦、维拉努埃瓦、多明戈斯

吴 慧

（四川大学外国语学院，成都610207）

摘 要：本文梳理了西班牙比较文学学科发展的历史，并介绍了三位著名学者，指出了其在西班牙比较文学理论传播、传统继承和批评创新上所发挥的重要作用。尽管比较文学在西班牙本土的发展相对较晚，但如果将目光投向整个西班牙语世界文学，其丰富的文学资源和文学网络足以让我们相信，不仅西班牙比较文学学科仍有很大的发展空间，西班牙语文学也将成为中西跨文明比较文学研究的重要元素。

关键词：西班牙；比较文学；学科发展

1 西班牙比较文学学科的发展历程

19 世纪，伴随着欧洲各国学者"比较"意识的觉醒，比较文学在欧洲萌芽并逐渐以学科的形式发展起来，歌德提出了"世界文学"的概念（1827），波斯奈特（Hutcheson Macaulay Posnett）于 1886 年出版第一部比较文学学科理论著作。尽管西班牙在比较文学或者说在文学学科领域落后于以法国、德国、意大利等为代表的欧洲其他国家，但比较文学的肇始却也少不了西班牙学者的助力。耶稣会士胡安·安德烈斯·莫雷尔（Juan Andrés y Morell）就曾在歌德提出"世界文学"的概念之前著有意大利文版《总体文学的起源、发展与现状》（*Dell'origine, progressi e stato attuale d'ogni letteratura*），此著作成书于 1782 年至 1799 年之间，因此胡安·安德烈斯也被一些学者誉为"比较文学之父"（Batllori，2001：163）。在西班牙文学领域，胡安·安德烈斯完全可以说是比较文学学科的先行者（Domínguez et al.，2015：26），甚至歌德都曾计划拜访他，可见其彼时在欧洲学术界的影响力。胡安·安德烈斯在欧洲学术界享有如此之高的声誉，是由于他的博学多产以及对西班牙文化传播做出的贡献。他是精通拉丁语、希腊语、希伯来语、意大利语及法语的历史学家、文学家和文化学家，为西班牙皇家历史学院知名学者。早在创作《总体文学的起源、发展与现状》之前，1776 年前后，其作为哲学家以及"百科全书"般的学者名声已经遍布意大利①。

据相关文献记载，西班牙比较文学批评发轫于 20 世纪上半叶西班牙内战前。与理论和实践方法蓬勃发展，教学资源日益丰富的其他欧洲国家相比，此时的西班牙比较文学尚处于"咿呀学语"（Martínez Arnaldos，2010：36）阶段，但从文学教学、批评方法和作家作品中，都不难看出其明确的比较内涵，比如各类文学杂志中表现出的对外国文学、文化的认知渴求，西班牙旅居的拉丁美洲作家群体笔下的具有比较思想或方法的作品等。这一阶段的文学教材多以"总体文学"和"普遍/世界文学"命名，如佩德罗·穆尼奥斯（Pedro Muñoz Peña）的《文学通史——西班牙文学简编》（1907），何塞·罗热里奥·桑切斯（José Rogerio Sánchez）的《世界文学简编》（1915），《文学通史》（1919），阿尔贝托·里斯科（Alberto Risco）的《文学通史简编》（1923）、《西班牙及世界文学史》（1924），它们都涵盖了将西班牙文学与外国文学进行平行比较的内容，共时性地展示了不同地域文学的发展情况。另一位耶稣会士康斯坦西奥·埃吉亚·鲁伊斯（Constancio Eguía Ruiz）在其著作《文学与作家》（1914）中的"比较文学"一章，以相对即兴式的语言评述了法国象征主义在西班牙及西班牙语美洲的影响。学者胡安·弗朗西斯科（Juan Francisco Yela Utrilla）所著中学教材《西班牙文学与外国文学的比较》（1928）"对唤醒青少年对他国文学的兴趣起到了一定积极作用"（Martínez Arnaldos，2010：40）。同样引起读者对外国文学兴趣的还有以艾米莉亚·帕尔多·巴赞（Emilia Pardo Bazán）为代表的女性文学家。帕尔多的文章《关键问题》（La cuestión palpitante）让西班牙读者认识了法国与俄国的文学运动，卡门·德·布尔戈斯（Carmen de Burgos）、索菲亚·卡萨诺瓦（Sofía Casanova）、普鲁登西奥·伊格莱西亚斯·埃尔米达（Prudencio Iglesias Hermida）则通过其游记和文学译著传播文学的比较思想，如作品《我的欧洲之行——瑞士、丹麦、瑞典及挪威》（1917）、《从马德里到开罗》（1918）等。致力欧洲及东方语言文学研究的著名学者拉斐尔·坎西诺斯·阿森斯（Rafael Cansinos Assens）在其著作《文学中的莎乐美》（*Salomé en la literatura. Flaubert, Wilde, Mallarmé, Eugenio de Castro,*

---

① 参见西班牙皇家历史学院人物介绍（https://dbe.rah.es/biografias/19047/juan-andres-y-morell）。

Apollinaire，1921）中的主题学研究和平行比较方法也在西班牙的比较文学史上留下了浓墨重彩的一笔。

受社会历史发展的影响，西班牙的比较文学在 19 世纪末至 20 世纪上半叶并未真正发展起来。1898 年"美西战争"后，西班牙丧失了古巴、波多黎各、菲律宾等最后几个殖民地，国力一落千丈。社会的变革和思想的动荡，为文学创作和批评领域带来了悲观的民族主义和复古情绪。以擅长神秘主义的乌纳穆诺（Miguel de Unamuno）和书写孤寂悒郁情绪的安东尼奥·马查多（Antonio Machado）为首的"九八一代"，反对进步主义推崇的"欧洲化"思想，在民族自豪感与社会现实的碰撞中激发出探寻本民族义化心理的渴望。受天主教传统的影响，西班牙国民思想中保守的民族主义倾向也在文学理论及批评的发展历史中留下印记。西班牙内战（1936—1939）中右翼势力获得胜利，开启了三十余年的弗朗哥独裁统治，各项文化事业的发展也陷入停滞状态，比较文学也未能建设成一门专业的学科。

1975 年弗朗哥去世后，继位者胡安·卡洛斯（Juan Carlos）在西班牙国内实行民主改革，比较文学的发展经历了微弱萌芽、悄然而止后再次在西班牙"兴起"（Zambrano Carballo，1999），学科建设也逐渐完善，以巴塞罗那自治大学、庞培·法布拉大学和圣地亚哥大学为首，各大学相继开设"比较文学"相关专业及课程。除学科建设和学位设立外，几大重要事件助力了这一时期的西班牙比较文学发展：

第一，1977 年，西班牙总体文学与比较文学协会（SELGyC）在马德里成立①，之后西班牙英美研究协会（AEDEAN）也创建了比较文学分会。

第二，1983 年，大学改革法案将比较文学整合进"文学批评"范畴，与外国语言学分离，并入文学理论研究专业。

第三，1990 年，西班牙国家公报发布了"文学理论与比较文学"专业设立许可，并明确规定了必授学科内容。

此外，比较文学相关的研究期刊，如《1616》（1978）、《范例》（1997）等也让 20 世纪末的西班牙比较文学羽翼更加丰满。哈佛大学西班牙裔学者克劳迪奥·吉伦（Claudio Guillén）于 1983 年担任巴塞罗那自治大学比较文学系系主任，并辅助庞培·法布拉大学和圣地亚哥大学建设比较文学课程体系，推动了西班牙比较文学学科建设的飞跃式发展，著名学者蒙特

---

① 参见西班牙总体文学与比较文学协会（SELGyC）官网（https://www.selgyc.com/index.php/es/）。

塞拉特·柯兹（Montsrrat Cots Vicente）甚至认为，克劳迪奥·吉伦的到来"激发了西班牙比较文学整体的觉醒和再觉醒"（Cots Vicente，2014：446）。

2　西班牙比较文学研究领域的代表人物

2.1　奠基人——克劳迪奥·吉伦

克劳迪奥·吉伦（Claudio Guillén，1924—2007），国际著名比较文学学者，被西班牙学界誉为"与乔治·施泰纳（George Steiner）、罗伯特·休斯（Robert Hughes）或哈罗德·布鲁姆（Harold Bloom）比肩的文学人物"（F. I. C.，1999：112）。父亲豪尔赫·吉伦（Jorge Guillén）是西班牙"二七一代"代表诗人。克劳迪奥·吉伦从小在法国和西班牙两地生活，后由于西班牙内战跟随父母定居美国，上大学以后师从哈里·莱文（Harry Tuchman Levin）和雷纳托·波焦利（Renato Poggioli）两位文学批评大师，1953 年以论文《流浪解剖：流浪汉文学的起源与本质比较研究》（The Anatomies of Roguery：A Comparative Study in the Origins and the Nature of Picaresque Literature）获得哈佛大学比较文学博士学位，并先后执教于普林斯顿大学、加州大学和哈佛大学。

弗朗哥独裁结束后，克劳迪奥·吉伦回到西班牙（1983），在巴塞罗那自治大学和庞培·法布拉大学任教并辅助建立了比较文学系，又以客座教授身份到圣地亚哥大学为西班牙第一个文学理论和比较文学博士课程授课。1985 年，克劳迪奥·吉伦在西班牙出版了首部西语著作《唯一与多样——比较文学概论》　（Entre lo uno y lo diverso：Introducción a la Literatura Comparada），该书成为极其有影响力的比较文学教材。美国著名西裔学者利亚·施瓦茨（Lía Schwartz Lerner）曾评价此书"可读性极强，发人深省，对于该研究领域的学生来说，是一本有价值、可靠的学术指南"（Schwartz Lerner，1987：100）。1998 年克劳迪奥·吉伦整理出版了早期论文的西语合集《多重居所——比较文学文集》　（Múltiples moradas. Ensayo de literatura comparada），获得西班牙非小说类国家文学奖。2002 年克劳迪奥·吉伦当选西班牙皇家语言学院院士，后成为西班牙政府文学最高奖项阿斯图里亚斯王子奖评委会成员。

诸多欧洲著名学者，如西班牙皇家语言学院院长何塞·曼努埃尔·布莱库亚（José Manuel Blecua）、达里奥·维拉努埃瓦（Darío Villanueva），文学批评家卡洛斯·加西亚（Carlos García Gual），法国著名比较文学家丹尼尔-亨利·佩约（Daniel-Henri Pageaux）等，都对克劳迪奥·吉伦给予高度评价，强调其作为比较主义者、文学历史学家、文学评论家做出的重要贡献。众多向他致敬的文集、专刊和活动也充分证实了克劳迪奥·吉伦在西班牙比较文学及学科发展中的奠基作用和权威形象。比如，维拉努埃瓦与庞培·法布拉大学教授安东尼奥·莫内格尔（Antonio Monegal）、布朗大学教授恩里克·布（Enric Bou）主编了论文集《无边际比较文学论文集——致敬克劳迪奥·吉伦》（*Sin fronteras. Ensayos de Literatura comparada en homenaje a Claudio Guillén*, 1999）；2007年西班牙总体文学与比较文学协会联合马德里康普顿斯大学在克劳迪奥·吉伦去世后专门举办了文学悼念活动，出版文集《克劳迪奥·吉伦——大师解惑》（*Claudio Guillén, lecciones de un maestro*）；2008年西班牙最负盛名的文学期刊《岛屿》（*Ínsula*）发表纪念克劳迪奥·吉伦逝世一周年的专刊《比较文学的挑战——纪念克劳迪奥·吉伦》，高度肯定其对西班牙比较文学发展的推动作用；同年，在巴塞罗那庞培·法布拉大学举办的第十七届总体文学与比较文学年会上，也开设了克劳迪奥·吉伦专题分论坛，意大利学者朱塞佩·格里利（Giuseppe Grilli）高度评价了克劳迪奥·吉伦的跨国视野及其在西班牙文学批评界取得的成就。

按照克劳迪奥·吉伦的构想，《唯一与多样——比较文学概论》应是一部"超越国界的系统性研究"专著（Guillén, 1985：27），它不仅限于对比较文学研究主题的一般性介绍，克劳迪奥·吉伦还在书中提出了对比较主义本质和功能的质疑，也表达了对学科未来发展的新思考。全书分为三部分。第一部分主要从历时的角度介绍了比较文学的定义、目标和基本原则，介绍了从18世纪的浪漫主义到实证主义，从法国学派到美国学派，在不同意识形态假设下产生的比较研究类型，通过对比较文学发展的梳理，向读者展示了该学科在文学研究目的和方法上的不断变化以及不断被重新定义的过程，并明确指出理论的先入之见与历史特定时刻的学科研究之间的必然联系，因此着重介绍了20世纪文学理论和批评的发展趋势，如形式主义、符号学、解构主义等。第二部分介绍了该学科的主要研究领域和方向：文类学、形态学、主题学、互文性、影响研究（即文学关系）、周期性问题（不同时代的历史背景）、多语言及翻译研究。第三部分是对一些持续的哲学问题的思考，包括历史与理论之间、变化与连续性之间、解体与重新融合之间的紧张关系等，最后还附上了 60 余页囊括 20 世纪最重要文学理论著作的文献列表。

书中介绍了许多比较文学界的重量级学者及其教材和专著，包括与人合著了《比较文学》（1967）的法国学者皮舒瓦（Claude Pichois）和卢梭（Andre Rousseau）、著有《整体文学与比较文学》（1968）的法国学者西蒙·琼（Simon Jeune）、著有《比较文学导论》（1969）的荷兰学者科斯蒂乌斯（Brandt-Corstius J. C.）、著有《比较文学的挑战及其他问题》（1970）的德国学者弗里德里希（Werner P. Friederich）、著有《比较文学导论》（1974）的约斯特（François Jost）、著有《比较文学与文学理论》（1974）的美国德裔学者韦斯坦因（Ulrich Weisstein）、著有《比较文学导论》（1977）的德国学者狄泽林克（Hugo Dyserink）、著有《比较文学的理论和实践》（1981）的施梅林（Manfred Schmeling）等。更重要的是，《唯一与多样——比较文学概论》并非仅限于关注欧美主流的文学文本，也将中国、阿拉伯、印度和美洲前哥伦布时期的文学都囊括进讨论的范围。作为西班牙人，克劳迪奥·吉伦特别为西班牙语文学增加了从中世纪古典时期到现代、从伊比利亚半岛到拉丁美洲的作品内容阐述，而在此之前，西班牙语文学在比较文学著作或教材中总是处于边缘化的位置。1995 年哈佛大学出版社推出该书的英译本《比较文学的挑战》（*The Challenge of Comparative Literature*），也受到了世界比较文学界的广泛关注。克劳迪奥·吉伦在书中表达了对"不同"的认同观，借助奥尔巴赫（Erich Auerbach）的《哲学与世界文学》，他指出："技术型社会将消除文化多元性，带来全球化统一性，然而矛盾的是，世界文学的概念也会在此实现又毁灭。"（Guillén，1985：21）但他坚信，即使在不确定的未来，文学将一直作为丰富差异化的工具以及超越技术标准化和社会政治水平的手段存在。《唯一与多样——比较文学概论》也由于其跨越国别、对东西方文化异质性及多元化的肯定，"为后来的比较文学学者打开了全新的研究领域"（Schwartz Lerner，1987：101）。

2.2 传承者——达里奥·维拉努埃瓦

达里奥·维拉努埃瓦（Darío Villanueva Prieto，1950— ），西班牙著名语言学家、文学理论家和评论家，曾任圣地亚哥大学校长，西班牙文学理论学会、西班牙研究院主席，西班牙总体文学与比较文学协会名誉主席，西班牙皇家语言学院院长、终身院士。同时他也担任世界西班牙语协会、世界比较文学协会执行委员会委员。科尔多瓦大学教授何塞·罗梅拉·卡斯蒂略

（José Romera Castillo）曾评价维拉努埃瓦是克劳迪奥·吉伦在西班牙比较文学领域的继承者，为 20 世纪末才逐渐兴起的这一学术、学科领域做出了不朽的贡献（Romera Castillo, 2020）。不过，与克劳迪奥·吉伦不同，达里奥·维拉努埃瓦是土生土长的西班牙学者，他于 1976 年从马德里自治大学博士毕业后，一直在家乡西班牙北部圣地亚哥大学任教，1987 年开始担任语言学系新建专业文学理论及比较文学的教授，并负责教学组织工作。

1991 年，担任圣地亚哥大学语言学系主任的维拉努埃瓦出版比较文学教材《思想花粉——理论、批评、历史与比较文学》（*El polen de ideas. Teoría, crítica, historia y literatura comparada*），该书是西班牙设立比较文学专业学科以来的第一部本土比较文学专业教材。其影响力虽不及克劳迪奥·吉伦的《唯一与多样——比较文学概论》，但作为从本土文学视角出发撰写的比较文学教材，在刚发展比较文学学科、师资相对薄弱的西班牙高校中的适用性更强。圣地亚哥大学、格拉纳达大学等地方性特色明显的西班牙高校都将此书作为课程书目沿用至今。

1994 年，维拉努埃瓦主编的教材《文学理论教程》（*Curso de teoría de la literatura*）由马德里特勒士出版社出版。此书由多位作家合作完成，是一部主题涵盖广、力求全面的文学理论教材，除比较文学外，还包含文类研究、诗学、叙事学、戏剧等方面的内容。其中第四章"比较文学与文学理论"由维拉努埃瓦撰写，该章不仅介绍了比较文学的发源、流派和定义，还从文学与艺术的相互启发、世界文学与总体文学、比较文学学科危机、比较文学研究的新方向和新范式等不同视角介绍了世界比较文学发展的总体情况。书中梳理了欧美比较文学思想流派的学者、著作和观点，肯定了比较文学在文学科学（研究）中的重要地位及其对更广泛层面（跨国家、跨民族、跨语言）文学研究的延伸，维拉努埃瓦还总结了比较文学研究的"四步法"①。此外，他特别提到了进行东西方比较的可能性，并引用了东西方文学理论大家孟而康（Earl Miner）、刘若愚的作品。同年，维拉努埃瓦在《加利西亚教育》杂志发表文章《比较文学与文学教学》，指出在 21 世纪复杂文学理论的出现、多元媒体的兴起、加快的工作节奏让越来越多的人失去了阅读能力，也让文学教育陷入了瓶颈。比较文学作为新兴学科，与诗学（文学理论）、文学批评、文学史共同构成了广义的"文学研究科学"

---

① 文本分析，共时比较，提炼规律，植入文化背景。

（literaturwissenschaft）。从法国学派的定义来看，比较文学是文学史研究的延伸，它着重于对文学关系和影响的探讨。他认为，文学从来不是处于单一语言表达之中，所有的文学一直在不断地交流。而在西班牙这个多语共存①的国家，内部语言、文化及文学的多样化可成为西班牙比较文学的本土视野和起点，特别是对于几乎无法教授的文学课来说，通过比较文学的跨学科文化比较，比如对文学与电影、戏剧的比较，能帮助学生更好地理解文学内容和结构。文学是一个没有时空边界的实体，不同年代、不同语言的作家之间，甚至他们与能通过文字感知其艺术贡献的读者之间都是一种同伴关系，因此比较文学的出现又"或多或少是一种遏制语言文学教学中过度化民族主义的尝试"（Villanueva，1994：24）。

1999 年，维拉努埃瓦与安东尼奥·莫内格尔、恩里克·布主编论文集《无边际比较文学论文集——致敬克劳迪奥·吉伦》。文集内容大致分为三类：对文学理论或一般规律的探讨，对文学传统、作家及作品的比较研究，对文学主题、神话、意识范式的分析。当中收录了以西班牙学者作品为主的比较文学理论与实践论文，也加入了欧美学者如恩佐·卡拉马斯基（Enzo Caramaschi）、唐纳德·方格（Donald Fanger），还有华裔学者叶维廉的论文②。在 20 世纪末的西班牙，这部模仿 1968 年美国出版的《批评学科：致敬韦勒克文集》（*The Disciplines of Criticism: Essays Honoring René Wellek*）形式，汇集了与克劳迪奥·吉伦或西班牙语文学研究有着不同关系的不同背景的评论家的多样化比较文学文本的文集，可以说"整体呈现了一幅西班牙比较文学发展现状的马赛克"（Rodríguez García，2001：268）。它不仅凸显了比较文学在西班牙文学和文学理论系中作为一门学科的重要地位，也为未来的文学批评提供了可用的理论和方法，更是试图将西班牙文学经典推向世界文学之列的有意义的尝试。

2.3　突破者——萨塞尔·多明戈斯

萨塞尔·多明戈斯（César Domínguez，1970—）任教于西班牙圣地亚哥大学西班牙语言文学系，是欧洲科学院院士、哈佛大学世界文学研究所顾问。他担任过欧洲比较研究会主席、国际比较文学协会（AILC/ICLA）研究

---

① 西班牙语（卡斯蒂利亚语）和官方方言：加泰罗尼亚语、加利西亚语、巴斯克语。
② 论文名《意义框架与道家对权力等级的批判》（The Framing of Meanings and the Daoist Critique of Power Hierarchies）。

委员会主席、欧洲语言比较文学史协调委员会秘书、西班牙总体文学与比较文学协会副主席，曾获欧盟让·莫内讲席教授和四川大学文学与新闻学院荣誉教授。多明戈斯师从西班牙著名文学批评家达里奥·维拉努埃瓦，曾在英国伦敦国王学院、美国纽约大学、苏格兰格拉斯哥大学访学，被国际比较文学协会前任主席、《欧洲评论》主编西奥·德汉（Theo D'haen）评价为当代最优秀的西班牙比较文学学者之一。

多明戈斯著述成果丰硕，至今发表各类论文百余篇，其中被 A&HCI/SSCI 收录 30 余篇，ESCI 收录 20 余篇，出版专著及教材共 8 部，涉及西班牙中世纪文学、比较文学理论及世界文学，如《朝圣者胡安·德·恩熙那》（2000）、《中世纪文学理论中的"实质"概念：创作、阐释和跨文本性》（2004）、《比较文学史：认识论和方法论基础》（2008）、《新兴文学和新欧洲的当代发展》（2014）、《比较文学导论——新趋势及应用》（2015）等，其中《比较文学导论——新趋势及应用》分别有英语（2015）、西班牙语（2016）、阿拉伯语（2017）版本，中文版本也即将上市。他主编各类文集10 余部，书评较多的有《伊比利亚半岛文学比较史》（2010）、《世界文学读本》（2013）、《世界主义与后国家主义：文学与新欧洲》（2015）等。此外，多明戈斯也通过翻译、采访、书评的形式，向西班牙语文学界及读者积极输送国际比较文学、文学理论名家的作品，比如弗兰卡·西诺波利（Franca Sinopoli）、西奥·德汉、让·贝西尔（Jean Bessière）、大卫·达姆罗什（David Damrosch）、沃尔特·米尼奥洛（Walter D. Mignolo）、史蒂芬·托托西（Steven Tötösy de Zepetnek）、杰拉勒·卡迪尔（Djelal Kadir）、谢永平（Pheng Cheah）等学者相关文章共 40 余篇。

2016 年出版的《比较文学导论》（*Lo que Borges le enseñó a Cervantes. Introducción a la Literatura Comparada*）译自英文原著《比较文学导论——新趋势及应用》（*Introducing Comparative Literature. New Trends and Applications*），由多明戈斯、维拉努埃瓦以及美国著名汉学家苏熙源合作而成。全书共九章，按从文学传统理论到比较文学，再到世界文学的撰写思路，从不同领域、不同背景和不同视角阐释比较文学的学科定义和价值。在梳理比较文学学科历史、思想演变时，该书列举了诸多著名学者，如苏联文学研究家尤里·尼古拉耶维奇·特尼扬诺夫（Yuri Nikolaevich Tynyanov），捷克文学理论家穆卡洛夫斯基（J. Mukarovsky），美国学者托托西、孟而康等，也通过韦勒克（René Wellek）和梵·第根（Paul Van Tieghem）说明法国学派和美国学派理论的结构特点。值得注意的是，该书在全球去殖民化、去西方化的第三章，特别介绍并高度评价了以曹顺庆、支宇为代表的中国学者以及拉丁美洲学者的比较诗学观点。

2013 出版的论文集《欧洲比较文学》（*Literatura europea comparada*）虽以欧洲比较文学为主题，在意识形态上却克服了欧洲中心主义，以辩证的欧洲文学和统一的欧洲文学为主要研究范围，精选了 15 篇欧洲文学、文化专家如西奥·德汉、施梅林、马里奥·多梅尼切利（Mario Domenichelli）等讨论欧洲比较文学及教学的论文。该论文集结构上总体分为三部分：方法论探讨，文学空间中的欧洲，欧洲文学的新教学模式，以此引起读者对欧洲文学超越封闭个体及其边界，以及当今意义的思考，比如思考从文学文化角度出发，对欧洲文学如何在全球化身份紧张关系中建构或解构其地缘文化的概念。总之，此论文集让读者在当下世界文学新语境中重温欧洲文学，感受文学交流、对立的动态构象带来的趣味，认识比较文学为文学批评的多元性所做的贡献。

3　结语

西班牙的比较文学学科经历了从 19 世纪到 20 世纪初的沉寂和发轫，又由于政治环境的变化为比较文学的发展提供了较好的条件，此后迎来了从 20 世纪末到 21 世纪初对欧美学派的模仿和继承，以本土学者为媒介开始引入大量国际文学理论、著名比较文学丛书、导论教材、批评著作等，让比较文学理论和实践在这个昔日的"日不落"帝国扎根深化。这一过程中以克劳迪奥·吉伦、达里奥·维拉努埃瓦和萨塞尔·多明戈斯为代表的巨擘，充分地展现了西班牙比较文学学科发展中学者的"传帮带"作用和西班牙语文学的自我创新特点，其悠久的历史和广阔的地域一定会在未来为世界比较文学增光添彩。

参考文献：

BATLLORI M, 2001. Andrés y Morell, Juan. Diccionario Histórico de la Compañía de Jesús ［M］. Roma-Madrid：IHSI-Universidad P. Comillas.

COTS VICENTE M, 2014. Littérature comparée en Espagne：hier et aujourd'hui ［J］. Dans Revue de littérature comparée, 4（352）：445 – 453.

DOMINGUEZ C, SAUSSY H, Y VILLANUEVA D, 2015. Introducing comparative literature：

new trends and applications [M]. London & New York: Routledge.

F I C, 1999. Castillo exterior. Review of múltiples moradas. Ensayo de Literatura Comparada by Claudio Guillén [J]. Renacimiento, Summer (23/24): 112.

GARCIA JURADO F, RADERS M, VILLAR DEGANO J F, 2009. Claudio Guillén, lecciones de un maestro [G]. Madrid: Editorial Complutense.

GUILLEN C, 1985. Entre lo uno y lo diverso: Introducción a la literatura comparada [M]. Barcelona: Crítica.

MARTINEZ ARNALDOS M, 2010. Balbuceos de la literatura comparada en España 1900 – 1936 [C]. Actas del XVII Simposio de la Sociedad Española de Literatura General y Comparada. (coord.) Montserrat Cots Vicente, Antonio Monegal, Vol. 1: 35 – 46.

MONEGAL A, 2008. El reto de la literatura comparada: In memoriam de Claudio Guillén [J]. Ínsula (733/734).

RODRIGUEZ GARCIA J M, 2001. Reseña de Darío Villanueva, Antonio Monegal y Enric Bou, eds., Sin fronteras. Ensayos de literatura comparada en homenaje a Claudio Guillén. Anales de la literatura española contemporánea, ALEC [G]. Vol. 26, n°. 2: 262 – 269.

ROMERA CASTILLO J, 2020. Laudatio del Prof. Darío Villanueva Prieto como Doctor honoris causa por la UNED 2020 [EB/OL]. (2023 – 03 – 01). http://portal. uned. es/portal/page?_ pageid = 93,70640345&_ dad = portal.

SCHWARTZ LERNER L, 1987. Review: Entre lo uno y lo diverso: Introducción a la literatura comparada by Claudio Guillén [J]. Comparative literature studies, 24 (1): 100 – 105.

VILLANUEVA D, 1994. Literatura comparada e ensino da literatura [J]. Eduga: revista galegado do ensino (3): 19 – 32.

ZAMBRANO CARBALLO P, 1999. Comparative literature in Spain today: a review article of new work by Romero, Vega and Carbonell, and Guillén [J/OL]. CLCWeb: comparative literature and culture, 1 (2). (2023 – 03 – 01). https://doi. org/10. 7771/1481 – 4374. 1039.

Representative Scholars in the Development of
Spanish Comparative Literature:
Guillén, Villanueva and Domínguez

Wu Yang

Abstract: This paper analyzes the history of the development of Spanish comparative literature discipline, introduces three famous scholars, and points out the important role played by the scholars in the dissemination, traditional inheritance, criticism and innovation of Spanish comparative literature theory. Although the development of comparative literature in Spain is relatively late, if we look at the literature of the whole Spanish world, its rich literary resources and literary network are enough to make us believe that the subject of Spanish comparative literature still has a great space for development, and Spanish literature will become an important element in the study of cross-cultural and comparative literature between China and the West.

Key words: Spain; comparative literature; discipline development

"东方的基地"：
《马礼逊回忆录》中的南洋想象

张艺莹

（四川大学外国语学院，成都610207）

摘　要： 作为英国首位来华传教士，罗伯特·马礼逊在海外汉学研究领域占有一席之地。现有研究常着眼于马礼逊为亚洲"带来"何物，讨论他对汉文化社会的贡献，如其汉文典籍英译，以及他对亚洲外贸、医疗的促进作用。相比之下，马礼逊从亚洲"带走"何物，即他对亚洲文明的所见所感，则较少有人问津。马礼逊看待亚洲的方式，不仅代表其个人倾向，更是18、19世纪英国社会异质文明观的体现。从《马礼逊回忆录》可知，马礼逊的"亚洲概念"由"中国"与"南洋"的复调关系构成，而他对马六甲、槟榔屿、爪哇的想象书写展现出早期现代欧洲东方主义思想的又一侧面。

关键词： 马礼逊；南洋想象；东方主义；传教士汉学

由于其曾在世界文化交流中发挥的桥梁与纽带作用，传教士相关研究成为海外汉学研究及跨文化研究中的重要主题之一。传教士汉学家看待异国的方式，不仅代表其个人的感性认知，更体现其所属文化的"他者观"。异质文明间的"自者"／"他者"二元关系一向为研究者密切关注。而"自者"如何看待"他者"，实则是个深刻的文化心理问题，需回溯其所属的文明根源来厘清关系。正如萨特所说，"在我们能用它（异国想象）来发现他人之前，它已经在我思的水平上完全产生了"（萨特，2007：337）。

英国汉学家马礼逊（Robert Morrison，1782—1834）是中西文明交流活动中的标志性人物，也是海外汉学研究中绕不过的一环。有关马礼逊的现有研究数量较多，但多着眼于马礼逊为亚洲"带来"何物，讨论他对汉文化社会的贡献，如其汉文典籍英译①，以及他对亚洲外贸、医疗的促进作用②。相比之下，马礼逊从亚洲"带走"何物，即他对亚洲文明的所见所感，则较少有人问津。此外，已有研究通常使用距马礼逊活动年代较远的间接文献来佐证，而共时性记载马礼逊活动的史料尚未得到充分挖掘，其中便包括由马礼逊夫人整理的马礼逊日记，即《马礼逊回忆录》，以及英国学者汤森（William John Townsend）所著《马礼逊——在华传教士的先驱》。这两部著作呈现出一种独特景象，即在对马礼逊在华活动的描绘之外，多次出现对"南洋"的描写。在这些记述中，马礼逊将"南洋"与"中国"相连通，为南洋赋予了"东方基地"的"雅称"。

1 马礼逊"南洋想象"的由来

"地域想象"或"国家形象想象"，在比较文学形象学的研究视角下，是一种"社会集体想象物"，或如韦勒克（René Wellek）所说，属于"社会学或历史""民族心理学"范畴（韦勒克，1982：24）。而据狄泽林克（Hugo Dyserinck），形象学"作为整个比较文学有价值的一个部分……判断国别文学所展示的固有民族性已经成为比较文学研究的惯例"（狄泽林克，方维规，2007：159）。已有理论不约而同地指向"形象"背后的民族及历史特性。这是由于审美主体的每一种观赏方式，必然不是毫无根据的猜想或臆想，而往往折射着内蕴其中的特定政治经济、社会思想、教育经历等多种影响因素的痕迹。马礼逊所塑造的"南洋"（或者说其"南洋想象"），同样体现出其民族社会历史的传承特性。

马礼逊出身于乡绅家庭，自小接受传统经院教育，其观察亚洲的视角与英国文化中的世界形貌存有必然联系。虽然马礼逊是英国首批赴华汉学家，但在他以前已有多名欧洲使者通过旅行、商贸等方式获得了对亚洲的初步了解。先有铎德约翰（Prester John）、圣高维诺（John de Monte Corvino）、沙勿略（Francis Xavier）、范礼安（Valignani Alexandre）等使者的跨文化活

---

① 如徐小波，2022. 马礼逊《华英字典》俗词语研究 [J]. 烟台大学学报（哲学社会科学版）（4）：110-118；王燕，2021. 马礼逊英译《红楼梦》手稿研究 [J]. 文学遗产（3）：148-160；谭树林，李方，2021. 容三德与马礼逊在华事业之关系 [J]. 学术研究（9）：125-133；陈康宁，2021. 马礼逊和粤方言 [J]. 南方语言学（1）：256-263.

② 如鲁萍，2020. 晚清"西医""中医"称谓及二元格局的形成 [J]. 中华文化论坛（5）：39-46；郭强，李计筹，2015.《印中搜闻》视域中的中国医学 [J]. 广州中医药大学学报（4）：768-771.

动，后有汤若望、南怀仁、利玛窦等汉学家进入中国宫廷，对东方文化进行近距离接触。这些早期信息传回欧洲后，成为欧洲学者"亚洲观"的重要组成部分，极大影响着后者对世界风貌的理解。此类描绘通常集中于对亚洲宗教和哲学思想的审视，如："中国是个多神崇拜的国家。三大宗教即儒、释、道分布其间"（汤森，2002：12）；"第一大儒教是由孔子创立的……他不仅强调信、义和仁，而且也认可或是灌输过偶像崇拜、一夫多妻和激烈的报复行为的思想"（汤森，2002：12-13）；"佛教是东亚的一大宗教……通过把人身上的宗教元素转变为偶像崇拜，引导灵魂"（汤森，2002：14、17）。

此类文化背景的影响下，至马礼逊所处的 19 世纪，英国社会对亚洲的旨趣仍极大地集中于对宗教和哲学思想的探寻，甚至因其"东方知识"的有限，常得出许多略显偏颇的结论。例如，称"孔子的学说忽视了神的存在和心灵的不朽，不能净化人的灵魂，或激发高尚而纯粹的生活。佛教只是指出，寂灭是人性的最高目标，所以它不能满足或填补灵魂对永无止境的幸福的渴望。道教只是表明道教的教义"（汤森，2002：20）。英国社会的对华成见并非源自一两名书写者的见闻，而是出于对陌生文明的有限认知及帝国中心主义的世界观，对亚洲进行的"他者化"脸谱处理。

然而，即便有着许多"成见"，中国的富饶与神秘仍然吸引着这个新兴的海上帝国。英国各知识团体与东印度公司联合，积极开展着与中国的文化交往，马礼逊的活动便是这一历史契机的产物。而从《马礼逊回忆录》中不难发现，马礼逊同样承袭了英国社会的已有视角，对亚洲进行审视。

马礼逊于 1804 年被伦敦差会委派至中国。他本以为会被派去非洲、印度或是太平洋上某个小岛，或是如研究者所猜测的，"实际上马礼逊本人的意愿是去非洲的廷巴克图"（谭树林，2004：22）。然而，伦敦的长官最终指派他"到'秦国'去"（张功臣，2008：6）。在东南亚海域被荷兰封锁的时代里，这一指令意味着马礼逊要踏上百余年前西班牙来华使团所开创的美洲-马尼拉航线，经由三个大洲辗转入华。而此次匆匆掠过的"南洋"，几年后将会成为马礼逊在亚洲的"精神驻地"。

2 "基地"与"避难所"：中国之旅中的南洋想象

汉语学习是马礼逊来华活动中的第一个难题。在当时的英国，懂中文的只有正云游海外的小斯当东爵士（Sir George Thomas Staunton）一人。在没有老师的情况下，马礼逊只找到一本 18 世纪法国汉学家的中文译稿进行学习。他从 1804 年开始学习汉语，后来联络到在英的中国商人容三德，识记了一定词汇。这些初步的语言准备，为随后的中国活动、南洋活动起到了极为关键的作用。

1806 年，马礼逊出发赴华的前夕，他在一封信中首次提及南洋地区："董事会已决定我的行程，先送我到印度的马德拉斯，然后在南洋的麻六甲停留放下行装，转道轻装直赴广州，看是否能在广州立足。如能立足，我即回麻六甲取行装去广州；如不能立足，我就留在麻六甲住下来。麻六甲有数千中国人，我可在那里继续学习中文。"（马礼逊夫人，2004：23）由此，马礼逊的世界观中对于南洋的首个"定位"浮现出来，即进一步学习中文的"基地"。

对于彼时业已形成独立国家的南洋地区而言，被形容为另一国家的"基地"，这一"印象"未免显得新奇、生僻且耐人寻味。不仅如此，对于"基地"一词，马礼逊所使用的不是更为常见、常用的"base"，而是具有"合法性聚居处"内涵的"residence"。可见，马礼逊更为看重居留与活动的合规合法性，而不仅是可操作性。这也暗示了其亚洲活动的结局——被预想为"基地"的马六甲，最终真正接纳了马礼逊等西方学者；而被认定是"立足地"的广州，则始终未对这些欧洲来者敞开大门。

马六甲成为马礼逊为其在华活动设置的一个可能的退路，而考虑到 19 世纪大英帝国在东南亚的话语权，马六甲确实是个可供马礼逊合法入驻的天然"基地"。然而，由《马礼逊回忆录》的更多记载可知，即使当他身在"目的地"中国内陆，有关"南洋"的各式设想仍然频繁出现在马礼逊的"亚洲规划"中。

马礼逊入华的第一站是澳门，随后他前往广州，此后经常在两地往返。这一时期，为节省伦敦差会分配的有限经费，马礼逊常住在潮湿憋闷的地下室。因尚未取得东印度公司的授权，马礼逊所执着追求的在华活动合法资格始终被耽搁，不得公开行事。不仅如此，清政府对欧洲人在华活动愈加严格的管控，也使马礼逊在广州居住面临极大的风险。1808 年底，当清政府正式向两广地区的英国人下达驱逐令，马礼逊这样向伦敦回复："我还不能指望可以进入中华帝国工作，要等到中国真的能开放有了很大的自由，但现在是无法达到的心愿。我所提出要做和已经在做的工作，现在只能在澳门或到槟榔屿才可以更好地完成，而不是在中国（大陆）。对所有外国人的厌恶是支配中国人的首要特征。"（马礼逊夫人，2004：51）获取合法资格的失败使马礼逊对在中国开展活动的信心减弱，被迫考虑退居中国的周边。而此处，继"马六甲"后又一个南洋地标出现，便是槟榔屿。此时"南洋"又被赋予另一层面的意义——中国驱逐下的避难所。

前往槟榔屿，能够为马礼逊获得他所坚持的合法身份。而恰在此时，东印度公司的文件终于到达，马礼逊被聘为译员，获得了在华活动的许可。南洋之旅未能成行，马礼逊继续留在中国，直至1812年，清政府的驱逐指令再次逼近。这一次，马礼逊的目光落在了爪哇，理由是"如今在爪哇有上万的中国人在那里聚居"（马礼逊夫人，2004：78）。汤森进一步确定华人数量，即"爪哇有3000万居民，其中50万是华人"（汤森，2002：69）。此处，爪哇这一地标出现，"南洋"又一次回归"东方基地"的定位，成为马礼逊近距离合法接触汉文化的有利跳板。

事实上，即便在未能登上南洋地界的日子里，马礼逊的"南洋基地计划"也从未止步于构想，而是在随后几年内逐步落实。1813年，清政府的又一次大规模驱逐后，马礼逊向其同僚米怜（William Milne）建议："由于我们无法在中国建立这样一个基地，那就必须到恒河以东任何国家，觅一个地方"（马礼逊夫人，2004：95）。"基地"一词再次出现，体现出马礼逊的这一计划酝酿已久。米怜在马礼逊的建议之下，先迁去马来群岛，而后将活动重心定为马六甲，在此开展新一轮翻译与研究活动。

促成了这一切的马礼逊又在中国逗留了数年，直到1823年才去到南洋。而他也并未直接前往米怜已建好的"基地"马六甲，而是选择"开拓"新加坡，建立起旨在沟通中英文化的新加坡书院（Singapore Institute）。至此，马礼逊对"南洋"的书写形成一个闭环，这个闭环由"在亚洲合法驻留的基地"开始，到"被中国驱逐时的避难所"，最终又一次变回"可供退守的东方基地"。

3 马礼逊异国想象的影响与启示

马礼逊及其同伴的在华活动并未获得预料中的声势与效果，而起初仅是"备选方案"的南洋活动却收效显著。1818年11月10日，马六甲英华书院成立，米怜参加奠基仪式，并为书院确立理念："促进中国与欧洲学术的交流，接纳在东方从事科学或哲学文化研究的欧洲人"。随后，马六甲成为东西方知识与文化的交流基地。在米怜、马礼逊及随后前往的欧洲学者主持下，英华书院印刷报刊、翻译书籍、修订字典，同时也教授东方文化，极大促进了东南亚文化事业的发展和繁荣。这一批学者的辛劳工作，使马六甲成为东西方文明交融的受益者，以致"马六甲一位农民的儿子所受过的启蒙教育，是中国皇帝的儿子所没有受过的"（汤森，2002：95）。同时，马六甲文化交流事业的成功也鼓励了伦敦差会等欧洲来华团体的进一步努力，随即"派遣了几个传教士前往巴达维亚（雅加达）、槟榔屿、新加坡和马六甲展开工作"（汤森，2002：103）。

马礼逊等传教士汉学家在为南洋提供了西方文化与教育便利的同时，也不可避免地塑造并加深着欧洲社会对南洋的殖民想象。将其称之为"想象"而非"描绘"，主要是因为在《马礼逊回忆录》中，从未出现对南洋风貌人情等实景的记载，而是每每提及"南洋"（马六甲、槟榔屿、新加坡等地），都必然将其与"中国"建立联系。这种"强行失语"的书写方式造成的结果是，在极大受来华传教士文本影响的西方知识界眼中，南洋一定程度上带有中国附庸的意味。马礼逊的"南洋书写"与"南洋想象"，一方面向西方传递了"南洋"这一文化地理坐标，而另一方面，其"南洋"概念下的所指错位，造成并传达出一种东方主义视阈下的"想象南洋"。

在《越界跨国》一书中，马来西亚学者王润华提出，"西方自我中心主义与中国的中原心态（Sino-Centric attitude），使得一元中心主义（mono-centrism）的各种思想意识，在东亚本土上横行霸道"（王润华，2017：100）。从这一角度来说，马礼逊的书写是在体现"西方中心主义"的同时，又吸收了"中国的中原心态"后，造成了南洋的"附庸境地"。另一方面，这种"双重中心主义"思想不能全然归结于马礼逊或其背后的英国/西方对东南亚文化的刻意压迫。在18、19世纪的欧洲，无论上流精英文化还是社会公民教育中，对亚洲的认知都非常有限，东西双方的沟通与理解仍要依靠想象臆测。西方对他者所产生的脸谱化理解往往并不是出自情感上的轻视，而是在缺乏了解的情况下，只能通过"与我相同"或"与我相异"，进行二元的"我""他"体系世界观构筑。而当传教士汉学家仔细端详这个他者（亚洲），发现"他中有他"时，便只能对这个他者继续进行一次"我""他"划分。马礼逊、米怜便是这样，依据更为熟悉的中国文化，建立出与之相对的"他中之他"南洋。在这一时期英国汉学家的书写中，"南洋"与"中国"便呈现出既分离又相连的文化关系。二者分属不同政权，又同在汉文化圈。由此，南洋地区无论在地理还是文化上，都适宜作为西方与中国的中间站，在被中国拒绝时可在此退守、写作、传信。这一折中之法是在中国门户关闭时，欧洲学者所想出的无奈之举。

后殖民主义学者萨义德在其《文化与帝国主义》等多部著作中，曾多次论述文化的"被言说"状态。以《马礼逊回忆录》来看，18、19世纪的南洋无疑也成为西方殖民书写中的一种典型地域想象，而这种想象又通过早期汉学文本不断内部引证而固化、流传，加深南洋的"失语"。马礼逊以中国为中心观察、书写南洋的方式，是将早期现代扩张主义价值观强加于东方文明的一次尝试，是一种应被点明与澄清的"以己观物"。文明多极化的今日，呼唤的是平衡、平等的话语场，而健康友好的国家关系、文明关系不只停留于现实交往状况，更是一种历史传承。特定时代背景下的殖民主义霸权话语，需要读者与研究者时刻具备甄别能力、警惕意识与质疑精神，如此方可正视过去，接近与推进对人类文化遗产与文明轨迹的真正理解。

参考文献：

狄泽林克，方维规，2007. 比较文学形象学［J］. 中国比较文学（3）：152-167.

马礼逊夫人，2004. 马礼逊回忆录［M］. 顾长声，译. 桂林：广西师范大学出版社.

萨特，2007. 存在与虚无［M］. 陈宣良，等译. 北京：生活·读书·新知三联书店.

谭树林，2004. 马礼逊与中西文化交流［M］. 杭州：中国美术学院出版社.

汤森，2002. 马礼逊——在华传教士的先驱［M］. 王振华，译. 郑州：大象出版社.

王润华，2017. 越界跨国［M］. 广州：广东人民出版社.

韦勒克，1982. 比较文学的危机［M］//张隆溪，选编. 比较文学译文集. 北京：北京大学出版社.

张功臣，2008. 洋人旧事：影响近代中国历史的外国人［M］. 北京：新华出版社.

"The Oriental Residence": The "Nanyang Imagination" in
Memoirs of the Life and Labours of Robert Morrison
Zhang Yiying

Abstract: As the first missionary that had ever landed in China, the British missionary Robert Morrison occupies an important position in overseas sinology studies. The current researches often focus on what he has "brought" to Asia, which means, his contribution in the process of communicating Mandarin-English cultures, such as his numerous translation works, and his role in the promotion of Asian business activities. In contrast, what Morrison has "taken away" from Asia, that is, how he sees, receives, and exports Asian civilizations, is rarely discussed. Morrison's way of approaching Asia not only represents his own biases, but also reflects the conception of the British society in the eighteenth and nineteenth centuries. Focusing on the *Memoirs of of the Life and Labours of Robert Morrison* edited by his spouse, it can be discovered that there is a polyphonic relationship between "China" and "Nanyang" in Morrison's "Asian Conception", and this discovery can show a different aspect of "Orientalism" in the early modern world.

Key words: Robert Morrison; Nanyang Imagination; orientalism; missionaries sinologists

语言与语言教学

俄语动词概念隐喻的文化分析①

彭玉海¹ 彭文钊² 于 鑫³

（1. 四川大学外国语学院，成都 610207；2. 大连外国语大学俄语学院，大连 116045；

3. 北京外国语大学俄语学院，北京 100081）

摘 要：作为典型的认知模式和认知运作实体，动词概念隐喻包含独特的文化内涵、深刻的文化动因、鲜明的文化意象和突出的文化映射功能，成为极具特色的文化认知语义载蓄体和操作单位，因而探讨动词概念隐喻的文化、认知、语义问题成为语言世界图景理论和观念分析理论研究的重要内容和课题。本文一方面将对俄语动词概念隐喻的文化内涵和特点详加剖析，另一方面在此基础上主要通过概念化动态—静态映射、情景—参项映射对俄语动词概念隐喻的文化运作问题展开讨论，并就其中的文化意象和文化语义特征进行描写和阐释。相关研究将拓宽俄语动词概念隐喻分析的理论视野，有助于加深对概念隐喻与文化内涵、文化语义之间特殊关系的认识，同时有益于深入揭示动词概念隐喻的文化认知实质，并可以从文化认知维度深化动词概念隐喻问题的理论探讨，推动俄语动词概念隐喻的精细化分析和描写。

关键词：动词概念隐喻；静态映射；动态映射；情景映射；参项映射；文化认知分析

1 引言

自然语言中的动词范畴及相关动作行为是一个十分独特的认知概念域，它涵纳不同的功能结构要素和同"人"相关的社会人际、观念意识等文化因素和内容，尤其在当代"人类中心论"和"事件语义观"的思想理念映照下，"语言观念学"（лингвоконцептология）同动词认知范畴的交叉、融合不断加深，动词的文化、认知和语义分析备受瞩目并逐渐成为文化认知价值图景研究中的一个热点，因此很有必要对其相关的概念隐喻文化模式和功能特点等进行深入探讨。俄语动词概念隐喻（концептуальная метафора）

---

① 本文系国家社科基金项目"俄语动词概念隐喻的文化认知研究"（19BYY209）的阶段性成果。

是十分典型而活跃的文化认知语义现象，它往往与俄罗斯民族文化表现相生相伴，包含鲜明的俄罗斯文化意象和深刻、独到的文化意涵，其认知释出（内容）是语言主体从具身经验出发体认世界、表征世界，而在动作世界图景层面形成的文化认知反映和投射，具有概念化、系统化、多样化和个性化特点。俄罗斯语言学界虽然也较为关注认知语义和概念隐喻方面的问题，但有关动词概念隐喻文化认知方面的专门研究却并不多见，对其概念隐喻同民族文化之间的深层次关联（方式、路径、因由、实质等）的探讨也十分有限。本文一方面将对俄语动词概念隐喻的文化内涵和特点详加剖析，另一方面在此基础上主要通过概念化动态—静态映射、情景—参项映射对俄语动词概念隐喻的文化运作问题展开讨论，并就其中的文化意象和文化语义特征进行刻画、阐释。相关研究将拓宽俄语动词概念隐喻分析的理论视野，有助于加深对概念隐喻同民族文化之间特殊关系的认识，同时有益于深入揭示动词概念隐喻的文化认知实质，并从文化认知维度深化动词概念隐喻问题的理论探讨，推动俄语动词概念隐喻的精细化分析和描写。相关研究表明，动词概念隐喻的文化认知分析对于探索概念隐喻元知识、概念隐喻心理空间（心理真实性）以及隐喻认知运作模式、识解机制等具有显著价值，对于从文化视角审视动词隐喻概念框架及知识的激活、映射以及隐喻语义表征的特点和性质、规律都有重要作用。

2　俄语动词概念隐喻的文化内涵特质

　　动作行为事件的语言思维和表现同概念化的隐喻密不可分，动词概念隐喻是语言认知思维和动作事象语义表征与概念操作的一种工作机制，具有概念化的意象输出、链接方式、工作程序与相应运作特点。语言现实中，"我们赖以思考和行动的概念系统大多以隐喻方式构建和界定"（张喆，2018：104），动词概念隐喻已然成为自然语言的一种"动词性"语义认知存在方式和动作概念意识外向输传的基本形态。与此同时，"隐喻是在一定的文化范围之内被创造和接受的"（王松亭，1996：66），动词概念隐喻往往包含特定方面的文化内容和信息，并且相应伴有文化认知因素的积极参与和运作，这构成俄语动词概念隐喻的重要性能和特点。

　　动词概念隐喻是以身体经验为基础的概念化映射，它通过认知映射和相应的概念、意象转移，以一种动作经验去映射、理解和体悟、表征另一种动作经验和行为，"通过概念之间的转换、理解来建立新的感知和理解"（Dragoescu & Dragoescu，2012：182），在认知思维、领悟和认知接受中将动作本体图式化、概念化、意念化为动作喻体。俄语动词概念隐喻①是俄罗斯民族语言、文化意识中已然定势化的理想化认知模式，它成为语言文化主体进行动词隐喻的一种概念化的工作机制，这意味着相关动作（域）的概念化、意象化隐喻认知运作思维渗透俄罗斯民族文化心智和社会文化活动、语言交际行为，成为表现相关动作事件的认知默认行为。一方面，"任何反映概念内容的语言现象实质上都是民族文化的隐性展示"（陈晦，2016：74）；另一方面，"隐喻本身是文化的构成成分，能够在很大程度上反映文化的内容，如信念、态度、行为方式等"（王守元，刘振前，2003：48）。俄语动词概念隐喻所产出的概念化内容具有深刻的民族文化背景和文化动因，以及相应文化内涵、特质。这可以从以下几个方面加以具体分析。

2.1 经验基础

从动作经验基础上讲，俄语动词概念隐喻同人的动作具身认知密不可分，或者说它是以动作的认知经验、认知体认作为基础。而这一经验基础（简化的经验集）包含丰富的民族文化底蕴以及动作文化习得内容，进而概念隐喻将语言主体意识中的文化想象自然带入其中，这就形成了俄语动词概念隐喻与民族文化之间的自然联系。不仅如此，动词概念隐喻的经验基础本身很大程度上也是文化的产物，这同样决定了它同文化之间密不可分的关系。"每一种经验都产生于一个大的文化预设背景……更准确地讲，一切经验都是全然文化性的，我们以这种方式体验着世界，以致我们的文化已然在经验本身之中得以体现"（Lakoff & Johnson，2003：58），并且"许多文化变迁都源于新的隐喻概念的引入和旧的隐喻概念的消失"（Lakoff & Johnson，2003：145）。从这一点看，俄语动词概念隐喻是基于身体经验、文化感知、文化体悟、文化意识等所产生的一种以此喻彼的概念化方法体系，据此形成表现和理解动作事件的另一概念体系。因而俄语动词概念隐喻同动作经验基

---

① 需要说明的是，本文所谈的概念隐喻并不局限于传统上的根隐喻或者基本概念隐喻（如"愤怒是火""生活是旅程""时间是金钱"），而是在动作认知表现中具有一定模式化特点和系统性特征的动词隐喻，范围远大于狭义模式的根隐喻，属于扩大了的概念隐喻。这样的概念隐喻虽然不具备根隐喻那样的衍射性、生成性，但在认知主体心目中同样具有典型的概念化和完形性的特征。诚然，概念化隐喻的核心在于根隐喻，"基本概念隐喻是一个文化的成员共享的普遍概念库存的组成部分"（胡壮麟，2004：93）；它体现文化主体同现实互动的早期认识，而除此之外，现代语言中隐含和存在着大量的作为根隐喻体现形式的次生性概念隐喻。

础及其背后的俄罗斯民族文化传统、文化现实息息相关，包含深刻的民族文化内涵。

进一步讲，与动作经验基础密切相关，俄语动词概念隐喻具有"体验动因本质"（葛建民，赵芳芳，2010：43），而这种基于身体经验的心理体验和觉知本身就是文化性的，是将文化性的体验内容转移到动作本体，形成本体动作的文化认知体认、文化感知意象。本质而言，"'概念隐喻'是体验的（embodied），……打上了深刻的民族文化烙印，潜藏于人民的行为规范与价值判断中"（肖家燕，2007：11），文化在概念隐喻感知体验活动中的作用无可替代。俄语动词概念隐喻伴有民族文化认知意象的体验性心理迁移，其显著特征是借由认知联想，形象、直观地呈现动作目标事件，同时也将民族文化认知信息刻录于动作事象之中，通过动作意象和文化语义特征的概念化转移及其所建立的联系，新的动作认知概念结构和文化表征内容逐渐沉淀、集聚于语言主体的文化活动经验以及民族文化意识，相应产生的动作性文化经验、文化记忆（文化遗传印记）则存留于动作事件"认知过程中的显示终端"（聂珍钊，2020：96）。

2.2　认知动因

从认知动因上看，俄语动词概念隐喻产生于民众社会活动和交际互动过程中认知世界、表达世界和传递相应思想现实的客观需要，是俄罗斯民族借助语言符号反映客观动作事件、主观感受和认知世界的结果。因此，它必然会将该民族文化性的认知行动力及相应认知识解内容融入动词事件的表征，形成丰富、独特的民族文化信息，这些信息所传递的是"社会文化环境中的说话人对某个或某些领域里经验的统一的理想化的理解"（张敏，1998：61）。基于认知动因在社会文化思想、文化精神、观念价值等领域的驱动和现实转化，动词概念隐喻会以概念化的方式反映、记载人的动作表现文化立场和价值意识，使相关动作行为及命题事件获得新的文化性识解和表征，动作概念意识和认知语义表达也同民族文化基本价值观建立起稳定的协调关系和一致性。这既反映和折射出动作事件中的民族文化内容和特征，又在很大程度上规制着文化之中的动作（事件）概念结构、概念系统，并且深入民族意识深处可观察并发现，"处于认知语境最根本部分的概念系统与人类所处的社会文化背景有着不可分割的联系"（陈勇，2005：4）。也因如此，动作事件框架（动作性、事体性）的文化根源和社会文化关联、概念基础在俄语动词概念隐喻中表现尤为突出，这背后起重要作用的其实就是其认知动因所相关的社会文化背景和民族文化精神传统及文化定式。

2.3 文化因子

从动作认知隐喻中"人"这一文化主体角度出发，可以清晰地看到动词概念隐喻的文化特性。很大程度上讲，俄语动词概念隐喻的文化特质可归结为是其中"'人'化"的因素，即融于"人类中心论""人本观"的文化因子的积极运作①：动作概念隐喻的构建和阐释（施喻与释喻）都以"人"这一文化、认知主体为核心，它始于"人"的文化表征现实需要，同时也终于"人"对文化的传递、领悟和认知识解。认知主体往往本着自身"人的世界"构建动作概念系统，即"以身喻物""以己喻物"的跨域映射（Lakoff，1994：42），而由于"人"本身即是社会文化和观念意志等因素的综合体，因此必然将相应文化因素和内容放置其中，完成"内在自我"（внутреннее эго）在动作表现之中的文化性展现和释放。因此，俄语动词概念隐喻本质上具有文化认知特性，这意味着一旦产生概念隐喻，往往触发动词及与其相关的概念语词（体词）的民族文化信息进入其中，并且其文化认知语义还会产生包孕、激活效应，将动词情景关联项一同纳入事件语义的文化、认知构式结构体。相应地，从内容分布上看，俄语动词所负载的概念隐喻内容已然超越纯语义层面的信息范畴，而担负起文化功能结构层面观念、认识、评判、态度、情感、价值、信仰等内容的传递、衍射功能，这些方面的信息无不渗透着同"人"的因素相交融的文化性价值内容，"人"成为内化于动词隐喻概念结构、动词义位的一个独特文化语义要素和价值参数。

2.4 表现形式

从表现形式上讲，俄语动词概念隐喻的表现方式是一个多维的文化认知结构体，它表象上直观体现的是动词喻义的衍生和动词语义的变化，深层所传递的或者关联的则是该动词的义化意象、文化先设、文化语义等内容。这

---

① "人类往往是从自我的角度出发去打量、观照、审视周围的环境，将自我作为衡量外部事物的重要标准尺度。"（林克勤，2022：99）从概念隐喻的话语动态方式和隐喻识解的动态认知语境和文化现实来讲，相关文化因子就是包含了"认知过程、话语目的、社会文化等因素"（单理扬，2019：97）在内的一系列动态文化内容单位、文化基原，而这些因子显然都带有极强的"'人'化"的文化主体烙印。

意味着动词概念隐喻是民族文化的积极载体和特殊文化模型①，而这实际上也是动词概念隐喻的一个典型特征。进而言之，俄语动词概念隐喻的文化认知结构体往往从文化认知语义层面折射出它所蕴含的各种民族文化因素，文化因素的大量存在和渗透能够凸显和深化动词概念隐喻的动作隐喻意象，使新的动作事象的表现打上鲜明的俄罗斯民族文化烙印，并在动词事件的认知表达中彰显出语言的民族文化特色。值得注意的是，文化因素所代表的是俄罗斯民族文化的各种基本成分内容，而在深层次上它更是该民族文化基因的核心要素和实体，社会行为规范和模式、价值观念、意识形态、宗教信仰、情感、精神、道德、法律、风俗、历史、传统、社会关系等都是该民族文化因素的来源，它们也构成对俄语动词概念隐喻的多角度文化性表征。其中文化传统、信仰、情感、观念、价值、精神等文化因素几乎内化为俄语动词概念隐喻元知识范畴，对于俄语动词概念隐喻认知概念结构的文化性理解至关重要，相关民族文化内涵信息十分有益于从文化视角厘清动词概念隐喻的"语义层次网络模型"（周榕，黄希庭，2001：163）。

3　俄语动词概念隐喻的文化运作

俄语动词概念隐喻借用动作喻体事件来体验、表现动作本体事件，使其获得认知语言世界图景的观念化、意象化呈现，并形成有关动作、事物的主观经验，建构动作概念化的文化表现和运作机制。在这一认知操作和表现过程中，既有动词事件语义文化认知因素的结构性参与，又有动作事件相关联的事物即情景参项文化因素的积极加入。两方面内容的概念隐喻运作借助文化认知映射得以实现，具体表现为动作事件认知域和动作事件参项的文化映射。而从范畴逻辑关系上讲，两种文化映射都伴随着隐性语义错置，即隐藏于施喻者的文化—认知思维之中的喻体动作情景与本体动作情景之间的"逻辑范畴错置"（彭玉海，2012：39），以及喻体动作主体、客体题元分别同本体动作相应题元参项之间的范畴错置。篇幅所限，以下主要以同"友谊/ДРУЖБА"精神场域有关动作事件的动词概念隐喻为对象，展开具体分析和讨论。

---

① 孙毅和王媛的研究注意到，"不同的文化模型也塑造和影响了人们的信仰、行为方式及其对世界和自身经历的讨论方式，因此，隐喻也不可避免地反映着不同民族与文化的个性"（孙毅，王媛，2021：136）。

3.1 动作情景文化映射

发掘并利用目标域和源域之间的联系，不仅可以刻画、描述动词事件语义，而且还可以真实、形象地传递和展现动词相应文化认知信息。动词概念隐喻运作中，本体和喻体之间的映射和概念域转移不仅有认知的关联，而且有文化联想、文化形象和文化心理上的连接。动词概念隐喻源于行为动作的空间知觉和感官经验，而这些物质感知行为同人所处的社会、文化活动紧密相连——"任何一种感官经验都源自特定的文化及社会环境"（刘晓宇，刘永兵，2016：8），动词概念隐喻所关联的认知语义背后有民族文化意象、信息的输入和民族文化因素与相应文化意识经验的因应和支撑。作为核心的隐喻认知加工机制，概念隐喻以认知意象跨域映射为其核心操作点和运作环节，认知映射构成动词概念隐喻的意象关联实质方式，也是其文化信息输传的基本路径。俄语动词概念隐喻通过认知映射将喻体动作事件的语义核心和意象图式迁移到动作本体的事件结构，这一映射本身同时也是文化认知内容和文化信息的折射和体现。从概念层次看，隐喻映射是上位范畴概念域之间的映射，并且在具体运作过程中，"除了概念隐喻元知识，建构或激活跨域映射还需要较完备的文化背景知识以及概念框架的支撑"（赵继政，陈春菲，周榕，2018：85）。而隐喻上位概念动作内涵具有极强的文化经验领悟性和文化意识基础，同时动作概念结构的动觉感知经验和具身认知性也十分突出。另一方面，在语言文化现实和认知、交际互动中，"由于熟悉的社会文化背景，在理解隐喻表达时，能够自动识别源域与目标域，并提取源域与目标域中相似的知识与特征等，从而自动建构起从源域到目标域的本体集对应和跨域映射"（赵继政，陈春菲，周榕，2018：85）。动词概念隐喻借由事象域的认知映射实现文化意象、文化蕴义、文化心理和体验的概念化跨域转移。

进一步讲，俄语动词概念隐喻文化映射分静态映射和动态映射。"隐喻映射是一个特征选择与聚焦的认知过程。……概念隐喻映射的'多源性'。"（黄兴运，谢世坚，2022：96）其中静态映射负责喻体动作显著属性和特征的提取，并通过这些共性特征的映射，形成相关动作概念域之间的本体集对应。而动态映射则负责将喻体动作域的推理模式（包括结构-意象关系模式）以及动态文化认知语境中的相关信息结构内容映现到本体动作域，完成相应的动作关系推理、建构。二者都同相关的文化认知信息内容存在密切联系①。下面分别对静态映射和动态映射进行讨论。

3.1.1　静态映射

俄语动词概念隐喻的文化认知运作涉及多个概念域，具体依动作喻体和本体之间的事件语义对应关系和特点而定。所谓静态映射是指文化主体立足于民族文化感知、文化定式和民族精神传统、认知统觉等，在文化意识中形成的动词情景事件区分特征的文化自觉性关联和映照，喻体动作中居于显著地位的、被突出的成分属性和特征②，亦即动词所表行为之中的某个侧面（profile）成为认知描述的关注点或注意焦点（attention focus），它构成动词概念隐喻的文化意象基础和文化思考出发点，同时也是对概念隐喻文化（运作）核心概念内容的概念化提取和组构，并在一定程度上决定着概念隐喻运作的文化实质和认知布局，所关联、释出的文化信息是相对稳定的。此时，喻体与本体动作核心特征在人的认识中是相对应的或者具有文化方面的对应性、呼应性，这也是其认知迁移的文化语义特征的重要表现。

对俄语动词概念隐喻的静态映射来讲，俄罗斯民族的社会文化历史和精神传统等方面文化"无意识"积淀发挥着极为重要的作用，本质上是对已有动作事件相关文化积淀在动词概念隐喻运作机制中的反映，具有"认知无意识"的文化事象迁移、文化自觉特点③。静态映射在动词概念隐喻不同场域都有相应体现。下面集中对其"精神"域相关事件范畴特征的静态映射展开讨论。例如：Но жизнь решила испытать их дружбу на прочность, и они обе влюбились в одноклассника Антошу（生活决意要检验他们之间友谊的牢固性）.（Шлейф старых обид ...//«Лиза», 2005）这是动词испытать（考验，检验）同 дружбу（友谊）所组构的概念隐喻④。其静态映射表现为：立足于喻体动作事件中"反复考察、检视"这一核心动作意象的认知体验和文化审视，将其作为区分性特征和概念成素映射到本体动作

---

① "概念隐喻的建构过程可分为静态映射与动态映射，而这两个阶段都需要文化背景知识以及概念框架知识的参与。"（赵继政，陈春菲，周榕，2018：85）
② "概念隐喻将事物归于某一类别的同时，要赋予它个性化的特征"（Арутюнова，1999：348），该特征的确定带有鲜明认知主体性的特点，是认知者心目中意向性特征的反映。从认知原则看，也是体认者认知主体性和心理感知的重要体现。
③ 认知的"无意识性"是指，尽管人们认识客观世界或进行语言交流都要经过感觉神经感知和一系列的心智活动，包括思维和图式化、概念化等，但这些加工过程是人们无法意识到的，下意识的思维决定了思维和认知结构。（章宜华，2019：2-3）
④ 为使描述简略化、整一化，文中只专门指出、分析核心概念语词"дружба"同动词之间的概念隐喻组构关系，而动词相关的其他题元语词或题元参项省略。下同。

事件之中，体现出俄罗斯民族意识中有关于"友谊"的可锤炼性、可检视性的文化认知，也反映出该民族围绕"友谊"可信性、真实性、持久性所形成的特殊文化感知和理解。Все блестящие забавы большого света представлялись ему ничтожными в сравнении с теми удовольствиями, которыми страстная дружба невинной души питала сердце его（炽热的友谊充满心中）。（Н. М. Карамзин）这是动词 питала（喂养，供养）同 дружба 所组构的概念隐喻，其静态映射表现为：立足于对"喂养"动作事件的认知体验，将"为……提供养分"这一典型概念结构特征（"滋养""养护""使……充实"）映射到本体动作事件的语义核心，体现出施喻者对"友谊"价值特性的文化认知和文化想象，同时赋予了"友谊"以生活经验感知的特殊文化意蕴。Быть может, их дружбу цементирует как раз то обстоятельство, что они не очень часто видятся, хотя в последнее время Алина подолгу живет в России, где тоже нашла применение своим предпринимательским талантам（友谊已然冰冻/冻结）。（А. Беляков）这是动词 цементирует（使硬化、凝固）同 дружбу 所组构的概念隐喻，其静态映射表现为：基于"使……硬化"物理动作实质和特征的认知，将"使事物变质"的动作特征意涵映现于本体动作事件，反映出俄罗斯民族对"友谊"状态的社会文化体悟，同时形象化地告诫人们："友谊"会因主客观因素产生变化而需要倍加呵护、珍惜。Неделю от Романа не было ни слуху ни духу, неделю я боялась поднять на Надежду глаза, и, возможно, загнулась бы наша дружба под тяжестью вины, если б не Роман（要不是因为罗曼，我们的友谊就会在过错的重压下夭折）。（В. Синицына）这是动词 загнулась（弯曲，弯折，卷折）同 дружба 所组构的概念隐喻，其静态映射表现为：通过对"夭折""死亡"典型动作特征、属性的感知，把"事物灭失、消亡"的文化感知和体悟映现到本体动作事件，体现出俄罗斯民族意识中对"友谊"的人性、生命特征以及精神生命价值的高度肯定和认识态度。«Святой троицы» из них не получилось: душит взаимная заклятая дружба（不共戴天/势不两立的友谊让人窒息）。（В. Аграновский）这是动词 душит（使呼吸困难，窒杀）同 дружба 组构成的概念隐喻，其静态映射表现为：将人对"窒息"典型动作特征的认知体悟映现到人对精神物质的文化感知特点上，体现出俄罗斯民族文化意识中"友谊"可能会折磨人、压迫人、使人窒息的特点，真实展现出"友谊"在俄罗斯民族心智中的特殊文化精神内涵和意象。Дружба крепкая не сломается ...（坚固的友谊不会折断/牢不可破）［Наши дети：Малыши до года（форум）（2004）］这是动词 сломается（裂碎，断裂）同 дружба 所组构的概念隐喻，其静态映射表现为：基于对"折断""断裂"动作概念核心和特征的经验认知，将事物变形、损毁的核心内涵映射于本体动作事象，反衬出俄罗斯民众对"友谊"品质的文化精神体悟与精神期待和信念。

3.1.2　动态映射

俄语动词概念隐喻的动态映射是指在静态映射基础之上，立足于动作本体和喻体之间的本质属性和特征的某（些）方面的象似性，而从事件认知的整体语义关系上进行动态化的概念结构映射，亦即在综合把握认知域所涉及的语义、文化、认知等各方面因素的情况下，将喻体事件的概念结构语义事件框架投射到本体动作域，实现动作事件的跨域映射。而就文化认知分析来讲，更为关注的则是动词概念隐喻所关涉的文化经验特质、文化体悟内容在动作关系中的动态转移和映射。动态映射的特点是隐喻映射运作过程中文化、语义、认知因素的积极调动和多维融合、协同运作，并且往往表现出多样性、丰富性的特点。"隐喻映射之所以如此丰富多彩，原因就在于作为构建隐喻的不同体认者能从各自独有的视角来体验世界和认知世界。"（黄兴运，谢世坚，2022：91）此时不仅有（不同）文化主体对本体、喻体事件语义的整体考量，更有其对当下情景要素表现、情景认知、情景关系等因素的即时、动态把握，以求能够赋予动词概念隐喻以活的（概念）意象内容和生命力，而这也是其"动态"映射的要义所在，许多新创隐喻、活隐喻即源于此，动词概念隐喻的灵活、生动、形象性也由此而生，其动作关系的推理和建构相应获得理想认知表现定位和价值指向，催生出动词隐喻的新创语义——包含相应文化认知特点的动词义位。

俄语动词概念隐喻动态映射本质上是认知主体借助文化自觉意识，在本体、喻体动作情景有机互动和对相关认知语境整体把握的情况下，所开展的动作事象、事件语义概念化转移和映现，它可以在具体、灵活的条件下激活有关动作事件的心理感知和经验意识内容，传达出文化主体对动作事件的当下文化认知体验，也使本体动作事件表征有了独特的文化语义内涵。因而动词概念隐喻相关文化认知内容很大程度上是主体的文化思维和定式以及民族意识在相应文化认知语境中的当下性外在转化、展现，俄语动词多义的语义衍变所涵纳的文化观念内容与此也不无关系。例如：— Хочешь — смейся, хочешь — нет, дружба в боях закалилась, — гордо сказал Цыган（友谊在战火中经历过锤炼）.（О. Дивов）这是动词 закалилась（淬火，硬化）同 дружба 组构的概念隐喻，其动态映射表现为：文化主体立足于对"淬火""锻造""捶打""磨砺"动作事件的认知体认，将喻体动作事件概念框架整体动态化地映现到抽象的本体动作事件域，由此生动、形象地展现出"友谊"的文化精神内涵和特性："友谊"来之不易，需要人生经历的洗礼和生活的磨炼，同时也彰显出俄罗斯民族对友谊的社会、人文和精神体验以及"友谊"的民族精神形象意蕴。Осознанное общение приводит к пониманию человека, понимание рождает дружбу, или хотя бы приятельство и осознание ценности данной личности для тебя（理解他人会产生友谊）.［Сегодня в топе блогов история учительницы (блог) (2008)］这是动词 рождает（使诞生）同 дружбу 所组构的概念隐喻，其动态映射表现为：结合文化主体对"生命"降生的经验认知，将"诞生""新生"动作事件的认知意象整体映射于抽象的本体事件，反映出俄罗斯社会对"友谊"渴望、期待的民族心理，以及文化精神层面上对其价值和可贵之处的高度认可。Ведь все они кормятся дружбой с нами, а не войной（他们都滋养在我们的友谊中/他们都生活在同我们的友谊之中）.（М. Н. Задорнов）这是动词 кормятся（吃，吃食）同 дружбой 所组构的概念隐喻，其动态映射表现为：通过对"获取滋养""靠吃……为生/谋取生活"动作情景的认知经验，形成相关的事件语义认知意象并将其动态化映现于抽象的本体事件域，显示出俄罗斯民族意识中"友谊"必需、不可替代的重要特点以及它类似于精神食粮的文化认知。А вот ты подумай: действительно ли ты хочешь безответственной фамильярностью отравить нашу нарождающуюся дружбу（不得体的亲密和热情会戕害/亵渎我们新生的友谊）.（В. Панюшкин）这是动词 отравить（毒死，使中毒）同 дружбу 所组构的概念隐喻，其动态映射表现为：立足于文化主体对"毒害""戕害""毒死"动作事件内容及性质、特点的认知，将喻体动作概念结构整体框架映射于抽象的本体动作事件，反映出民族意识中对"友谊"受到戕害、摧残的担忧和鲜明否定态度，折射出民众对"友谊"所具有的生命灵性和人性特点的精神—情感文化意识。Был период, когда упивался дружбой с Татьяной Дорониной и пропадал у нее каждый вечер（陶醉在友谊中）.（В. Вульф）这是动词 упивался［喝足（而感到惬意）］同 дружбой 所组构的概念隐喻，其动态映射表现为：借助于对物理层面"吃饱喝足"满足感的认知体认，将人对身体经验上心满意足的动作形象映射于抽象的精神内在动作事件域，生动、形象地表现出"友谊"给俄罗斯民众带来的内心惬意和精神享受，以及人们陶醉于其中的文化精神体验和美好心境。

另一方面，由于动词概念隐喻具有"联动隐喻"（彭玉海，2021：58－59）的特点，动作事件层（动作概念结构）会向动作情景角色层进行隐喻扩散①，动态映射自然向下延伸，它将动作情景参项卷入其中，带动事件相关项的文化认知联系和概念意识映照，形成动词概念隐喻之中事件参与者的文化映射和文化下向因果力，同时也形成相应文化认知辐射力。这成为俄语动词概念隐喻运作的第二个环节。

3.2　情景参项文化映射

动词概念隐喻不仅可以从文化方面进行表征，也可以从文化层面指意，而且还可以从动词的认知语义方面呈现一个民族的文化特色和传统，而这些内容往往可以透过动作情景参项的文化映射得到很好的体现，即动作事件整体蕴含的文化信息内容会转移、下放到事件参项的文化表现之中，借由后者得到进一步落实和具化。

作为概念隐喻表征的对象，人的动作行为所涉及的行为事件参与者本身就是文化载体、文化践行者，他必然将文化体悟、文化思考等内容带入相关事物实体项当中，这就形成了情景参项对动作事件框架的文化因应，这也是情景参项（题元名词、文化概念语词）进入动词构式会受文化因素制约的一个重要原因。俄语动词概念隐喻不仅会在动作本体和喻体之间产生经验相关性以及基于经验相似性所建立的认知映射，而且还进一步会将这种经验关系向动词左、右翼的事物项或体词辐射，与动作本体和喻体相关联的事物、结构和关系特征乃至知识文化背景等相应会自动激活，使本原上看似没有联系的事物概念产生联系，并形成概念化意象交织、映射，进而将喻体事物项的文化含义、文化信息投射、迁转到本体事物项②之中，形成动词概念隐喻中的情景参项文化下沉、文化伸延。这样，动作事件的文化认知推理带动了动作情景参项的文化关联和推理，俄语动词概念隐喻文化信息透过认知格式

---

① 这也被视为动词概念隐喻的"蕴含"特征，即它总是蕴含动作相关事体的内包或内嵌性质的隐喻。

② 动词概念隐喻中的喻体事物项和本体事物项分别指喻体动作和本体动作事件中的情景参项、题元参项。

塔方式关联于动词事件中的情景参项，并透过事件参与者的呼应体现出概念隐喻的文化信息内容。而这也是动词概念隐喻系统性、连贯性的一种具体、特殊的表现形式。应当看到，"经验具有完形感知结构"（文旭，叶狂，2003：3），动词概念隐喻中的情景参项是动作认知经验完形的积极体现和重要组成部分。此时，情景参项与动词隐喻框架共享一个结构性的隐喻蕴涵和文化预设，二者的概念隐喻之间往往是有规律可循的。

具体说来，情景参项文化映射模式包括由抽象事物到人的映射、由抽象事物到具体事物的映射以及由抽象事物到自然现象的映射。此外，一定范围内还存在由自然现象到人或到其他生命体的映射、由人到物的映射、由物到人的映射，乃至由抽象物到具体物的反逆映射。篇幅所限，这里只对前三种情况展开分析。

3.2.1 由抽象事物到人的映射

由抽象事物到人的映射是指在动词情景关系互动的认知促发、导引下所开展的抽象物情景参项与人之间的文化关联，即抽象事物向生命体事物的概念化文化意识联系、迁移。它所代表的是借由文化想象和"物的蕴含"（вещная коннотация）（Успенский，1979：151 – 152），把抽象的事物概念化为"人"这一生命体，这是具身（体验）认知在动词概念隐喻中的重要表现形式。例如：Дружба с Роланом открыла для меня умение ценить в человеке прежде всего талант, личность；заряжаться на творчество на 24 часа в сутки；воспитывать в себе доверие к собственном умироощущению（"友谊"发掘了我评价人天赋、个性的能力）.（А. Сурикова）这是动词открыла（打开，开启）同 дружба 组构的概念隐喻，通过抽象事物"友谊"向"人"这一生命体认知域的映射，反映出俄罗斯民族意识中"友谊"所具有的智慧性、理智性和灵动性，赋予了它以"'人'化"心性特征和生命力。И еще эта дружба подарила мне знакомство с замечательными людьми — Зиновием Гердтом，Михаилом Козаковым，Михаилом Жванецким（这一难得的机会赠予了我同杰出人士的相识）.（А. Сурикова）这是动词подарила（赠予，赠送）同 дружба 组构的概念隐喻，句中通过抽象"友谊"向"人"的意象映射反映出"友谊"的意志行动能力和突出的人际沟通性、人文精神价值，以及"友谊"能给予人精神、思想力量的文化认识，同时也体现出俄罗斯民众对友谊"给人馈赠"的感念和倍加珍惜的社会文化心理。Маркин поднялся по трапу, не ведая, конечно, что ждёт его дружба с замечательным человеком, который поможет ему взобраться на вершину; память о нем пронесет он через всюжизнь, и при взгляде на небо, солнце и звезды в Маркине будет щемяще-скорбно звучать: Казарка（美好的友谊在等待着马尔金）！（А. Азольский）这是动词 ждёт（等待）同 дружба 组构的概念隐喻，依托于人对"等待，等候"实体动作的认知体验以及相应的由抽象事物到生命体"人"的概念转移、映射，体现出俄罗斯民族意识之中对"友谊"人性关怀特性（"友谊"静候与人相遇）的文化认知以及人们对它的高度价值认同和心理期待。Друг, всем и тебе велит меня обличить дружба. Ты подобен врачам, они горькое горьким, а ты грех грехом врачуешь. Беснуюсь на служительские погрешности. Сие разуму не есть согласно（友谊让我敢于在你和大家面前袒露心扉）.（Г. Сковорода）这是动词 обличить（显露，展露）同 дружба 组构的概念隐喻，通过抽象物向"人"的物象化映射，体现出俄罗斯民族意识中"友谊"对民众的积极引导、教化和感召，传递出"友谊"的"教化""启迪"正能量文化意象和蕴涵。И между русскими и итальянцами возникли самые добрые, сердечные чувства, родилась дружба（友谊诞生了）.（Э. Рязанов）这是动词 родилась（出生）同 дружба 组构的概念隐喻，通过由抽象物到"人"的文化映射，揭示出俄罗斯民族意识所赋予"友谊"的"新生命"这一文化认知意蕴——友谊是新出生的生命/友谊是婴儿，同时也反映出民众视之如生命的民族认知和文化心理。Там царила дружба — от товарища по взводу до командира（那里到处洋溢着友谊）.（А. Розенбаум）这是动词 царила（做皇帝，统治……）同 дружба 组构的概念隐喻，基于对"统治，统御"喻体动作事件的体认，实现抽象事物向生命体"人"的跨域映射，反映出文化主体对"友谊"精神统领性（充满，笼罩）的文化认知以及对其精神价值的认可，同时透过这一文化意识，也体现出该精神对民众心灵的强烈作用和价值引导。

3.2.2　由抽象事物到具体事物的映射

　　由抽象事物到具体事物的映射是指动作情景中的抽象范畴事物同实体事物产生认知想象和联结，实现抽象概念事象向实体物象的概念化转移。它所体现的是借助人的文化经验和意识把非空间性的抽象事物映现为空间概念关系实体事物。这同样是人的认知体认、具身认知性对抽象概念域的作用，使得抽象事物获得了物质实象形式的认知体现。例如：Обращение на «вы» — не дистанция, а бережное отношение к собеседнику, если хотите, резиновые перчатки — чтобы не занести инфекцию в дружбу Вы не согласны? （使友谊被传染，感染）（М. Елизаров）这是动词 занести（инфекцию）（把……放入）同（в）дружбу 组构的概念隐喻，它借助对"物体移转"动作事件的身体经验，将抽象事物映现于事件结构要素的具体物象域，通过可能被感染的实物来表现"友谊"易受侵害的概念化意识，反映出主体心目中"友谊"娇弱，需要珍惜、呵护的文化认知。Помнится, Максим долго ревновал Вадима к Алексею Брюсу, относился к нему враждебно и несколько раз пытался эту дружбу разрушить, но ничего не получалось эти два кретина словно родились друг для друга （马克西姆几次试图破坏这一友谊）. （Э. Володарский）这是动词 разрушить（毁坏，拆毁）同 дружбу 组构的概念隐喻，通过原有喻体动作事件的认知联想，将抽象事物映射到可能被损毁的空间实物域，体现出"友谊"会受到伤害、破坏因而需爱惜的文化心理和认知，衬托出俄罗斯民族意识中珍爱友谊、捍卫友谊的文化意识。Я добросовестно старалась вылепить из всего этого дружбу （我满怀期待地努力从这一切点点滴滴中塑造出友谊）. （В. Белоусова）这是动词 вылепить（捏出，捏成）同 дружбу 组构的概念隐喻，这里将抽象事物映现于可捏就、可塑造的具体事物范畴，使"友谊"获得了具象的"可塑造性"、通过努力换来的"可成就性"，形象地反映出"友谊"所包含的人的（心力）付出、意志性这一社会文化认知和民族精神意涵。Дружба между нами цветет на всех уровнях: практически у каждого православного верующего есть друзья – мусульмане, теплые отношения существуют между представителями нашего духовенства, лично я при встрече с мусульманскими главами Среднеазиатских государств всегда ощущаю сердечность и радушие （友谊像花儿一样绽放）. ［митрополит Владимир（Иким）. ... А друзей искать на Востоке（1999）］这是动词 цветет（开放，绽放）同 дружба 组构的概念隐喻，它将"花儿"的物象及属性映射于抽象事物，表现出主体对"友谊"的美好、芬芳、优雅的文化认知和富于生命力的情感体悟，同时也反映出"友谊"在俄罗斯民族意识中的"美丽"化身这一精神形象，折射出该民族对友谊高度认同和青睐的文化心理，并且透过"花"的属性也映衬出"友谊"所包含的俄罗斯民众道德修养、精神追求与相应文化意识。Думаю, мешала в том числе моя в него влюбленность, а дружба может строиться только на равных（友谊只能建立在平等基础上）.（В. Соловьев）这是动词（может）строиться（修建，建造）同 дружба 所组构的概念隐喻，这里将抽象事物映现于建筑实体范畴，使抽象事物获得实体物质的特性，反映了俄罗斯民族对抽象"友谊"物象化的社会文化认知，即它需要建立在彼此真诚相待、平等交流基础之上，也体现出"友谊"在俄罗斯民众意识中的独特社会伦理基础及精神文化意象。

3.2.3　由抽象事物到自然现象的映射

由抽象事物到自然现象的映射一方面是指非物质概念向自然物、自然现象等特殊物质概念的认知转化，另一方面所体现的是人的精神理念这一抽象层面事物向不以人意志为转移的事物的文化性映照和投射。它以文化想象、展延的方式呈现认知主体对精神概念意象与自然力因素之间关系的观察、认识和文化心理体悟，同时也反映出俄罗斯民族心智和思想世界、认知当中自然物对抽象精神的特殊影响和作用。例如：И площадь озаряется светом желанной и сбывшейся дружбы（友谊之光熠熠生辉）.（А. Битов）这是动词 озаряется（闪耀，明亮）同（светом）дружбы 所组构的概念隐喻，文化主体借助于对"光（亮）"的感知经验和体认，将抽象事物映射于自然现象范畴，形象、真实地反映出俄罗斯民族意识中对"友谊"使人内心豁亮、愉悦、幸福、舒畅的独特体验和文化心理认识。«Все-таки молодец Эдик. Расстарался. Старая дружба не ржавеет!» — благодарно думал Кирилл Айдаров, вышагивая по коридорам РУБОПа следом загрозного вида оперативником（友谊被锈蚀）.（М. Баконина）这是动词（не）ржавеет（生锈）同 дружба 组构的概念隐喻，通过对于自然锈蚀动作事件的经验认知，将抽象事物映射于自然现象，赋予了"友谊"难免受到不利因素影响而可能发生变化的文化认知，也反映出俄罗斯民族对"友谊"的珍惜之情。Воспылала дружбой и как-то сказала с возмущением: «Вызнаете, что о вас говорят?»（燃起友谊的火焰）.（Ш. Шалит）Дружба сгорела, ножизнь-то продолжалась（О. Новикова）（友谊的火光燃尽了/友谊消失了）. Но если он на что-то обижается и их дружба угасла, то пусть так и скажет（他们的友谊熄灭了/消失了）.（С. Романов）这是动词

voспылала/сгорела/угасла（燃烧/烧尽/熄灭）分别同 дружбой/дружба 所组构的概念隐喻，通过主体对"火（火焰）"的形象感知和认知体验，将抽象事物映射于燃烧、熄灭的自然物，借由后者的自然属性和特征反映出俄罗斯民族对"友谊"所具有的强大精神力量和社会影响力的文化认知。Детский коллектив там многонационален，директор，педагоги，школьная дружина сумели создать атмосферу уважения，дружбы и сотрудничества среди ребят，воспитывают их в духе любви к Отечеству，нашему общему дому，уважения к традициям（营造尊敬、友谊和合作的气氛）．（В. Симонин）这是动词 создать（创建，塑造）同 атмосферу дружбы（友谊氛围）所组构的概念隐喻，通过把抽象事物向"大气，空气"这一自然物的映射，显示出"友谊"是一种氛围、气氛（空气），而认知上它又好比是可栖身其中的一座建筑，人们可以建设它、营造它、塑造它。这一方面反映了俄罗斯民族对"友谊"如同空气的文化认知，另一方面表明了俄罗斯民众对友谊的"构建"价值意识，以及人们积极建设、获取它并参与其中的文化智识，体现了民众渴望获得友谊、极为重视友谊的社会认知和文化心理。

4　结语

综上所述，动词概念隐喻是借由跨域映射表现目标动作事件的"神入性"（empathy）抑或心理共情性的普遍概念体系，是语言主体进行动作思考和行动表达的基本认知手段和概念化方式①，其由认知隐喻向文化世界的迈进代表着概念隐喻范围的拓展和认识内容的深化，是从文化认知维度对俄语动词隐喻的一种事件语义文化性描述和开掘，因而最终所呈现出来的是动作事件隐喻表征的文化认知世界图景（культурно-когнитивная картина мира）。研究显示，俄语动词概念隐喻的文化分析很大程度上是对动词在共时层面上所表达的不同动作概念之间经验相关性的文化性辐射关系展现；动词概念隐喻的文化分析对于探讨和验证概念隐喻理论的心理真实性以及隐喻认知工作机制（加工模式）和隐喻表征本质规律（深层实质和规律）具有极为重要的价值。从这一意义上讲，俄语动词概念隐喻不仅是对动作经验和

---

① 也因此，我们说俄语动词概念隐喻机制包含了语言主体、认知主体和文化主体三方面的"人类中心论"因素，也正是借助三者的多维融合、互动和积极运作，动词概念隐喻的显著文化认知特质得以建构。

认知的文化性阐释，同时也借由文化阐释形成了对客观世界的概念化主观识解——根据经验和逻辑重新解读世界，并由此建构起有关动作事件的朴素文化认知世界图景（наивная культурно-когнитивная картина мира）。因此，动词概念隐喻的文化认知分析是由语言世界图景向文化世界图景分析的有力延伸，而动词概念隐喻本身也成为隐喻文化思维进入"人"的社会文化现实的核心手段和运作机制。

参考文献：

陈晦，2016. "植物是动物"概念隐喻在英汉植物名中的投射［J］. 解放军外国语学院学报（3）：70－77.

陈勇，2005. 浅论隐喻的文化认知价值［J］. 中国俄语教学（2）：1－5.

葛建民，赵芳芳，2010. 论动作型动词的概念隐喻类型及机制［J］. 外语学刊（3）：43－46.

胡壮麟，2004. 认知隐喻学［M］. 北京：北京大学出版社.

黄兴运，谢世坚，2022. 体认语言学观照下隐喻映射的"多源性"研究——基于"愁"的概念隐喻分析［J］. 外国语文（3）：89－97.

林克勤，2022. 体认语言学的马克思主义实践观、人本观和历史观［J］. 外国语文（4）：96－102.

刘晓宇，刘永兵，2016. 英汉上下空间概念的隐喻——基于语料库的比较研究［J］. 西安外国语大学学报（1）：7－11.

聂珍钊，2020. 论人的认知与意识［J］. 浙江社会科学（10）：91－100.

彭玉海，2012. 试论俄语动词隐喻显性语义错置——俄语动词多义性的分析［J］. 外语与外语教学（5）：39－43.

彭玉海，2021. 俄罗斯民族文化概念"истина"的概念隐喻分析［J］. 外国语文（2）：53－61.

单理扬，2019. 论复杂系统理论在隐喻研究中的运用——以隐喻的话语动态分析法为例［J］. 外国语文（6）：93－100.

孙毅，王媛，2021. 隐喻认知的具身性及文化过滤性［J］. 深圳大学学报（人文社会科学版）（3）：136－143.

王守元，刘振前，2003. 隐喻与文化教学［J］. 外语教学（1）：48－53.

王松亭，1996. 隐喻的感悟及其文化背景［J］. 外语学刊（4）：63－66.

文旭，叶狂，2003. 概念隐喻的系统性和连贯性［J］. 外语学刊（3）：1－8.

肖家燕，2007. 《红楼梦》概念隐喻的英译研究［D］. 杭州：浙江大学.

张敏，1998. 认知语言学与汉语名词短语［M］. 北京：中国社会科学出版社.

张喆，2018. "人是树"本体概念隐喻研究［J］. 解放军外国语学院学报（2）：104 – 111.

章宜华，2019. 认知词典学刍论［J］. 外国语文（2）：1 – 10.

赵继政，陈春菲，周榕，2018. 概念隐喻对中英双语者隐喻表达理解的中介效应探析
［J］. 外国语文（1）：81 – 87.

周榕，黄希庭，2001. 时间隐喻的语义层次网络模型研究［J］. 心理科学（2）：163 – 166.

АРУТЮНОВА Н Д，1999. Язык и мир человека［M］. 2-е издание, исправленное. М.：
Языки русской культуры.

DRAGOESCUA，DRAGOESCU P，2012. Creative metaphors in poisonous plant names［G］//
GEORGETA R，FLORIN S，IONEL S，eds. Agricultural English. Cambridge：Cambridge
Scholars Publishing：177 – 188.

LAKOFF G，JOHNSON M，2003. Metaphors we live by⌊M⌋. Chicago：The University of
Chicago Press.

LAKOFF G，1994. Conceptual metaphor home page［DB/OL］.（1994 – 03 – 22）［2021 –
06 – 28］. http://cogsci. Berkeley. edu/lakoff/Metaphor Home. html.

УСПЕНСКИЙ В А，1979. О вещных коннотациях абстрактных существительных
［G］// Семиотика и информатика. Вып. 11. М.：Наука：146 – 152.

Cultural Analysis of Conceptual Metaphors of Russian Verbs

Peng Yuhai   Peng Wenzhao   Yu Xin

Abstract： As a typical cognitive model and cognitive operating entity, verb conceptual metaphors contain unique cultural connotations, profound cultural motivations, distinctive cultural images and prominent cultural mapping functions, and have become a very characteristic cultural-cognitive and semantic carrier and operating unit. Therefore, exploring the cultural, cognitive, and semantic issues of verb conceptual metaphors has become an important content and topic in the research of language world picture theory and conceptual analysis theory. On the one hand, this article will analyze the cultural connotation and characteristics of Russian verb conceptual metaphors in detail, on the other hand, on this basis, the cultural operation of Russian verb conceptual metaphors is mainly discussed through conceptualized dynamic-static mapping and scenario-participant mapping, and the cultural imagery and cultural semantic characteristics are described and interpreted. Related research will broaden the theoretical horizons of the analysis of conceptual metaphors of Russian verbs, help to deepen the understanding of the special relationship between conceptual metaphors and cultural connotation and cultural semantics. At the same time, it is beneficial to reveal the cultural cognitive essence of verb conceptual metaphors in depth, and can deepen the theoretical discussion of verb conceptual metaphors from the dimension of cultural cognition, and promote the refined analysis and description of Russian verb conceptual metaphors.

Key words: conceptual metaphors of verbs; static mapping; dynamic mapping; scenario mapping; participant mapping; cultural cognitive analysis

语言文化视域下传教士所编
成都方言词典和教材探析

蒋红柳

（四川大学外国语学院，成都610207）

摘　要：晚清被迫对外开放后，西方来华传教士开始增加，教会学校规模不断扩大。新到传教士的首要任务是学习汉语以便传教或成为教师和医生，并满足他们日常生活和交流的需要。传教士编纂的汉英词典和汉语教科书应运而生。这些词典和教科书根据实际需要编纂，其中大部分使用了传教士居住地区的方言词汇和日常会话。从语言文化的角度看，这些文献不仅反映了所在地当时的社会风貌和生活习俗，更为我们研究近代中国的地域文化、社会习俗和地域方言留存了非常宝贵的资料。许多传教士通过学习所在地汉语方言，逐渐融入当地社会生活，成为东西方文化的双向传播者，参与并促进了中西文化的交流互鉴，客观上对中华民族的现代化进程起到了一定的助推作用。

关键词：中华文化；西方传教士；成都方言词典和教材；地域文化

　　自鸦片战争西方列强用枪炮打开晚清国门后，天主教和基督新教逐步扩大了在华传教的规模。以四川为例，到1910年在川外国教会13个，传教士515人，建有6个布道总堂，其数量仅次于广东、江苏两省，位居全国第三（张丽萍，2004：7）。随着传教士和教会学校数量的不断增加，在华教会对传教士乃至教师的需求都在增加，新到传教士的首要任务便是学习汉语，以便能开门布道或胜任教师、医生等工作，同时满足日常生活沟通之需。由传教士编纂的汉英词典和汉语教材便应运而生，这些词典和教材大多采用传教士所在地区的方言词汇和日常口语为语料。从语言文化的视角，这些文献不仅反映了所在地当时的社会风貌和生活习俗，更为我们现今研究近代中国的地域文化、社会习俗和区域方言留存了非常宝贵的资料。但迄今学界对传教士所编成都方言文献的语言学研究及其所反映的当时社会文化的统合研究还很不充分，本文拟从方言及地域文化传承的视域对两部文献略做分析，以抛砖引玉。

1　传教士所编成都方言文献简介

近年国内再版了两部传教士所编成都方言文献。

一是中国内地会（China Inland Mission）传教士钟秀芝（Adam Grainger）编著，上海美华书馆于 1900 年出版的《西蜀方言》（*Western Mandarin, or the Spoken Language of Western China*），杨文波等校注，上海大学出版社 2017 年再版。据《西蜀方言》出版说明，钟秀芝为英国人，1889 年来中国，长期居住在成都金马街 37 号，1904 年创办"圣经学堂"，1921 年在成都去世。

二是加拿大基督教卫斯理会派遣来华的传教士、医学博士启尔德（Omar L. Kilborn）编著的《华西一年级学生汉语课程》[①]（*Chinese Lessons for First Year Students in West China*），1917 年由华西协合大学出版，是学习成都方言的中英文对照教材。目前国内有两个版本：（1）《英格里希绝配百年四川话》，张世光、袁庭栋、刘建和雷康译注，天地出版社 2016 年 1 月出版。该版本翻译了原书"前言"，汉字注音则用张世光参照《汉语拼音方案》编制的"张氏成都话拼音方案"替代了原书的罗马字母拼音。该版本保留了原著的繁体字、英译句子，翻译了原著的"注释"，另增加了对方言词汇的"解释"。（2）《民国四川话英语教科书（英汉对照）》（第 2 版），四川人民出版社 2018 年 10 月出版，该版本除四川大学华西医院廖志林撰写的"代序"及"出版后记"外，其余内容为收藏于加拿大多伦多大学图书馆的原件影印。该版保留了英文"前言"，罗马字母拼音等原著编写特色。启尔德于 1891 年来华，1892 年 11 月 3 日他在成都四圣祠北街 12 号开办的成都第一家西医诊所（今成都第二人民医院前身）开业，从此在成都行医传教 20 余年（岱峻，2021）。作为四川西医的开创者，他也是中国西部第一所现代大学——华西协合大学的主要创办人之一。

钟秀芝和启尔德的两部有关成都方言的文献出版间隔近 20 年，其内容恰好反映了从清末到民初的成都社会习俗、地域文化和方言特征。

---

① 该中文书名由笔者根据英文书名译出。鉴于目前国内出版的两个版本的中文书名并不一致，下文简称该书为《华西汉语课程》。

2 两部文献的编著特色

2.1 《西蜀方言》

据《西蜀方言》"前言"，该词典共收汉字 3786 个，含 112 个异体字、191 个不能确定本字的无字词，每个字用罗马字母注音，用例 13 484 条，含成语 401 条，所收例句均为当地人的日常口语。钟秀芝在介绍词典编排结构时强调了词典的编撰特色：第一部分是主要部分，按照部首进行编排。第二部分，包括无字词在内，按照字母顺序排列。词典附音节索引确保学生能根据语音找到与之对应的汉字。而英文索引则让本词典成为一部完整的英汉词典。词典附录有关家族宗亲关系称谓的介绍，则有助于理解中国人复杂的人际关系。在注音方面，钟秀芝对"内地会"所采用的罗马拼音系统做了一些修改，使之更接近成都方言的发音。对于汉字的释义，钟秀芝指出，由于在与不同的汉字搭配时单个汉字的字义会发生变化，因此，通常是每一种用法都给出一个例子，在英语翻译中，因不同的搭配而产生的不同词义则以斜体字标示。他还强调若一个字在文读（classical language）中有其他字义，该词典则只采用白读的释义（钟秀芝，2017：1-2）。该词典实则也是传教士学习成都方言口语词汇的教材。

2.2 《华西汉语课程》

与《西蜀方言》相同，启尔德同样选用日常口语为语料，共收例句 1005 条，每句均有英文翻译；前 100 句按句子的汉语语序逐字英译，前 200 句的每个汉字都用罗马字母注音，之后的 805 句也对难点字词做了标注。逐步减少对汉字的注音是启尔德学习汉语的经验之一，他在教材"前言"中写道：

> 罗马字母拼音仅在学习汉语的最初几个月作为辅助手段使用，它不是汉语的一部分，它只是对语音的提示，而非准确的记录。一旦学生能够不再借助拼音，就可以忽略并停止使用拼音。语音应是从一位或多位中国人口中学来，因为我们发现同一个字在不同的人读来是有差异的。在经过一段时间的学习后，我们应依据自己的经验和词典来判断某个字

应采用什么样的读音。① （启尔德，2018：12）

教材共编 32 课，每课设定一个生活场景，所有的词汇和对话围绕该场景展开，语言生动。阅读这些课文会让现今读者回到 100 年前的成都，仿佛看到彼时人们的行为举止，听到当时人们口中的成都话。我们还可以辨别哪些词语和方音仍在沿用，哪些已几乎消失。选取现实生活中的口语语料能让学生在学习二语的同时了解语言所承载的文化，这对我们现今的对外汉语教学及教材编写都颇具参考价值。

3　二语学习方法

3.1　注重口语学习

无论是《西蜀方言》还是《华西汉语课程》，都主张汉语学习应以当地方言口语为主。钟秀芝在前言中就述及，本书的名字（译注：副标题）"华西口语"（*The Spoken Language of Western China*）便已清楚地表明了本书的范围（钟秀芝，2017：1）。启尔德在前言中写道："在汉语学习中，就其重要性而言，听说能力居首；阅读能力相应地低得多；汉字书写能力则更要低得多。虽然这四个方面应当同时进行，但最重要的还是前两个，最后一个最不重要，至少在头一年如此。"（启尔德，2016：10）在前言的最后部分，启尔德再次强调了口语学习的重要性：

学习汉语的唯一方式就是说！同老师、厨师、苦力以及保姆说，同陌生人说。在路途中与同伴说，在乡间与农夫说，在旅舍和茶馆与同样住店或饮茶的人说。同时仔细地听他们谈话的重点，尽量抓住你能听懂的内容，即使只是其中的一个词语或只言片语。同时尽量做笔记，并在自学时加以研究。（启尔德，2018：15）

启尔德还鼓励新来的传教士在说汉语时不要怕出错，当地的中国人都非常友善，通常不会笑话一个正在学汉语特别是当地方言的外国人。启尔德对口语学习的强调无疑对现今的对外汉语教学和我们的外语学习均有很好的启示。

---

① 四川人民出版社出版的该书引文，由笔者译为中文，下同。

3.2 词汇的选择及学习

钟秀芝告诫学习者在学习词汇时要仔细区分发音相似但意思不同的词汇和短语，他举了两个例子："乘轿子"与"升轿子"①，"你们兴不兴"与"你们信不信"②。从所举例子可以发现，钟秀芝特别关注成都方言语音的一些细微变化，而这些都是学习汉语方言的难点所在。在这两个例子中钟秀芝对"乘""升""兴""信"所标注的声调与今读一致，但除"信"外，其余三个字的声母均标注为舌尖后音：SH，而今读则都是舌尖前音：[s]，表明清末的成都方言仍分平翘，而现在已基本不分了。

启尔德在选择方言词汇时有同样的考量："无论如何，我挑选了一些当我们一开始在这块土地上生活就需要长期使用的日常话语。我尝试直达目标，学习至少是在初期我们最需要的、形式上最简单的日常话语。"（启尔德，2018：8）现举两部文献采用口语词汇的例子：

例1："归一"（GWEI¹ I² [gui¹ yu⁴]）③。在《华西汉语课程》第六课，有一个句子是"扫归一了，就把东西还原（When you have finished sweeping put things back where they belong)"（启尔德，2018：64）。教材对"归一"的英文解释是 finished（结束），completed（完成），all in order（一切就绪），并说明是很常见的词汇。《西蜀方言》正文在"一"字的释义中也有两个例句："鞋子做归一了（the shoes are *finished*)"；② "都坐归一了没有（are they all seated *ready*)"（钟秀芝，2017：1）。两句中的斜体英文单词都对应"归一"，让学习者了解如何在口语中灵活使用"归一"。在注音上，《西蜀方言》"一"的拼音为"I⁵"，声调为五声（入声调），而启尔德标注的是二声（阳平调），显现两部文献在入声调上的差异。

例2："伸展"（CHEN¹ DJAN³ [cen¹ zan³]）。在《华西汉语课程》第二十九课，有一个句子是："好生熨（熨）伸展（Be careful to iron things out smooth.)"（启尔德，2018：253）启尔德对"伸展"的英文释义如下：straight（平整），smooth（平滑），without wrinkles（没有皱纹）。"伸展"是

---

① 成都方言的"乘"通常读作 [sén]，"升"则读作 [sēn]，这两个字的声韵母相同，只是声调一个是二声阳平（低降调），一个是一声阴平（中升或高平调）。
② 成都方言"兴"在"你们兴不兴"中的声调应为一声阴平 [xīn]，"信"的声调为四声降升调 [xìn]，在听感上差异还是比较明显，但在例句中，特别是读得较快时，其发音差异就不那么明显了。
③ 文中大写字母拼音为原著的罗马字母拼音，方括号中的拼音则为天地出版社 2016 年版的"张氏拼音"；拼音字母右上角的数字表示声调的调类，下同。

非常地道的成都方言词语，现今仍能在口语中听到，且含义还有延伸，如指小孩长得漂亮（帅气）：那个女（男）娃儿长得很伸展。《西蜀方言》在"伸"字的释义中提到该字可读为"SHEN^1"，如"伸冤"；也可读作"CHEN^1"，如"伸个懒腰（to stretch one's lazy body）"（钟秀芝，2017：17）。该字典的释义更丰富。同样，两部文献都将"伸"的声母标注为舌尖后音，而今读则是舌尖前音。

例3："皱皱"（DZUNG^4 DZUNG^1［zoŋˊ^4 zoŋˊ^1］）。《华西汉语课程》第二十九课紧接上述例2的句子如下："不要起皱皱（Do not get them wrinkled.）"启尔德对"皱皱"的英文释义为"wrinkled"（皱纹、皱褶）。他特别指出，"皱"通常读作 DZOU^4［zou^4］，但在华西读作 DZUNG^4［zong^4］，而且为了读音和谐，第二个"皱"变调为一声。《西蜀方言》中"皱"字的拼音为 TSONG^4（与启尔德略有不同），例句为"皱起的"。英文释义同样是"wrinkled"（钟秀芝，2017：410）。

钟秀芝与启尔德一样，也注意到了成都方言中叠字变调的情况，他指出通常第二个字的声调会提高，如"娃娃"（钟秀芝，2016：2）。他们观察到的叠字变调的规律与现今成都方言是一致的。根据《成都方言词典》，成都方言的两个阳平字构成的叠音名词，后字的声调变为阴平，即声调从低降变为中升或高平（李荣，1998：9）。这两个例子还表明成都方言的叠字变调规则近一百年来保持相对稳定。

在强调口语学习的同时，启尔德认为汉字书写虽然很难，但却是汉语学习必须要掌握的内容，他强调尽管他把写放在学习汉语的最后，但写却是最重要的，因为"只有会写汉字了，才会真正懂得它"（启尔德，2018：13）。启尔德在《华西汉语课程》前言中的论述很好地体现了其时西方传教士所推崇的汉语学习方法，即模仿儿童学习母语的过程，强调先学习口语，再逐步增加识字和学习书写，切实遵循先听说再读写的外语习得步骤。

4　成都方言音系

4.1　有无入声的问题

在成都方言语音描写和标注上，两部文献的记音方式基本一致，都采用其时标准的罗马字母拼音系统并针对成都方言语音的特点做了修订。两部文献在语音上的差异主要在入声是否独立上。《西蜀方言》所记成都方言的声调类型有 5 个，钟秀芝在前言中论及："西蜀官话的第 5 声有时很难与第 2

声区分，不像南方官话的第 5 声那样能明显分辨。但该声调仍是可区分的独立调，这与北方官话中该声调已归入其他 4 个声调不同。"①（钟秀芝，2017：2）对此，甄尚灵指出，这表明当时"西蜀方言"的入声虽不像"南方官话"入声那样短促（可能指带塞音韵尾），但是保持着一个独立的有别于阴、阳、上、去的调类（甄尚灵，1988：210）。按照钟秀芝的记载，成都方言在 19 世纪末时仍保持入声独立，只是一些入声调的特征已开始与第二声相近，即已有归入阳平的趋势，这与 20 世纪 40 年代初和 50 年代中后期在成都方言调查中发现的成都方言（城区）入声已归入阳平的演变是一致的。

启尔德（2016：12－13）的观点与钟秀芝有所不同："人们认为中国西部有全部五个声调；对多数地方来说确实如此。但有些地方——包括成都和重庆——却只有四个，因为第二声和第五声同义。成都人觉得，第五声极难分辨。因此，我冒昧地参照成都话和重庆话，只指出四个声调，而去掉第五声，并将其归入第二声。"启尔德的叙述其实表明当时的成都方言仍有入声，只是与阳平"极难分辨"罢了，进而在教材中将入声归入阳平。袁雪梅、邓英树（2020：170）便认为："当时成都话第 2 声跟第 5 声虽然读音不同，但是其对立性区别已经变得非常模糊，因此，启尔德在教材中不标记入声正是基于他学习成都话经验在教学中的权变。"编写教材的主要目的是让新来传教士尽快学会成都方言，因此有必要对两个极为相近且基本上不影响音义分辨的声调加以简化。此外，启尔德认为相较他知道的国内其他地区的方言语音，成都方言语音声调分类清晰，口语极具音乐性。

从语音历时演变的视角来看，钟秀芝和启尔德的两部文献出版时间跨度近 20 年；而从启尔德撰写教材到 40 年代初的方言田野调查，时间跨度也是 20 余年；再到接近 20 年间隔的 50 年代中后期的大规模方言调查，我们可以观察到成都方言入声从 19 世纪末到 20 世纪 50 年代中后期，这近 60 年间的历时演变情况②。参与 40 年代四川方言调查的杨时逢（1951）指出，其时的成都方言分旧派与新派，成都城外各乡大部分旧派方言都保持入声的存在。《成都方言词典》也指出："成都郊区的一部分与所属县市的大部分地

---

① 此处引文为本文作者根据书中英文译出，而书中此处的中文翻译有误。
② 20 世纪 40 年代初中央研究院史语所开展了较大规模的四川方言田野调查，共覆盖 134 个县；50 年代中后期由四川省教育厅、四川大学、西南师范学院和四川师范学院组成四川方言调查工作组，对省内 150 个县开展了方言调查。

区有五个声调，除市区四个声调外，还多一个入声［33］（入声在市区都读阳平）。"（李荣，1998：4）文中"成都郊区"是指紧邻中心城区的区域而非远郊，因此，入声独立是成都方言的一个较为复杂且独特的音系现象。

邻近成都城区的温江区就是方言语音演变的一个典型例子。20 世纪 50年代末的《四川方言音系》（甄尚灵等，1960）将温江区（其时为温江县）划为入声独立的地区；黄雪贞（1986）将四川方言中入声独立的区域称为"灌赤片的岷江小片"，温江仍在这个小片中。而《西南官话的分区》（李蓝，2009）则将温江划入成渝小片，即入声归阳平。可见，50 年来在城区不断扩展的过程中，成都方言的语音演变也在默默发生，温江区的入声消失应与其在岷江小片中离成都中心城区位置最近有关。现今距上述最近一次系统性方言调查又相隔了 60 年，成都方言入声独立的最新演变情况如何，非常值得我们再次开展较大规模的系统性田野调查研究。

需要特别指出的是，启尔德非常重视声调的学习，他在前言中写道：

> 故意轻视声调的时代已经一去不返了。但不幸的是，忽视声调的现象仍然存在。因为声调与音高等均是构成汉字的主要成份，而没有声调或声调不正确是蹩脚的汉语。他还引用另一位传教士的话来强调学习汉语声调的重要性：要知道一个汉字，就必须知道其声调。有关学习声调的方法，他赞同以训练听力为主，而不要先去了解是什么调类。因此，不要去问老师声调的问题，而是反复请老师读那个字，直到自己能确定该字的声调为止。（启尔德，2018：10 - 11）

这种学习汉语声调的方法今天仍可以在对外汉语教学中加以借鉴。

4.2　成都方言的语调特征

钟秀芝注意到成都方言语调与英语语调在话语功能上有一定的共性，如都可通过选择调核重音位置来实现相应的话语功能。他在前言中指出，成都方言句子的重音位置不同，有时其语义会有较大的差别，并举例说明："*hao ta ti si*"（好大的事），如果强调的是"大"（按照现代语音学理论重音落在"大"上），则句子的含义是：事有多大？（How big is the affair?）而如果强调的是"好"（即重音落在"好"上），则该句的意思是：多大的事！（What a big affair!）既可表示真实的感叹，也可表示讽刺（钟秀芝，2017：2）。

此外，启尔德注意到方言词汇和语音的地域性。他提醒学习者："土话方言仅是一个地方特有的词汇、表达或口音，通常是一个城市及其附近地区所特有。"（启尔德，2018：8）他举例说明在成都听到的一些词汇和说法在离开城区不远就听不到了，如："啥子 SHA⁴ DZ³〔sa⁴ zi³〕"，"那么个 LA⁴ MO³GO⁴〔la⁴ mo³ go⁴〕"或"啷个 LANG⁴ GO⁴〔lang⁴ go⁴〕"，"在那跟前 DZAI⁴ LA⁴ GEN¹ TSIEN²〔zai⁴ la⁴ gen¹ qian²〕"或"在那儿跟前 DZAI⁴ LER¹ GEN¹ TSIEN²〔zai⁴ ler¹ gen¹ qian²〕"。启尔德所举例子中"啷"的声调为去声（降升调），表陈述，意思是"那么"（王文虎等，2014：248）。如果"啷"的声调为上声（高降调），"啷个"〔lang³ go⁴〕则表疑问，意思是"怎么"，如："～搞的？他～还不来呢?"（李荣，1998：340）钟秀芝在《西蜀方言》中将"啷"归为无字词，以口字旁的"朗"表示，注音是 LANG³ 或 NANG³，示例为与"个"搭配，英语为"how?"（钟秀芝，2017：603），其英译表明是疑问的意思，其注音显示当时成都方言在边音〔l〕和鼻音〔n〕之间处于混用状态。

5　语言学习与文化融入

强调重视方言口语学习的结果之一，便是来华西方传教士言行上的入乡随俗。启尔德告诫新来传教士，应将在日常生活中遇到的当地人都作为自己的中文老师。他写道："我们应把第一年的大部分时间用于学习我们随时都要用到的词汇、短语和句子。我的意思是指那些存在于我们同佣人、老师、煤商以及其他人（他们都可以是我们的中文老师）的日常对话中的内容。"（启尔德，2018：8）启尔德在教材前言中所述及课文选取的内容，都真实地反映了其时成都社会的文化习俗、不同阶层人们的言谈举止和日常生活状况。如教材第一课在招呼"教书先生"时用"请进来"（原文：Please come in.）；而第二课在招呼"伙房（厨子）"时则用"进来"（原文：Come in.）。他接下来用英文解释了两个句子用法的差异："请"在这里被省略掉了，意思是"告诉"（telling）厨子进来；而在教书先生那句，则是"请"（inviting）老师进来。他进一步解释道："虽然在中国没有种姓制度，但却有阶级。而我们对自己可以很宽松，但我们应诚实地表示我们了解中国人的阶级差别并使用相应恰当的语言。"（启尔德，2018：32－33）启尔德在教材中提示的口语表达差异，以实例体现了语言对文化的表征功能，客观上对我们观察成都的社会文化及方言百年来的演变情况，对现今探讨如何更好地维护、传承我们的优秀文化和保护方言都具有很高的参考价值。

启尔德在前言中还描述了学习成都方言时的趣事："中国文人口中的千言万语，我看没有理由不加以利用。我最初的一位中文老师详细地给我解释了为何不要用成都人常说的带儿化的俗语'这儿 DJER[1]［zer[1]］'和'那儿 LER[1]［ler[1]］'；而应说'这 DJE[4]［zê[4]］'和'那 LA[4]［la[4]］'。"但一两天后当启尔德在院子里呼叫那位老师时，"他马上就大声应到：'在这儿！' DZAI[4] DJER[1]［zai[4] zer[1]］"（启尔德，2018：8）启尔德用这个例子来佐证自己为何主张应尽量通过日常口语词汇和句子来学习当地方言。

日常如何与中文老师互动？启尔德也给出建议："我们始终要把我们的中文老师当作绅士对待，这样做绝不会失望。稍加考虑的机巧和善意会大有帮助，如在下午长时间学习的中途，特别是当天气暖和时，为老师奉上一杯香茗。对我们而言几无破费，但却能极大地促进我们和老师的融洽关系。"（启尔德，2018：9）他的这番劝导似在提醒新来华的传教士，尽量遵守中国尊师的文化传统和恰当的人际交往习俗。

6　余论

以传教士所在地的日常口语方言为语料，既满足了初次来华且不懂汉语的西方传教士传教及日常生活所需，也让他们通过学习当地方言了解所在地的社会习俗和文化特质。一方面，来华传教士通过语言学习较快地融入当地社会；另一方面，他们用入乡随俗的言行赢得当地民众的认同，拉近彼此的距离，使得中西文化的互鉴、互融得以发生，客观上成为中西文化交融的中介。

传教士所编著的汉语教材和词典，对其时的中国社会文化习俗、方言特征等做了较细致的记录和描写，具有很高的近代汉语方言和地域文化史料价值，是开展近代区域方言和地域文化演变研究的宝贵资料。从近代西方传教士所编汉语方言文献反观地域文化，让我们能更清醒地认识到方言作为地域文化的重要载体，真实地反映和表征了当时的社会文化风貌。我国各地方言通常拥有悠久的历史，是与地域文化共生的产物，在形成过程中彼此相互依存促进，要传承优秀文化，就需要在推广通用语的同时，传承保护地域方言。

我们从留存下来的这些清末民初汉语方言文献也可观察到，西方传教士对所在地的社会习俗和文化了解越深入，越会在传教方式乃至对待传教对象的态度及言行上发生变化,进而有入乡随俗并融入中华文化的趋向,从一个侧面再次证明了中华文化的包容、融汇特质和坚强韧性。近代西方基督教文化的传入历程与中华民族从落后挨打到寻求复兴之路的探索历程多有重叠。集华夏各地域文化之大成的中华文化既有坚强的韧性、强大的生命力和亲和力,也有吐故纳新、融汇外来文化进行自我改造的能力,这不仅体现在中华民族延绵数千年的悠久文明和多元一体的文化特质上,更体现在海纳百川,或主动或被动地吸纳、融合外来文化上。探析百年前西方传教士所编写的汉语方言文献,不仅能让我们获取有价值的近代地域方言和文化史料,以研究语言和文化的演变,还能让我们对中华文化有更深刻的认知和更坚定的自信。

参考文献:

岱峻,2021. 百年华西医学:启氏家族的成都记忆 [J]. 同舟共进 (10):52-56.

李荣,1998. 成都方言词典 [M]. 梁德曼,黄尚军,编纂. 南京:江苏教育出版社.

启尔德,2016. 英格里希绝配百年四川话 [M]. 张世光,袁庭栋,刘建,等译注. 成都:天地出版社.

启尔德,2018. 民国四川话英语教科书:英汉对照 [M]. 2版. 成都:四川人民出版社.

王文虎,张一舟,周家筠,2014. 四川方言词典 [M]. 2版. 成都:四川人民出版社.

杨时逢,1951. 成都音系略记 [J]. "中央研究院"历史语言研究所集刊 (23上):289-302.

袁雪梅,邓英树,2020. 《西蜀方言》音系性质辨 [J]. 四川师范大学学报 (社会科学版) (3):167-174.

张丽萍,2004. 相思华西坝——华西协合大学 [M]. 石家庄:河北教育出版社.

甄尚灵,1988. 《西蜀方言》与成都语音 [J]. 方言 (3):209-218.

甄尚灵,郝锡炯,陈绍龄,1960. 四川方言音系 [J]. 四川大学学报 (专号) (3).

钟秀芝,2017. 西蜀方言 [M]. 杨文波,黄自然,杨昱华,等校注. 上海:上海大学出版社.

An Analysis of Chengdu Dialect Dictionaries and Textbooks Compiled by Missionaries from the Perspective of Language and Culture

Jiang Hongliu

Abstract: After the late Qing Dynasty was forced to open up to the outside world, the number of Western missionaries to China began to increase, and the scale of the mission schools continued to expand. The primary task of new missionaries is to learn Chinese in order to preach or be teachers and doctors, and to meet their needs of daily life and communication. Thus, Chinese-English dictionaries and Chinese textbooks compiled by missionaries came into being. These dictionaries and textbooks were compiled based on practical needs, and most of them used vocabulary of dialects and daily conversations in the areas where missionaries lived. From the perspective of language and culture, these documents not only reflected and reproduced the social features and living customs of the locality at that time, but also retained very valuable materials for our current research on regional culture, social customs and regional dialects of modern China. By learning local Chinese dialects, many missionaries gradually integrated into the local social life, became two-way communicators of Eastern and Western cultures, participated in and promoted the exchange and mutual learning between Chinese and Western cultures, and objectively played a certain role in promoting the modernization process of the Chinese nation.

Key words: Chinese culture; Western missionaries; Chengdu dialect dictionaries and textbooks; regional culture

本科英语专业学生长文写作教学初探

邱惠林

（四川大学外国语学院，成都610207）

摘　要：对本科英语专业学生而言，听、说、读、写、译是五个基本语言技能。写作能力是其中很重要但又很难提高的一项，需要充分的阅读材料的输入和长期的写作练习的输出，二者缺一不可。在本科英语专业低年级学生已经掌握基本句子和段落写作的基础上，英语长文写作是一个整合后完整形态的写作。对分类长文的学习、阅读、模仿、内化和创新是提高英语长文写作能力的必由之路。

关键词：本科英语专业学生；长文写作；教学

根据最新的《普通高等学校本科英语专业教学指南》（2020），英语专业的培养目标如下：英语专业旨在培养具有良好的综合素质、扎实的英语语言基本功、较强的跨文化能力、厚实的英语专业知识和必要的相关专业知识，能适应国家与地方经济建设和社会发展需要，熟练使用英语从事涉外行业、英语教育教学、学术研究等相关工作的英语专业人才和复合型英语人才。该指南对本科英语专业提出了如下能力要求：本专业学生应具有良好的英语语言运用能力、英语文学赏析能力、英汉口笔译能力和跨文化能力；具有良好的思辨能力、终身学习能力、信息技术应用能力、创新创业能力、实践能力和一定的研究能力；具有良好的汉语表达能力和一定的第二外语运用能力。对本科英语专业学生而言，扎实的英语语言基本功包括听、说、读、写、译五个方面，而良好的英语语言运用能力则对应听、说、读、写、译五个基本语言运用能力。

英语写作教学在训练学生英语书面表达能力的同时，能够培养和提高学生独立从事实际工作所需要的分析和解决问题的能力，为国家经济建设和社会发展输送高质量、高水平的英语人才。在听、说、读、写、译五个基本语言技能中，英语写作能力是很重要但又很难提高的一项，需要在充分的阅读材料的输入基础上，进行长期的写作练习的输出，二者缺一不可。在英语专业低年级学生已经掌握基本句子和段落写作的基础上，英语长文写作是一个整合后完整形态的写作。在教学中需要对分类长文进行基本理论知识的引入、经典文章的阅读反馈、模仿主题并布置作业、反复修改后终成定稿来完成整个教学链条，提高写作能力。对分类长文的学习、阅读、模仿、内化和创新是提高英语长文写作水平的必由之路。

1　记叙

记叙（narration）就是讲故事（telling a story）。如何抓住听众或者读者的注意力，使其有兴趣读下去，是记叙文的关键。记叙文的篇幅可长可短，主题可谐可庄，即使在非小说类作品比如传记中也可以发现它的踪迹。在 W. 杰克逊·贝特（W. Jackson Bate）撰写的塞缪尔·约翰逊（Samuel Johnson）的传记中，有一段关于约翰逊博士与朋友走到山顶的小故事："... delighted by its steepness, said he wanted to 'take a roll down'. They tried to stop him. But he said he 'had not had a roll for a long time,' and taking out of his pockets his keys, a pencil, a purse, and other objects, lay down parallel at the edge of the hill, and rolled down its full length, 'turning himself over and over till he came to the bottom.'"（Kennedy & Kennedy, 1985：23）此段记叙显示了博学多才的大学问家约翰逊博士任性和俏皮的真实一面。记叙文的写作需要设定一个叙事角度，比如第一人称（1st person narrator）叙事角度或者第三人称（3rd person narrator）叙事角度。要像新闻记者（news reporter）那样问 6 个问题：What happened? Who took part? When? Where? Why did this event (or these events) take place? How did it happen? 这些问题可以用 "the 5 Ws and the H" 来概括。记叙文的写作策略有两种：按场景来写作（by scene）和采用概述的方式写作（by summary）。前者重细节，后者重概括。记叙的顺序可以是按时间先后顺序（chronological order），也可以是倒叙（flashback）方式。

在提供范文杰克·康纳（Jack Connor）的《拼写重要吗？》（Will Spelling Count?）后，教师可以引导学生找出本文的逻辑联系并据此将文本分成五个部分。作者以时间先后顺序，从第一人称叙事角度，通过对学生问的关于拼写的问题 "Will spelling count?" 的前后不同回答，反映出写作教师对拼写态度的变迁。同时，文中开头有伏笔（foreshadowing），结尾有呼应（echoing）："Frowning, taking my pipe out of my mouth, and hesitating, I would try to look like a man coming down from some higher mental plane." 但回答是截然不同的：一开始是"No, of course it won't."而结尾却是"Yes. Of course it will."此文切合学生对写作中拼写问题的关注，也糅合了记叙文的多个重点要素。布置的作业可以自由选题，让学生选择有话可说的题目，言之有物，写出来饶有生趣。

2 描写

描写（description）就是用感觉来书写（writing with your senses）。生活中离不开描写某人某事或者听闻别人描写某人某事。描写一般而言有两大目标：一是客观无偏见地呈现信息（to convey information without bias or emotion），二是带感情地呈现信息（to convey information with feelings）。前者对应的是客观性的描写（objective, impartial, public or functional description），适用于技术性或科学性的描写文稿，如使用手册；而后者对应的则是主观性的描写（subjective, emotional, personal or impressionistic description），适用于杂志广告、友人信件、文学作品等。在描写中，细节是灵魂。精彩的细节捕捉可以让读者对一篇描写文章过目不忘，久久回味。

范文《学会写作》（Learning to Write）中，作者罗素·贝克（Russell Baker）细致刻画了自己11年级时的写作课老师福立戈先生（Mr. Fleagle）刻板又不失可爱的形象。全文"整洁"（prim 或 primly）一词使用多达13次，这个"整洁"的细节令人印象深刻："To me he looked to be sixty or seventy and prim to a fault. He wore primly severe eyeglasses, his wavy hair was primly cut and primly combed. He wore prim vested suits with neckties blocked primly against the collar buttons of his primly starched white shirts. He had a primly pointed jaw, primly straight nose, and a prim manner of speaking that was so correct, so gentlemanly, that he seemed a comic antique." "The idea of prim Mr. Fleagle plucking his nipple from boneless gums was too much for the class." "Your pronouns need an antecedent, don't you see, he would say, very primly." "Even Mr. Fleagle stopped two or three times to repress his prim smile."

在实际写作教学实践中，记叙和描写常常是同时使用的。布置作业时可以让学生自行选择感兴趣的话题进行书写。笔者曾给学生布置一个写"mini-story"的作业，要求采用欧·亨利（O. Henry）式的结尾，其中一篇习作如下：

The Mystery of the Disappearing Mice

It being a rainy day, I did not go out and helped my grandmother do some cleaning. Dark and damp, the basement was the most difficult part of the cleaning and the last place I would like to visit at home. At that time, something amazing happened. In the corner of the basement were five little mice, lying side by side. They were pink and thumb-sized, which was tremendously different from what I had thought. I was so excited that I went to call my sister immediately. We went back to the spot as quickly as possible, only to find that those little mice had disappeared. Where had they gone? Had they been saved by their parents? Had they run away themselves? The sudden disappearance of the mice created a surge of curiosity in me. However, when I looked at the door, I suddenly found out the truth. There lay a brown cat, stretching itself with its bulgy abdomen.

此习作言简意赅，叙述生动，描写细致，结尾出人意料，符合作业要求。

布置记叙与描写结合的作业时，还可以让学生原创一个童话故事（fairy tale），要求尽量多地使用修辞手法，重细节表达，并借此故事表达一定的寓意。

3　示例

示例（illustration）就是举例佐证（pointing to instances or giving examples）。生活中简单的示例就是给出一个概括性的句子，然后用例子来佐证。写作中的示例文章则是对一个话题进行多方面的举例佐证，会用到记叙、描写、类比等方法。

范文《森林完蛋了》（Down with Forests）作者查尔斯·库拉特（Charles Kuralt）通过他在巴尔的摩一家咖啡店用早餐时所接触到的纸制品和报纸（都是用 paper 一词）来表达对森林资源日渐遭到破坏的隐忧："...I was waiting for breakfast in a coffee shop the other morning and reading the paper. The paper had sixty-six pages. The waitress brought a paper place mat and a paper napkin and took my order, and I paged through the paper. I put the paper napkin in my lap, spread the paper out on the paper place mat, and read on ...I opened a paper sugar envelope and tore open a little paper cup of cream and went on reading the paper ...And to the paper industry, I thought. Clear-cutting is one way to get a lot of paper, and we sure seem to need a lot of paper ...I looked for the butter. It came on a little paper tray with a covering of paper. I opened a paper package of marmalade and read on ...The eggs came, with little paper packages of salt and pepper. I finished breakfast, put the paper under my arm, and left the table with its used and useless paper napkin, paper place mat, paper salt and pepper packages, paper butter and marmalade wrappings, paper sugar envelope, and paper cream holder ..." 文末最后一句 "...and I walked out into the morning wondering how our national forests can ever survive our breakfasts" 点明了全文的中心思想：纸制品的广泛使用是森林资源日渐减少的重要原因。咖啡店里的所有纸制品和阅读的报纸成为其佐证。

4 对比反差

对比反差（comparison and contrast）就是把事物摆在一起（setting things side by side），比较异同。对比（comparison）指向相同点，而反差（contrast）则指向不同点。在写作目的上，与描写类似，对比反差也分为客观型和主观型。客观型对比反差只是客观呈现异同，不用分出高下；而主观型对比反差则必须在呈现异同后做出评价和判断。在写作过程中，对比反差的结构安排有两种模式，一个是按主体（subject by subject）进行结构安排，另一个则是按要点（point by point）进行结构安排。前者依次列举出两个或多个主体所有的要点；而后者则以要点为纲，依次列举出两个或多个主体在同一方面的不同表现。

在范文《整洁人对邋遢人》（Neat People VS. Sloppy People）中，苏珊·布里特（Suzanne Britt）以幽默的笔触比较了整洁人和邋遢人的不同，文章题目中的 "VS" 就是对比反差的典型标志。第一段就体现出这是一篇主观型非主流对比反差文章："I've finally figured out the difference between neat people and sloppy people. The distinction is, as always, moral. Neat people are lazier and meaner than sloppy people." 接着，作者采取按主体（subject by subject）的模式，呈现了两个人群的特点。邋遢人的特点体现在每段的主题句中：（1）"Sloppy people, you see, are not really sloppy. Their sloppiness is merely the unfortunate consequence of their extreme moral rectitude."（2）"Sloppy people live in Never-Never-Land. Someday is their metier." (3) "For all these noble reasons and more, sloppy people never get neat." (4) "Sloppy people can't bear to part with anything. They give loving attention to every detail." 整洁人的特点随后亦一一呈现：(1) "Neat people are bums and cold at heart." (2) "Neat people don't care about process." (3) "The only thing messy in a neat person's house is the trash can." (4) "Neat people are especially vicious with mail." (5) "Neat people place neatness above everything, even economics." (6) "Neat people are no good to borrow from." (7) "Neat people cut a clean swath through the organic as well as the inorganic world. People, animals, and things are all one to them." 通过对比两类人群，作者的评判显而易见：邋遢人更可爱也更有温度。

对比反差类文章是学生比较喜欢阅读和练习的类型，就像罗素所说，竞争是人之本性，竞争无处不在。胖人 VS 瘦子，社恐 VS 社牛，宅男宅女 VS 户外达人，等等，这些话题在日常生活中俯拾皆是。如果换一种非常规非主流的眼光来审视和比较，配以丰富的修辞运用，会有不一样的思考和写作体验。

5 过程分析

过程分析（process analysis）就是一步一步加以解释（explaining step by step），说明一件事情是如何完成的。生活类杂志不乏此类例子，比如一道菜的做法、如何减肥、DIY 攻略等。过程分析分为指导型（directive）和信息型（informative）两类。前者告诉读者如何做一件事，着眼于"How to do something"，比如"How to eat an ice cream cone without dribbling"；而后者则说明一件事是如何发生的，关注"How does something happen"，比如"How the dinosaurs disappeared"。

范文《如何写私人信件》（How to Write a Personal Letter, by Garrison Keillor）属于指导型（directive），全文可分为三个部分。第一部分说明写私人信件对害羞的人群意义重大："We shy persons need to write a letter now and then, or else we'll dry up and blow away. It's true. And I speak as one who loves to reach for the phone, dial the number, and talk. The telephone is to shyness what Hawaii is to February; it's a way out of the woods. And yet: a letter is better." 第二部分说明写私人信件的步骤：(1) "The first step in writing letters is to get over the guilt of not writing. "（2）"Some of the best letters are tossed off in a burst of inspiration, so keep your writing stuff in one place where you can sit down for a few minutes ..."（3）"A blank white 8'×11' sheet can look as big as Montana if the pen's not so hot—try a smaller page and write boldly. Get a pen that makes a sensuous line. Get a comfortable typewriter, a friendly word processor—whichever feels easy to the hand. "（4）"Sit for a few minutes with the blank sheet of paper in front of you, and meditate on the person you will write to, let your friend come to mind until you can almost see her or him in the room with you. "（5）"Write the salutation—Dear You—and take a deep breath and plunge in. "（6）"If you don't know where to begin, start with the present: I'm sitting at the kitchen table on a rainy Saturday morning. "（7）"Take it easy. "（8）"Don't tear up the page and start over when you write a bad line—try to write your way out of it. "最后一部分点明了私人信件的巨大和持久价值："You can't pick up a phone and call the future and tell them about our times. You have to pick up a piece of paper. "

　　在布置作业时，学生可以在指导型和信息型两种类型中任选一种。动手能力强的往往偏爱前者，爱阅读而知识储备丰富的则往往倾向于后者。

6　分开和分类

　　分开和分类（division and classification）中，二者的写作对象和目标都有差异。分开（division）就是把同一事物分成几部分（slicing into parts），比如成都市的主城区有武侯区、锦江区、青羊区、成华区、金牛区、高新区。而分类（classification）则是把几个或者若干事物根据一定的标准拣选成不同的类别（sorting into kinds），比如垃圾可分为可回收物、有害垃圾、厨余垃圾和其他垃圾。在分开型写作中，要确保对写作对象有准确的认知；而在分类型写作中，要保持分类标准的统一。

　　范文《仅仅是一个纸的世界》（It's Only a Paper World）中，凯斯琳·福瑞（Kathleen Fury）根据办公室文员处理纸质文件的习惯，把它们分成五类，分别对应习性相同的某一种动物：（1）河狸："The beaver uses paper to build. It may not be exactly clear to observers just what she's building, but deep in her genetic code she knows. "（2）松鼠："The squirrel's desk, by contrast, is barren. Throughout the year, in all kinds of weather, the squirrel energetically stores away what her brain tells her she may need someday. ”（3）乌鸦：“Crows are responsible for such paper-management advice as ‘Act on it—or throw it away,’ They are deeply drawn to paper shredders, crash compactors and outsized waste receptacles and will buy them if they happen to work in purchasing. ”（4）蜜蜂：“The clever bees are among the wonders of the corporate world. A bee neither hoards nor destroys paper; she redistributes it, moving from office to office as if between flowers. Whatever her methods, she ensures that paper floats outward and does not return to her. ”（5）负鼠：“While others of the species hoard, distribute and destroy paper, the possum follows the evolutionary dictates of all marsupials and carries it with her. Instead of a pouch, the office possum has a briefcase—in some cases, several. ”最后，作者以幽默的笔触道出了第五类负鼠文员的价值：“But in nature, all things serve a purpose. And if the office burned down, the lowly possum would be the sole possessor of the paper that is the raison d'etre of all the other animals. ”

7　因果

因果（cause and effect）类可分为因和果。前者问的是为什么（asking why），后者问的是然后呢（and then）。相对而言，对原因的探讨和研究难度更大。原因可以分为直接原因（immediate cause）和间接原因（remote cause）。前者是表层的，而后者则是深层次的。根据原因的重要性，可分为主要原因（major causes）和次要原因（minor causes）。当一件件事接二连三发生，产生连锁反应，由小事酿成“千里之堤毁于蚁穴”的灾难性后果时，这种现象被称为原因链条（a causal chain）。一首经典的鹅妈妈童谣（a mother goose rhyme）可作为范例：

> For want of a nail the shoe was lost,
> For want of a shoe the horse was lost,
> For want of a horse the rider was lost,
> For want of a rider the battle was lost,
> For want of a battle the kingdom was lost —
> And all for the want of a nail. （Kennedy & Kennedy, 1985：342）

为了探究人物行为的深层次原因，著名文学评论家肯尼斯·伯克（Kenneth Burke）认为在写作一篇探索原因的文章时，要先问自己以下五个问题：（1）"What act am I trying to explain?"（2）"What is the character, personality, or mental state of whoever acted?"（3）"In what scene or location did the act take place, and in what circumstances?"（4）"What instruments or means did the person use?"（5）"For what purpose did he or she act?"伯克把这些问题称为五个一组（a pentad or set of five）：行为（the act）、行为人（the actor）、场景（the scene）、途径（the agency）和目标（the purpose）。通过探究这五个问题，就能写出比较完整的合理的溯因文章。

在后果类文章的经典《我的园林》（My Wood）的开头，E. M. 福斯特（E. M. Foster）写到他用出书的稿费买了一个园子，然后探讨这个园子给他带来的四个后果：首先，它让我大腹便便。（In the first place, it makes me feel heavy.）其次，它让我觉得园子可以再大点儿。（In the second place, it makes me feel it ought to be larger.）再次，虽然心中一片茫然，财产使拥有者"我"感觉"我"可以对它做点什么。（In the third place, property makes its owner feel that he ought to do something to it. Yet he isn't sure what.）最后第四点，外人入我园子采摘黑莓时，我当如何自处？（And this brings us to our fourth and final point: the blackberries.）在结尾处，福斯特用简练而幽默的笔触总结了四大后果，这个园子带给他的坏处多于好处：过于肥胖，贪婪无比，装作富有创意，而且极为自私。（Enormously stout, endlessly avaricious, pseudo-creative, intensely selfish...）"第一""第二""第三""最后"这些表示顺序的指示词，使全文结构清楚，有条有理，读者对这个园子带来的四个后果有了清晰的认识。

8　议论

议论（argument）就是用理性来说话（appealing to reason）。议论文必须观点鲜明，没有犹疑，言之成理，符合逻辑。成功的议论文可以让读者接受作者的观点，从而达到说服读者甚至让读者身体力行的功效。在写议论文时，还可以综合使用上文提及的七种类型文章的技巧，从而使议论文更加令人信服。

议论文写作涉及逻辑的运用，常常会用到三段推论法（syllogism），包含大前提（major premise）、小前提（minor premise）和结论（conclusion）。

比如："All men are mortal. Socrates is a man. Therefore, Socrates is mortal."在运用逻辑时,除了从个别到一般的归纳法(induction: reason from particular experiences to general truths),还会用到从一般到个别的演绎法(deduction: start from general knowledge and predict a specific observation)。学生在写议论文时,要避免逻辑谬误(logic fallacies),比如不合逻辑的推论(non sequitur: from the Latin, "it does not follow", stating a conclusion that does not follow from the first premise or premises)、过度简化(oversimplification: supplying neat and easy explanations for large and complicated phenomena)、非此即彼(either/or reasoning: assuming that a reality may be divided into two parts or extremes, assuming that a given problem has only one of the two possible solutions)、以可疑或未经证实的信息立论(argument from doubtful or unidentified authority)、人身攻击(argumentation ad hominem/ poisoning the well: attacking a person's views by attacking his or her character)、用未经证明的自设论点作为前提进行逻辑推理(begging the question: taking for granted from the start what you set out to demonstrate)、时间先后关系误作因果关系(post hoc, ergo propter hoc: from the Latin "after this, therefore because of this")、以类比立论(argument from analogy: using an extended metaphor as though it offers evidence)等。在议论文写作中,一旦出现逻辑谬误,全文就站不住脚,可信度大打折扣。

在范文《为什么监狱不起作用》(Why Prisons Don't Work)中,作者威尔伯特·瑞杜(Wilbert Rideau)坚定地认为监狱并不起作用,这是基于他自己的亲身经历。威尔伯特·瑞杜在19岁时因谋杀银行柜员于1961年被判处死刑入狱,1972年因最高法院禁止执行死刑而逃出生天。他8年级时辍学,在狱中努力学习读写,成绩斐然。曾主编获奖的监狱新闻杂志《安哥拉人》(The Angolite),并于1992年和另一犯谋杀罪的罪犯让·维克伯格(Ron Wikberg)合著并出版《无期徒刑:铁窗后的愤怒与生存》(Life Sentences: Rage and Survival Behind Bars)一书。为什么监狱不起作用呢?作者列举的理由如下:(1)严苛的监狱政策无法提升公共安全。(Getting tough has always been a "silver bullet," a quick fix for the crime and violence that society fears. If getting tough resulted in public safety, Louisiana citizens would be the safest in the nation. They're not.)(2)监狱并非灵丹妙药,功能有限。(Prison has a role in public safety, but it is not a cure-all. Its value is limited.)

（3）随意的激情暴力犯罪常常出现在涉世未深的年轻人中，长远看来他们会趋向无害。长期的刑狱生活除了隔绝他们，无助于他们重返社会。（Crime is a young man's game. Most of the nation's random violence is committed by young urban terrorists.）而改造罪犯使之重返社会才是行之有效的。（Rehabilitation can work. Everyone changes in time. The trick is to influence the direction that change takes.）随后，作者提出了自己的观点：整个社会应该行动起来，防患于未然，预防犯罪，这才是唯一有效的途径。（The only effective way to curb crime is for society to work to prevent the criminal act in the first place, to come between the perpetrator and crime.）

在以上八种长文中，最后一种议论文是最难的，不仅是对写作技巧的综合检验，更是对逻辑思辨能力的测试。学生批判性思维（critical thinking）的培养，对议论文写作至关重要。

在英语长文写作教学中，首先要对上述八类文章进行基本理论知识的引入，然后比照理论对经典范文进行精读。学生要读懂范文，了解文章的结构、立意和语言特色，教师听取学生的反馈。学生在深度理解范文的基础上进行内化，掌握这类文章的精髓和写作技巧。教师设定大的框架，由学生根据自己的实际情况选定写作话题，进行模仿写作。写作从来不是一蹴而就的事情，需要经历反复打磨和多次修改。对每个学生都要进行英文编辑方法的训练。每个学生的初稿，需要由另外的两位同学进行英文的批改和评论（peer evaluation）。然后在讨论这些批改意见的基础上，教师再给出自己的批改意见。最后学生再反复斟酌修改，形成定稿。常言道，没有耕耘就没有收获。经过对英语写作理论知识的学习，相关类别范文的阅读、理解、内化、模仿、创新，再落实到多次认真修改的写作实践，就一定会有较为满意的收获。

参考文献：

教育部高等学校外国语言文学类专业教学指导委员会英语专业教学指导分委员会，2020. 普通高等学校本科外国语言文学类专业教学指南（上）——英语类专业教学指南［M］. 上海：上海外语教育出版社.

四川大学自编讲义（文科）English Writing-3.

KENNEDY X J, KENNEDY D, 1985. The Bedford reader［M］. 2nd edition. New York：Bedford St. Martins.

On the Teaching of Essay Writing to English Majors

Qiu Huilin

Abstract: For English majors, listening, speaking, reading, writing and translating are the five basic language skills in which writing is very important but hard to improve. It is vitally important to have the input of reading material and the output of writing practice at the same time. For 1st and 2nd year English majors, they have completed the basic training in the writing of sentences and paragraphs. English essay writing is a comprehensive display of the full integration of writing basics. To improve English essay writing, it is indispensable to learn, read, imitate, internalize and innovate classified essays.

Key words: English major; essay writing; teaching

1945—1949 年的四川中等英语教学概况

胡昊苏

（四川大学外国语学院，成都610207）

摘　要：抗日战争胜利后，内迁学校搬离四川，第二次国共内战随即爆发。这个时期的四川中等英语教育基本上沿袭了抗日战争时期的学制、教材、教法，但由于战争原因，英语教学发展缓慢。尽管如此，四川的中等英语教学还是在某些方面有明显的进步，例如：对英语成绩的评定和考核更加细化，对英语学科的反思更加深入，英语竞赛和教员间的学术交流举办得更加频繁。

关键词：第二次国共内战；评定和考核；学术交流

1945 年，抗战胜利。不久后，第二次国共内战爆发。国民党统治区各级各类学校还没有来得及恢复、整顿，又因政局动乱和接二连三的战争处于混乱之中，拨出的教育经费少得可怜，各级教育（包括中等教育）因此也受到很大影响。在这样的状况下，四川的中等英语教育在此时期并没有得到明显的发展。政策方面，直到 1947 年，教育部才开始修正中学课程标准，并于 1948 年 12 月正式公布。这次公布的初中教学科目中，外国语（英语）又被重新列为主科之一，规定初一、初二每周为 3 课时，初三为 4 课时。这样，英语初中三年的总学时便仅次于国文（每周 5 小时）而高于数学（每周 3 小时）。高中部英语课时为每周 5 小时，与国文相同。在高中的科目表后附有其中一条："高中外国语之教学，可分二类：一类专门学英语，每周五小时；一类为适应学生之特殊需要，教学他种外国语，如印度语、日语、朝语（或其它东方语），法语、德语、俄语、西班牙语（或其它西方语），每周六小时，唯同时每周须学习英语三小时。凡习他种外国语者，除外国语外，其他科目及课程标准一律相同，但第三年之选科可不选习。"（李良佑，张日昇，刘犁，1988：177）上述规定表明，尽管放宽了外国语的种类，但和其他选修的语种相比，英语仍然被定为最重要的必修外国语。国民党政府对英语的重视程度还体现在，到了民国末期的 1948 年 12 月，又公布了一份《初、高级中学英语课程标准》。但由于这时正处于新中国成立前夕，教育部所发的文件实际上不可能起什么作用。但从教育史料、学术研究的角度看，这份由英语教育专家精心设计的课程标准，作为民国期间三十多年中等英语教学的经验总结，还是有其重要的参考借鉴意义的。从内容上看，此份课程标准和抗战时期所颁布的相差不大，基本沿袭了之前的教学目标和大纲，只是更进一步地提出了为达到教学目标，各教员应施行的具体方法如下：

1. 耳听：（1）听音会意；（2）听音辨音。2. 口说：（1）独说；（2）口问；（3）口头仿造句子。3. 眼看：（1）识别字体；（2）默读。4. 手写：（1）独写字体；（2）默写记忆之字句；（3）手头仿造句子。5. 耳听兼口说：（1）口头摹仿；（2）口答。6. 耳听兼眼看：（1）听时看音标或拼法；（2）听后指出音标或拼法。7. 耳听兼手写：（1）听时默写。8. 眼看兼口说：（1）朗诵。9. 眼看兼手写：（1）临摹字体；（2）抄写字句。10. 眼看兼耳听口说：（1）看音标或拼法时口头摹仿。（成都市档案馆，1941—1947）

上述细则，在学生的听、说、读、写能力方面分别提供了具体的训练方法。另外，该标准还有一个明显的进步，即首次提出了利用唱片、影片等有声媒体的方式辅助英语教学，弥补了之前颁布的课程标准缺乏专门听力训练的不足。遗憾的是，由于这份初高中英语标准是在 1948 年底提出的，各地，包括四川地区的中等学校并未能真正实施，该标准实际成为一纸空文。

概括来讲，这个时期中等英语教育的史料极少，从仅存的一些资料看，这个时期的中等英语教育基本沿袭了抗战时政府制定的种种条规，并无学制、教员聘任、教材使用或教学法等方面的重大变化。但是，这个时期的四川中等英语教学仍体现出了几个具有进步性的特点。

1 对英语成绩的评定及学科评估的反思更加深入细致

各中等学校的英文学科会议记录显示，这个时期，关于学生英语成绩考核的规定比以往更加细化和严格。以重庆私立南开中学为例："学期终了课程想已如进度授完，考前务请上课督导温习试题，请勿予学生以任何暗示评定学生成绩，务求其公允，应多注重善于应用文法应用生字。对于平日逃班及不做练习成绩甚差学生应特别留意勿让其轻易升级。"（重庆市档案馆，

1948）除对学习态度不端正的学生进行惩罚外，对于成绩优良的学生也给予了免考奖励："成绩最优良学生，如平日作业甚佳月考成绩好课外阅读能力强，准其荣誉免考初次试辩，暂由高一以上各先生保荐人数，不规定宁缺毋滥，限于下星期一将保送人名及成绩送交教务处审核。"（重庆市档案馆，1948）另外，南开中学还要定期举行学业比赛以检验学生的学习效果，方式是"高二高三作文，高一造句，初二初三默写生字（初二自由参加），初一写字比赛"。此外，还将学生的英语成绩与京沪等地的学生相比，以便检测学生的学习情况和教员的教学效果（重庆市档案馆，1947）。上述几所中学的规章均体现了中等学校英语考核机制的几个特征：（1）规范考核细则，严格考核标准，不包庇纵容不合格学生，对优秀学生予以奖励。（2）通过举办各年级英语学业比赛，定期检测学生的英语掌握情况。（3）将本地学生的英语成绩同发达地区的学生相比较，取长补短，避免教学"闭关自守"。

除了对学生的评估考核更加细化严格，四川省教育厅和一些中等学校也开始对英语教学中反映出的问题进行反思，并提出改进意见。为了切实发现并解决四川中等英语教学的问题，1947 年，省府教育厅颁布了中等教育问题调查结果统计表（成都市档案馆，1947）。此表通过问卷的方式，对中等课程进行了较为深入的讨论。英语作为中学主课，当然也是此次考察的重点之一。遗憾的是，由于史料中缺乏被考察者对问卷的回答内容及分析，因而我们无法从这次考察中知晓当时中等英语教育的利与弊。但不论如何，此调查还是反映了四川省教育厅对这个时期中等教育的重视，以及期望通过这样的意见反馈，对中等学校各主科（包括英语）进行适当调整，以达到最好教学效果的良好愿望。此外，重庆市私立精益中学也在工作总结中采取问卷调查的方式，提出了关于该校教学方面的一些问题："上学期你们学校课程方面作了些什么改革？（尤其是对外国语……的改革）你对课改有什么意见？（对外文课的存废有什么意见？）能做到理论与实践相结合？有些什么困难？你对现在暂行的学制课程等有什么意见？你校教师学习情况如何？（学业组织、内容、方法、经验）你认为怎样才能提高教师的政治水平和业务水平？"（重庆市档案馆，年份不详）这些问题与各科的实际教学息息相关，体现了该校对教学工作深入细致的思考，以及对切实提高中等教学水平的决心。问题中还特别指出了外国语一科，可见该校对英语课程尤为关注。因此总的来说，这个时期，从省府教育厅到各中等学校，对英语成绩的评定及学科评估的反思都比以往更加深入细致。

2 课外开展多种英语竞赛和教学交流活动

这个时期，各中等学校以不同形式开展英语竞赛或参加教育厅举办的比赛。例如，重庆私立英才中学举行了初中部英语背诵比赛和高中部英语演讲比赛（重庆市档案馆，1949）。另一所四川省立成都中学（省城男中）则依照教育厅规定遴选优秀学生参加了初高中演讲比赛。该校校长夏某关于选定高初中组学生代表六名参加英语演讲竞赛向四川省政府教育厅提交的呈文言："本校遵照教育厅指令，选定参加高中组英语演讲竞赛学生代表白宁生郑明熙徐文采周肇乾四名，初中组学生吴世正彭继常二名"，已"通知并饬知该生等遵照规定时间参加"，现"具文呈请"教育厅"鉴核登记"（成都市档案馆，1948）。该项竞赛的具体办法为：分高中和初中两组，经预赛、复赛和决赛三个程序逐一淘汰。演讲时间均为五分钟，预赛题目分别为"Person in History I Admire Most"（历史上我最敬佩的人，高中组），"Our School"（我们的学校，初中组）。进入决赛后，题目又有了新的变化，分别是"China in the Future"（未来的中国，高中组），"An Ideal Student"（一位理想的学生，初中组）。比赛评委均为各校英语专业人士。比赛结束后还将举行授奖典礼，获胜者赢得军政首长和各校长捐助的奖品。从上述信息看，当时的英语演讲竞赛既具备学校呈文，又邀请了各校的中等英语专家参与，无论在赛制、题目还是评委方面均体现出了比赛的专业性、系统性和正规性。重庆市立第二中学也举办了英语演讲比赛，其具体评分标准见表1：

表1 英语讲演竞赛评分表

姓名	李俊聪		讲演次第		1
竞赛成绩	项目	最高分数	实得分数		备注
	内容	25	22		
	结构	15	13		
	辞句	10	10		
	发音	25	21		
	声调	10	9		
	表情	15	12		
	总计	100	87		
评判人签名			岳履详		

（成都市档案馆，1948）

表 1 显示了英语演讲比赛的评判标准，其中，内容（content）和发音（pronunciation）所占比例最高，各为 25 分，两项共占去总分的 50%。随后是结构（structure）和表情（manner）各占 15 分，两项占去 30%。该表将"manner"一项译为"表情"是不完整的，这里"manner"指的是"仪态"，即参赛者在演讲中的表情、肢体语言、举止及体现出的台风等。这些"仪态"对增强演讲的表现力和感染力具有十分积极的作用。最后是辞句（diction）和声调（intonation）各占 10 分，共占据总分的 20%。从分数的分布来看，起决定作用的内容和发音占去得分的一半，然后是体现演讲逻辑的结构和增强演讲效果的举止（表中译为表情）占去二成，最后是对演讲技巧方面有更高要求的辞句和声调占了两成。如此分配得分，从语言评判的角度来讲是十分合理的。此外，比赛结束后，《四川教育通讯》刊物还就此次演讲比赛作了如下总结：

> 省垣各中学英语演讲竞赛在教育厅与成都市英语教学研究会主办之下，已于十二日午后在教厅举行决赛后圆满完成，开会时到各校英语教员与学生代表中西人士六百余人，首为任厅长致词，于称赞此次预赛秩序良好，成绩优越，可为其他各科成绩比赛之模范外，并嘉励各同学及时努力求学，以为国家大用，主席刘之介简单报告后，即开始比赛初中及高中两组，共历时三小时，讲毕并请各评判讲评，宋会督诚之，以诚恳态度，勉学研究英语，不可忽视本国文化，敬仰欧西人物，不可忘却吾国古圣先哲，继为罗忠恕，钟作猷，刘世傅及西藉评判员等讲演，语多勉励，咸认成绩极佳。（四川教育通讯出版社，1948：16）

从上述内容看，主办方在对演讲比赛进行肯定和赞许之余，还提醒各位参与者不要忘却本国文化和历史人物，莫要"崇洋媚外"。可见，尽管社会各界对英语的重视度很高，主流媒体对英语学习所附带的外国文化仍存有戒心，因此在总结的最后不忘以本国圣人为楷模，提醒学生在研习英语之余，莫要忽略了本国传统文化。

除演讲比赛外，各校还举办各种其他类型的竞赛。例如，重庆私立南开中学的英语学艺比赛包含："1. 简短表演：高一二年级及女高各表演一句；2. 演讲比赛：高三年级；3. 作文比赛：高一二三年级并籍作与津校比赛之预备；4. 背诵比赛：高一及初三年级；5. 拼字比赛：初一二年级。"（重庆市档案馆，1948）从竞赛内容看，初一、初二为英语拼字，注重的是基础知识；初三及高一比赛背诵，高一还有造句改错竞赛，重点检查文法知识，比初中考核的难度更加深了一步；高二为作文翻译，着重检测写的能力；高三演讲比赛则考查学生的口语及写作综合水平。此外，比赛还拟提高作文比赛的奖励金额以选拔全校最优秀者（重庆市档案馆，1948）。除了对赛制和奖励的设置外，该校还选拔高中一、二年级的优秀学生与天津的同级学生进行比赛，具体安排如下："津渝两校学生比赛英文，高二试题为作文翻译，高一试题为造句改错。代表高一高二各十人，本校英文比赛优胜者参加，不足之数，由任课先生保荐。"（重庆市档案馆，1947）从上述内容中可以发现，此英语竞赛形式多样，设置合理，并把比赛内容同所学知识充分联系起来，通过竞争的方式来激发学生的求知欲和学习自觉性。另外，还根据年级对比赛内容进行了划分，初中的内容相对初级和基础（拼字、读写），高中的内容（翻译、作文等）则比较综合和全面。尽管民国其他时期也举办了各种竞赛，但这个时期的中等学校英语竞赛在竞赛的设置等方面更能体现出专业性和系统性。

除了开办各种英语竞赛，四川中等学校英语界也很注重英语教学的交流活动。例如，英国文化委员会教育专员林苏弼先生就在 1948 年 3 月 18 日至 20 日受邀来到重庆参观各中学英语教育情况并举行英语教学研究会，会议规定如下："除各校校长必须出席外，并指定该校英语教师一人至二人参加。各校应随缴聚餐费用 43 元。对于英语教学法及英语教材该校教师如有提案应饬□为准备……"（重庆市档案馆，1948）林苏弼是全国著名英语教育专家，他的到来给四川的中等英语教育界注入了新鲜血液，有利于当地教育人士借鉴外地专家的意见合理选择教本，努力提高师资质量并积极改进教学法，对提升四川的中等英语教育水平无益是有很大好处的。此次英语教学研究会成功举办后，就会议中提出的教学问题及改进建议，省教育厅计划在 1949 年开办英语教员讲习会。该会期望通过专家主讲、教员培训的方式解决英语教研会中发现的问题，以提高四川中等英语教学的质量：

> 川教厅以美国文化专员林苏弼博士前次来川考察后，以本省各公私立中等学校及职业学校英语教学方法大多不合，商讨改进方法，应利用寒暑期举办英语教师讲习会，力求改进，因是本期拟指调省会公私立中等学校及职业学校英语教师受训，延聘专家主讲语音学教授法，并集体

研讨，应于三年内将本省各公私立中等学校及职业学校英语教师调训完毕。教厅已决定于本寒假内开始试办。暂订一班学员名额限为五十名，指调省会及附省各县公私立中等学校与职业学校英语教师到会受训，班主任一职由任厅长兼任，函聘华人或川大教授中一人负副主任责，并聘请专任四人主讲讲□，教习时间定为一周。（四川教育通讯出版社，1949：27）

此讲习会同抗战时期的相比，并未仅局限于四川境内的教学讨论，而是将眼界放宽，注重借鉴省外英语教育专家的考察意见及建议，并努力汲取国内的先进英语教育理念。除此之外，在各方的促成之下，成都的英语教学研究会也于 1948 年成立，其具体信息如下：

成都市英语教学研究会，五月十七日（1948 年）午后在教育厅举行成立大会，到各大中学中西英语教师五十余人。刘之介主席，教厅主任秘书乔诚代表任厅长呈词，强调英语教学之重要，希由此科之改进，推及其他各科，以谋学生程度之提高，继为教厅督学文建恒，蒋梦鸿讲演，旋通过草程，选出刘之介，文建恒，龚谘善，陈楚良，卫玛德，韩诗梅，锐珂，潘森林，游怀治，杜廷龄，李德滋等十一人为理事，万千里，邓陶芝等三人为监事，决定就全市五十余大中学区域分配为七小组，观摩并研究教学方法，即由大会建议教育厅请于本期举办省会各中学英语讲演及作文比赛，提高学生英语兴趣。（四川教育通讯出版社，1948：16）

成都英语教学研究会的开办目的明确，人员配备充足，教研活动及比赛设置合理。尽管成立的时候已是民国末期，还是充分体现了四川英语教育界特别是中等教育界人士对于提高英语教育水平的迫切愿望。将这个时期中等英语教育的突出特点做一个概括：一是中等英语竞赛的形式更趋向于灵活化和多样化；二是教员之间的英语学术交流活动在借鉴国内教育专家建议的基础上，仍然以各种形式（研究会、讲习会）继续开展，并未因为内战而停滞不前。

3 教员收入低下、生活困难的问题依然存在

英语教员待遇低下，生活难以维持，是民国时期一直存在的一大问题，

在这个时期也不例外。对此，1946 年重庆市政府发布训令，命令重庆市立女中给英语教员增加生活费，内容如下：

> 案据教育局呈送市立女中三十四年十、十一月两月份增设英语专任教员生活补助费清册，各列国币四万元合计八万元请予核拨等情经核相符，应准在上年度自治部分普通岁出临时□所列国民教育费项下照拨。除指令并分行外合行令仰遵照拨付为要！（重庆市档案馆，1946）

此训令颁布后，尽管英语教员的生活费有所增加，但仍然难以维持生活。除英语教员外，其他学科的中等教员也饱受生活贫寒之苦。为此，四川众多中等学校校长于 1948 年开展了集体请愿活动。尽管各中等学校校长组织了请愿活动，请求省政府给予包括英语教员在内的各科教员薪金和食米补助以应需求，政府也对此颁布了一些措施对上述问题进行回应，但是，这个棘手的问题直到新中国成立前也没有得到彻底的解决。

1945—1949 年四川地区的中等英语教育情况可大致总结如下：这个时期英语教育的诸多方面都和抗战时期的较为一致，未有显著的创新和突破。但对英语成绩评定、学科评估的要求更加细化，对英语学科的反思更加深入，对英语竞赛及教学交流活动更加重视。

参考文献：

成都市档案馆，1947. 省府教育厅关于中等学校教育问题调查、修理课桌预算、添置篮球架、防风清理的手续及对粮食管理的公函、训令［Z］. 73—1—213.

成都市档案馆，1948. 省府教厅计发体育运动，英语竞赛办法和各种纪念节日活动及成都中学参加英语、理化等竞赛名册的函件、呈报、训令［Z］. 70—1—506.

重庆市档案馆，1946. 关于检送市立女子增设英语教员生活费清册给财政局的训令［Z］. 全宗号缺失—0008—01505（1946）.

重庆市档案馆，1947. 重庆市立第二中学英语讲演竞赛评分表［Z］. 0144—0002—00011.

重庆市档案馆，1947. 重庆私立南开中学英文学科第三次会议记录（初中英文比赛第二次考试范围等）［Z］. 0142—0001—00071.

重庆市档案馆，1947. 重庆私立南开中学英文学科第一次会议记录（学生比赛、教学问题等）［Z］. 0142—0001—00071.

重庆市档案馆，1947. 重庆私立南开中学英文学科第二次会议记录（讨论学艺活动第一次平日考试等）［Z］. 0142—0001—00071.

重庆市档案馆, 1948. 重庆私立南开中学英文学科第四次会议记录（讨论免考问题、教材问题等）［Z］. 0142—0001—00072.

重庆市档案馆, 1948. 关于派英语教师出席林苏弼英语教学研究会给重庆市属公私立中等学校的训令［Z］. 0149—0001—00002.

重庆市档案馆, 1948. 重庆市私立复旦中学英文、数学、物理、化学练习规定［Z］. 0142—0001—00072.

重庆市档案馆, 1948. 重庆私立南开中学英文学科第二次会议记录（欢迎新教师，督促学生按时交作业，选举学科主席等）［Z］. 0142—0001—00073.

重庆市档案馆, 1948 重庆私立南开中学英文学科第一次会议记录（讨论学艺活动、第一次平日考试等）［Z］. 0142—0001—00072.

重庆市档案馆, 1949. 关于切实督促学生在家温习功课，报名参加英语背诵比赛的公告［Z］. 0160—0003—00004.

重庆市档案馆, 年份不详. 关于报送重庆市私立精益中学工作总结的令、呈［Z］. 0149—0001—00025.

李良佑, 张日昇, 刘犁, 1988. 中国英语教育史［M］. 上海：上海外语教育出版社.

四川教育通讯出版社, 1948. 蓉市成立英语教研会［J］. 四川教育通讯, 7（2）：16.

四川教育通讯出版社, 1948. 英语比赛圆满结束［J］. 四川教育通讯, 7（3）：16.

四川教育通讯出版社, 1949. 改进各校英语教学方法，教厅举办英语教师调训［J］. 四川教育通讯, 8（3-4）：27.

Overview of Sichuan Secondary English
Education from 1945 − 1949

Hu Haosu

Abstract: After the victory of the War of Resistance against Japanese Aggression, the schools which moved to Sichuan previously began to move back, and the Second Civil War between the Kuomintang and the Communist Party broke out. From 1945 to 1949, Secondary schools continued to use the educational system, teaching materials, teaching methods that were used during the Resistance War. However, because of the influence of the Second Civil War, secondary English education developed very slowly. Under such circumstances, Sichuan's secondary English education also made some progress in some aspects. For example, assessment and evaluation of English performance was further refined, the reflections on English education were much thorough, and English contests and academic exchanges between teachers were held more frequently.

Key words: the Second Civil War between the Kuomintang and the Communist Party; assessment and evaluation; academic exchange

新闻语篇的语类特征在标题隐喻中的体现

牟许琴

（四川大学外国语学院，四川成都610207）

摘　要：悉尼学派层次化的语境理论认为，语境层的语类特征制约语言层的具体语言表达并体现在这些具体表达中。新闻语类与社会生活息息相关，该语类具有准确客观、简明扼要、生动形象等语类特征。这些特征是新闻语类的本质特征，指导着新闻语篇的写作，同时也体现在新闻语篇的语言表达中。新闻标题是新闻语篇的首要组成部分，具有新闻语篇的典型特征，标题中的隐喻现象作为点睛之笔，凝练地体现了新闻语篇的语类特征。将悉尼学派的语类理论应用于新闻语篇的标题隐喻研究表明，新闻语篇的语类特征同时体现在语域层的语场、语旨和语式三个方面，涵盖了语言外延层上标题隐喻的表征方式、隐喻性、评价性、经济性以及语篇组织性等。

关键词：新闻语篇；语类特征；标题隐喻；语场；语旨；语式

1　语类与语类体现

当代语类研究不再将语类局限为文艺领域的体裁，而是将语类置于社会文化语境中，认为语类是类型化的人类社会活动（Miller，1984；Martin & Rose，2014）。20世纪80年代以来，学界涌现了比较有影响力的三大语类研究流派：以米勒（Miller）为代表的新修辞学派、以斯韦尔斯（John Swales）为代表的专门用途英语学派和以马丁（James R. Martin）为代表的悉尼学派（Hyon，1996）。其中，在系统功能语言学框架内发展起来的悉尼学派的语类理论，形成了比较完善的理论体系并被广泛应用于语篇分析与教学研究和实践，取得了丰硕的教学成果（Hyland，2007；Hyon，1996）。悉尼学派的语类理论是悉尼学派层次化语境理论的一部分，认为语类是分阶段的、以目的为导向的社会过程（Martin & Rose，2014）。这一定义突出了目的性和阶段性是区分不同语类的关键，使得学界对语类研究的重心偏向结构性并取得了一系列关于语类结构的研究成果。同时，悉尼学派也强调多功能、跨层次研究语类的重要性，呼吁更多关于语类在语言层体现的研究（Martin & Eggins，2012：167），这一强调和呼吁为本研究提供了理据。

悉尼学派的层次化语境理论是对韩礼德语境模式的发展，在此语境模型中，文化语境由情景语境来体现，而语境层作为内涵符号系统（connotative semiotic）则由语言层这一外延符号系统（denotative semiotic）来体现（Martin & Rose，2014：16）。从语言角度看，标识文化层次的语类、标识情景层次的语域、语言层次的语篇语义、词汇语法、语音音系层这五个层次之间是一种层次化的元冗余（meta-redundancy）体现关系。悉尼学派强调语类是一种复现的宏观语义构型，因此语义是核心，且鉴于语篇语义层是语境层与语言层的界面所在，悉尼学派提出了分析语类的语篇语义理论并不断在实践中运用此理论来分析语类（Martin & Rose，2014：30）。在这一层次化的体现关系中，悉尼学派强调语类的目的性以及该目的性对语类层以下各个体现层的制约，指出目的性为语类定性且同时决定语类结构差异以及语篇语义和词汇选择差异（Martin，2012：31－64）。同时，悉尼学派也提出了进行语类 & 语域分析的两个步骤：（1）描述不同语类的语言特征，即语篇语义与词汇语法特征；（2）运用语境理论解释第一个步骤描述的语言特征（Martin & Eggins，2012）。换言之，语类特征决定并体现在语言特征中，分析语类特征需要描述并解释语篇语义和词汇语法特征。因此，悉尼学派的理论体系为本研究提供了理论操作平台。

综上所述，鉴于悉尼学派完善的理论体系、适用性以及该理论为本研究所提供的理据和操作平台，本文将根据悉尼学派所提出的语类、语域分析步骤对新闻语篇的标题隐喻展开语类体现研究。

2　新闻语篇的语类特征与隐喻

根据悉尼学派的语类理论，新闻语类是以新闻传播为目的的、具有特定结构的社会活动，是特定文化中的成员通过比较和分析类型化了的具有共同特征的传播活动，体现特定文化的惯例，具有特定的语义构型和语言特征。不同文化和类型的新闻语类具有一定的差异，但具有一些显著的共同特征，比如准确性、客观性、简练性、朴实性和通俗性（韩书庚，2014：3），这些特征体现在新闻语言的各个方面。隐喻具有修辞功能、语言学功能、诗歌功能、认知功能、社会功能以及文字游戏功能（束定芳，2000：112－151），这些功能使隐喻广受语言使用者青睐，被广泛应用于多种语类中。不同语类中的隐喻使用呈现不同的特征，这些特征受制于并体现特定语类的语类特征。新闻语篇中存在大量的隐喻现象，新闻标题中的隐喻现象更是新闻语篇的点睛之笔，凝练地体现了新闻语类的语类特征，因此，分析新闻标题隐喻有助于揭示新闻语类特征在隐喻语言中的体现特点。

悉尼学派的语类由语域实现，而语域包括语场、语旨和语式三个变量，下文以语域的三个变量为出发点，描述并解释新闻标题中的隐喻对新闻语类特征的体现，即新闻隐喻的语言特征及其背后的语类理据。关于新闻语篇中标题隐喻的认定与成分描述，本文遵循格特利（Andrew Goatly，1997）关于隐喻的综合论述。本文认为，语言中的隐喻现象是指思维层次的隐喻在语言中的表达，指在某一长度的话语中，有部分话语的意义或者整段话语的意义与其常规意义不同，在特定的语境中具有新的理解，并且在这段话语中有一段话语单位用于指称某一常规情况下不会指称的对象（Goatly，1997：108－109）。比如，在"We are an amoeba, perhaps waiting to evolve ...perhaps not"中，"We are an amoeba"的意义不能做常规理解，属于隐喻现象（束定芳，2000：60）。同时，本文认为隐喻成分分为思维层次的本体（Tenor）、喻体（Vehicle）和喻底（Ground）以及对应的语言层次的本体辞（T-term）、喻体辞（V-term）和喻底辞（G-term）（Goatly，1997：8－9），喻体辞即定义中所述的非常规表达。在下文的分析中，本体辞将用下划线标注，喻体辞将用粗体标注，喻底辞将用斜体标注。

为保证研究的有效性，笔者从《华尔街日报》《纽约时报》《洛杉矶时报》《每日新闻》《今日美国》等代表性美国主流媒体中广泛收集隐喻性标题，对数以万计的新闻标题进行筛选，最终收集到了1085条隐喻性新闻标题。本文采用悉尼学派的语类、语域分析步骤对这些隐喻性新闻标题进行细致分析，从语场、语旨和语式三个变量维度分别总结出新闻标题隐喻对新闻语类的体现特点并对这些特点进行解释，以揭示新闻语篇的语类特征与隐喻语言之间的制约与体现关系。下文所用示例选自这1085条隐喻性新闻标题。

3 语场维度

语场是实现语类的第一个语域变量，关注语境中正在发生的社会活动，对应系统功能语言学三大元功能中的概念功能，在语篇语义层上体现为概念系统和连接系统（Martin & Rose，2007）。在此，与本研究相关的概念系统关注经验如何通过语篇识解，聚焦活动序列以及活动中的人、事、地点和性质以及这些要素是如何随着语篇的展开而关联起来的，可以在具体语篇分析中通过分类关系、核心关系以及活动序列来认识（Martin & Rose，2007：73）。新闻标题通常处于句阶、短语阶甚至词阶，因而与语场维度相关的关系是指小句或短语内部的核心关系，而核心关系则是通过及物性系统和名词或者动词词组的经验结构来实现的（Martin & Rose，2007：96）。在语场维度，新闻标题隐喻对新闻语类特征在语言层次的体现主要表现为隐喻在表征新闻事态时及物性过程的倾向性以及低隐喻性。

3.1　及物性过程倾向性

新闻语类具有生动形象的语类特征，这一特征体现为标题隐喻表征新闻事态时的及物性过程倾向性。语言表征经验的功能是语言的概念功能，可以通过及物性系统来认识。系统功能语言学认为及物性系统把经验世界识解为一组可以操作的过程类别，包括物质过程、行为过程、心理过程、言语过程、关系过程以及存在过程，这些过程通过动词来实现，可以用短语或非短语手段来表达（Halliday & Matthiessen，2008：172，352），即是说动词短语式和小句式隐喻性新闻标题都可以通过及物性系统来分析。新闻标题可通过任一种隐喻性的及物性过程传递新闻事实，但是研究发现句式或者动词短语式隐喻性新闻标题中通常以物质过程和行为过程概述新闻内容，诸如以下实例所示：

（1）Chinese presence **softens** Philippine's view of US navy（*Los Angeles Times*）（物质过程）

（2）Chinese military spending, ambitions **fuel** Asian arms race, studies say（*The Wall Street Journal*）（物质过程）

（3）China **shrugs off** US, confident in its magnetic allure（*The Wall Street Journal*）（行为过程）

（4）China **struts** its military might and announces troop cuts（*Los Angeles Times*）（行为过程）

物质过程表征的是"做"和"发生"的经验过程，即因外在力量的介入导致的事态变化（Halliday & Matthiessen，2008：179）；行为过程表征的是生物体尤其是人类生理的或者心理的行为过程，诸如呼吸、咳嗽、微笑、做梦和凝视等（Halliday & Matthiessen，2008：248）。在上述四个例子中，

"softens"和"fuel"以隐喻性的"做"的过程分别表达了美媒的看法，"shrugs off"和"struts"以隐喻性的人类"行为"过程表达了美媒的看法。

新闻标题隐喻的物质和行为倾向性的特征与物质过程和行为过程的特征相关。物质过程通常涉及具体经验事实表征具体的"做"和"发生"，也可以通过模仿具体经验事实表征抽象的"做"和"发生"，诸如模仿"the car slid"和"fueling fires"来分别表达"AT & T stock slid"和"fueling worries"（Halliday & Matthiessen，2008：196）。行为过程涉及参与者的生理或者心理行为，生理行为过程与物质过程有相似之处且界限不明确，但是有一些典型行为（哭、笑、点头等）应当被明确归入行为过程。通过隐喻性的具体经验或者行为来具象识解物质世界可在认知隐喻观和体验哲学中找到理据（Lakoff & Johnson，1980/1999）。这种方法可以使得识解世界变得生动形象和通俗易懂，切合新闻语类特征，因而物质过程和行为过程在隐喻性新闻标题中较其他过程更为常见。

3.2 及物性成分倾向性

新闻标题作为新闻语类的首要部分，具有概括性、悬念性和客观性的特征，这三个特征在隐喻使用中体现为隐喻喻体辞在及物性过程中所承担成分的倾向性。表征概念功能的及物性过程涉及参与者、过程和环境这三个构成成分，其中过程和参与者是必要成分，且过程的核心性高于参与者，除个别表达气象的及物性过程（如 It's raining）外，物质性过程至少包含一个参与者（Halliday & Matthiessen，2008：175－176）。研究表明，新闻标题隐喻的喻体辞在其所在的物质性过程中通常承担参与者或者过程的成分，尤其是过程成分，鲜少涉及环境成分，诸如以下示例：

（5）Tensions **flare** in Asian Seas（*The Wall Street Journal*）（物质过程/过程）

（6）US calls for "**cooler heads**" in dispute over sea islands（*New York Times*）（言语过程/言语）

（7）Oil, gas, fish（are）：Indonesias **arsenal** in South China Sea dispute（*USA Today*）（关系过程/识别者）

在这三个标题中，喻体辞"flare""cooler heads""arsenal"分别以过

程、参与者、参与者的成分简明扼要地交代清楚了部分关键新闻内容，且保留了喻底的悬念，留待读者进一步通过阅读新闻正文释疑。

新闻标题起着客观概述新闻关键内容并吸引读者进一步阅读的作用，因此为保持经济性、客观性和悬念性，新闻撰写者通常将隐喻喻体辞放置在关键信息的位置，即表征新闻事态的及物性过程的参与者或者过程的位置，既能简洁形象地交代清楚"谁"做了"什么事"，又能避免涉及新闻事态中表达属性的环境成分，由此构成一定悬念。

3.3　低隐喻性

新闻语类具有生动形象和通俗易懂的特征，这两个特征同时体现在新闻标题隐喻的低隐喻性这一特征上。隐喻性是指隐喻的活动性或新颖性，很多隐喻研究者对此进行过讨论（Black，1962/1993；Müller，2008），相对比较综合的是格特利（Goatly，1997）的解释，该解释在国内学者束定芳（2000）的《隐喻学研究》中有详细引介。格特利认为隐喻性可以从相似性、常规性、标记性、矛盾性和明确性这五个维度来考察，隐喻性的强弱与这五个维度的强弱密切相关（Goatly，1997：38；束定芳，2000：73）。根据这五个维度，隐喻性是一个连续体，具有程度之分，高隐喻性隐喻的新颖性强，较难理解，常常存在于文学作品中；低隐喻性隐喻的新颖性弱，易于理解，常常存在于非文学作品中和日常用语中。新闻标题中的隐喻大都属于低隐喻性隐喻且可以再次分为两类：第一类的隐喻意义已经固化为词汇意义的一部分，在词典①中通常没有特别的比喻性用法标注，这类隐喻通常被认为是死喻，虽隐喻性几乎为零，但是生动形象，在语言中无处不在，甚至是我们"赖以生存的方式"（Lakoff & Johnson，1980）；第二类的隐喻性用法没有成为词汇意义的一部分，在查询词典的时候仍然可以看到词典中明确标注该用法为比喻性用法，诸如以下实例分别所示：

（8）Beijing **hits back at** US over South China Sea comments（*The Wall Street Journal*）

（9）As Obama **heads to** Vietnam，Current events overshadow history（*New York Times*）

（10）Vietnam adds military **muscle** as South China Sea tensions

---

①　本研究所参照词典为《牛津高阶英汉双解词典》。

escalate（*The Wall Street Journal*）

（11）As **shadow** of war fades，Obama visits a Vietnam focused on trade and better relations（*Los Angeles Times*）

例（8）和例（9）中的"hits back at"和"heads to"作为隐喻性用法已经完全失去了新颖性，隐喻性几乎为零，其比喻意义已经固化为词义的一部分，可以在词典中查到。例（10）和例（11）中的"muscle"和"shadow"的隐喻性同样极低，但是这两个喻体辞的比喻性用法在词典中有明确标注，与例（8）和例（9）中的隐喻相比，隐喻意义并没有固化成词汇意义的一部分。

低隐喻性隐喻的认知理据与上文所述的隐喻在及物性过程上的物质和行为向性的认知理据是一致的，均可以通过体验哲学来获得解释。新闻标题中的低隐喻性隐喻通常涉及人类对世界的具体感知，而通过身体经验来识解世界，用具体表征抽象所体现的正是人类的认知规律。这种方式的优点非常明显，既能生动形象地传递新闻事实，又能避免高新颖性为新闻阅读带来困难，这一特征同时体现了新闻语类的生动形象性和通俗易懂性，将新闻语类和文学语类区分开。

4　语旨维度

语旨是实现语类的第二个语域变量，指既定语境中参与者之间的社会关系（Matthiessen，Teruya & Lin，2016：245），对应系统功能语言学三大元功能中的人际功能。悉尼学派在语篇语义层上从三个系统解析人际意义：评价、协商和参与，其中评价系统关注语言的态度意义、介入意义以及级差意义，协商性系统关注语篇的互动性、话语功能以及话语交换结构，参与性系统关注语言中协商语旨关系，尤其是团结关系等非调节性资源（Martin & White，2005：33）。新闻语类属于静态语类，通常不涉及话语交换和协商性而主要涉及评价意义。隐喻是表达主观评价意义的重要手段，能间接通过概念意义激发态度意义，又能以比喻性词汇独立或者渐进地表达级差意义（Martin & White，2005：67）。新闻标题中的隐喻对新闻语类特征的体现主要表现在评价性和明晰的隐性评价两个方面。

4.1　评价性

新闻标题除了具有上述语类特征外，还同时兼具客观性和评价性的特

征，两者在具体的新闻子语类中存在不同的典型性，比如硬新闻的客观性更
突出，文娱生活类软新闻比硬新闻的评价性突出。新闻语类所具有的准确客
观性主要体现在新闻报道者对新闻事实的客观报道，不涉及报道者在新闻事
态上的态度或立场上的倾向性以及对新闻事实的夸大或者缩小，这在非隐喻
类新闻标题中比较常见。研究表明，新闻标题中的隐喻现象不仅可以抒发人
类的情感，判断人与人的行为和鉴赏事物（自然现象和符号现象），也可以
呈现文本中不同的立场和声音，还可以调节具有等级性的语义资源的强度或
凸显（Sharpen）和模糊（Soften）不具有等级性的语义资源，是体现新闻语
类评价性特征的主要方式之一，诸如以下实例所示：

（12）Asia's confidence in America **is fraying**（*The Wall Street Journal*）

（13）Beijing **zeros in on** energy potential of South China Sea（*New York Times*）

（14）China paper warns US of "**price**" to pay in South China Sea（*New York Times*）

这三个实例分别表达了评价意义中的态度、聚焦和介入意义。例（12）
表达了一种缺乏安全感的状态以及质疑；例（13）表明了对潜在能源资源
的关注；例（14）将喻体辞"price"置于引号中表达引用以及有待商榷之
意，意在引入更多的声音参与相关事件的讨论。

隐喻的评价性与隐喻产生的理据密切相关。虽然隐喻的产生是一个复杂
的过程，是多重因素综合作用的结果，但是隐喻的产生仍然可以从认知、心
理、语言学和社会这四个主要方面寻找理据。出于这些生成理据，隐喻往往
同时具备认知、语言学、修辞等多种功能（束定芳，2000：111－151），此
处的修辞功能即是评价功能。因此，从产生源头看，隐喻的社会性决定了隐
喻的评价性。新闻语类的社会语境性决定了新闻中的隐喻现象具有较强社会
属性，因而具有广泛的评价性，此评价性体现了新闻语类的评价性特征。

4.2　明晰隐性评价

新闻语类兼具客观性和评价性的特征，这一矛盾共存性可以通过使用能
够明晰且又隐晦表达态度意义的隐喻手段来实现。马丁等人将隐喻归为间接

激活（Invoke）而非直接表达（Inscribe）态度意义的词汇语法资源（Martin & White，2005：64-67），认为其属于隐性表达态度意义的方式，此后的研究表明隐喻激活态度意义的方式可以进一步分为直言式、暗言式和标记式。其中直言式激活是指隐喻中存在明确的态度性措辞，可以明确表达态度意义；暗言式激活是指隐喻中没有明确的态度性措辞，而是通过隐喻的概念意义暗示态度意义；标记式激活是指通过隐喻的协商性意义和介入意义来标记态度意义（牟许琴，2015）。本文的研究表明新闻标题中的隐喻现象通常属于比较明晰的暗言式表态，借助明确带有态度倾向性的喻体辞的概念意义表达态度意义，诸如以下实例所示：

（15）Frenemies：Tense **undercurrents** for US-China state dinner（*Los Angeles Times*）

（16）China **rows against tide of sea tensions** as leaders meet（*The Wall Street Journal*）

（17）Chinese navy **makes waves** in South China Sea（*New York Times*）

上述三个标题隐喻均借助概念喻体辞的概念意义表达态度意义，但是其所表达的评价意义非常明晰和通俗易懂。

隐喻的这一特点与隐喻评价意义的沉淀有密切关系。隐喻具有的一大功能是修辞功能，指说话者出于修辞目的而使用的隐喻，该隐喻可以增强话语的表达效果，例如人们用"饭桶"来表达"吃饭吃得多但是无用的人"。有一些词语由于经常用作隐喻，其原有的字面意义几乎被人们遗忘，如"墙头草""过街老鼠""绿帽子"等（束定芳，2000：111）。此处所谈及的修辞意义即评价意义，字面意义即指概念意义，也就是说在某些隐喻的使用过程中，其概念意义慢慢会变得不再突出，而其评价意义反而会随着时间的流逝而逐渐沉淀下来成为比较显性的意义。新闻标题中存在大量的此类隐喻，虽然在表达态度意义的方式上，该类隐喻仍然是通过概念意义来激活态度意义，但是被激活的态度意义实际上已经沉淀为隐喻意义的一种显性意义。因此，新闻语类客观性和评价性这一对矛盾特征在新闻报道者技巧性的隐喻使用中得以共存。

5　语式维度

语式是实现语类的第三个语域变量，关注语言在语境中所扮演的角色，包括：（1）语言与其他外延符号系统在表征经验时的分工；（2）符号过程与非符号过程在表征经验时的分工；（3）为表达语场或语旨进行的语言组织；（4）话轮转换（独白还是对白）；（5）表达媒介（书面语还是口语或更为复杂的媒介）；（6）表达渠道（声音、文字等）；（7）修辞模式（教导性、娱乐性、劝说性、论辩性等）（Matthiessen，Teruya & Lin，2016：163）。就新闻语类特征在标题隐喻中的体现而言，该维度主要涉及隐喻结构的经济性和语篇组织性。

5.1　经济性

新闻语类简明扼要和客观性的语类特征同时体现在隐喻的成分结构中。隐喻结构是指隐喻在语言层次具有的成分构成，从理论上讲，在保证隐喻性的前提下，即一段话语中一定有一个喻体辞，隐喻结构可以是"本体＋喻底辞＋喻体辞""本体辞＋喻体辞""喻底辞＋喻体辞""喻体辞"这四种结构中的任意一种。研究表明，新闻标题隐喻最常见的结构是"本体辞＋喻体辞"和"喻体辞"这两种结构，诸如以下实例所示：

（18）Asia's Confidence in America is **fraying** （ *The Wall Street Journal* ）

（19）John Kerry on **forging** a Pacific Future （ *Los Angeles Times* ）

（20）**China's great wall of confrontation** （ *The Wall Street Journal* ）

（21）China's **Monroe Doctrine** （ *New York Times* ）

其中，例（18）和例（19）属于"本体辞＋喻体辞"式结构，例（20）和例（21）属于"喻体辞"式结构，在整个隐喻性新闻标题中仅出现喻体辞。

关于标题隐喻在语式维度的这一特征的解释与上文对标题隐喻在语场维度的及物成分倾向性的解释类似，两者均是受到新闻语类经济性、客观性和悬念性的影响，只是解释的角度不同。新闻标题通常是一个句子或者一个短语，仅保留关键信息概述新闻事态的参与者和参与过程而省略属性类解释，以此简要交代清楚新闻事实并保留悬念，吸引读者进一步阅读新闻，而"喻底辞"所蕴含的信息一般具有评价性和悬念性，通常在标题中被省略了，留待读者进一步在新闻正文中理解。在上述两种常见的新闻标题隐喻成分结构之间，"喻体辞"式结构更加简短，常常出现在更为凝练的短语式新闻标题中。

5.2 语篇组织性

隐喻可被用于组织语篇，作为组织原则为语篇增加衔接性（Goatly，1997：163）。隐喻在语篇中形成的词汇衔接，主要体现为重述和搭配两种类型（Halliday & Hasan，1976：288）。新闻语篇的标题具有概括性和指导性，新闻标题中的隐喻对此特征表现在隐喻的语篇组织性上。

新闻标题隐喻会影响整篇新闻的词汇筛选，形成语义关系网，确保整篇新闻的评价立场即语篇中的评价选择组合，带有特定修辞目的或权威建构的评价选择模式（Martin & White，2005：164），诸如以下实例所示：

（22）Frenemies：Tense **undercurrents** for US-China state dinner（*Los Angeles Times*）[①]

在例（22）这一隐喻性新闻标题中，"undercurrents"为该新闻定下了基本的评价立场，预示了在新闻正文中将出现一系列与标题评价立场一致的评价性资源。首先，新闻正文中出现了无数的概念词汇可以隐性表达评价意义，诸如"cyperspying，human rights，military tactics，hacking，disputes，slight，Korean War，Snub，protests，tirade，espionage，crackdown"。其次，新闻正文中还出现了许多显性态度性词汇，诸如"never good，daunting，be accused of，trampling，assertive，miffed，groundless，offending，sensitive，escalating，awkward，faulting"。这些隐性的评价性概念词汇以及显性的评价性资源共同构建了和谐的语义关系网，而这一语义网络的形成已经在标题隐喻"undercurrents"中被预示，对于部分新闻阅读者来说，即使不阅读整篇新闻，也能预测到整篇新闻的评价性立场以及报道者可能提及的经验事实或者使用的措辞。

---

① 该新闻正文可以在网上查询到，下文分析中所列举词汇均来自新闻正文，限于篇幅不在此引用全文。

　　新闻标题隐喻对正文中隐喻的使用具有制约作用。正如相关研究所述，认知语言学把隐喻看成概念域之间的互动或影射关系，概念域之间的互动使隐喻能在语篇层面进行延伸，形成一定的衔接模式（董素蓉，苗兴伟，2017）。这种衔接模式在新闻标题隐喻中尤其普遍，诸如以下实例所示：

（23）John Kerry on **forging** a Pacific future（*Los Angeles Times*）

　　在例（23）这一隐喻性新闻标题中，"forging" 的使用表明了隐喻的存在，该隐喻将 "Pacific future" 比喻为某种可以锻造的物体，从认知语言学的观点来看，目标域或心智空间 1 即为 "Pacific future"，源域或心智空间 2 则为 "可锻造的物体"，源域和目标域具有各自的特点，这些特点之间的互动映射使得该隐喻成为可能。该隐喻的使用预示了正文中一系列相关隐喻的使用。因此，在标题喻体辞 "forging" 之后，新闻正文中出现了以下三类衔接关系：（1）重复使用同一隐喻辞。比如 "...the United States must continue to forge a Pacific future" 中的 "forge"，与标题隐喻中的措辞一模一样。（2）使用类似但是比标题隐喻更容易理解的隐喻性词汇，对标题隐喻有一定的解释性作用。比如 "But building that future means ..." 中的 "building" 比 "forge" 更容易理解，因此对 "forge" 具有一定解释作用。（3）使用与双域互动或者空间融合相关的隐喻性措辞。具体来说，正文中出现了一系列有关 "forging a Pacific future" 的过程性和艰巨性的隐喻，包括 "present a united front; we narrowed differences; moving forward is essential; on a path toward sustainability; It is a daily march of progress ...; But the march is underway"。而且正文中还出现了有关 "forging a Pacific future" 的创造性或者建构性的隐喻，比如 "enhancing the security architecture" 和 "...is a cornerstone of the president's economical policy"。从这些例子可以看出，标题隐喻对正文中隐喻的使用具有引导作用，标题隐喻和正文中的隐喻形成了清晰的衔接网络。

　　从本节的两个示例可以看出，新闻标题中的隐喻对新闻正文中隐喻性和非隐喻性措辞的使用都有一定的指导作用，新闻正文中常常出现围绕新闻标题隐喻所铺开的词汇衔接网络和隐喻网络，这两种网络体现了新闻标题隐喻的语篇组织性。

6 结语

本文将悉尼学派的语类理论用于分析新闻语篇的语类特征在具体标题隐喻表达中的体现，研究描述了语言层的隐喻表达在语场、语旨和语式三个维度上所呈现出的特点，并从语类制约的角度解释了这些特点。语类是人类社会活动在反复比较和筛选后类型化的结果，在类型化的过程中，语类会形成各自独有的特征，这些特征制约了语类在外延符号层的实现方式，形成一定符号表达特色，同时也体现在符号层的各个方面。在这样长期的反复制约和体现的互动关系中，语类同时得到变化和发展。新闻语类的特征制约了隐喻的使用方式，同时也体现在隐喻的具体使用中，但是隐喻在新闻语类中的使用不是一成不变的，不仅有着共时维度的变化，还随着隐喻使用的反制和推陈出新而不断获得历时变化。

参考文献：

董素蓉，苗兴伟，2017. 隐喻的语篇衔接模式［J］. 外语学刊（3）：33－37.

韩书庚，2014. 新闻标题语言研究［M］. 北京：知识产权出版社.

牟许琴，2015. 隐喻的态度意义——基于英语诗歌语篇的系统研究［M］. 成都：四川大学出版社.

束定芳，2000. 隐喻学研究［M］. 上海：上海外语教育出版社.

BLACK M, 1962. Models and metaphor［M］. Ithaca, NY：Cornell University Press.

BLACK M, 1993. More about metaphor［C］// ORTONY A. Metaphor and Thought. 2nd ed. Cambridge：Cambridge University Press：19－41.

GOATLY A, 1997. The language of metaphors［M］. London：Routledge.

HALLIDAY M A K, MATTHIESSEN C M I M, 2008. An introduction to functional grammar［M］. 3rd ed. London：Arnold.

HALLIDAY M A K, HASAN R, 1976. Cohesion in English［M］. London：Longman Group Ltd.

HYLAND K, 2007. Genre pedagogy：language, literacy and L2 writing instruction［J］. Journal of second language writing, 16（3）：148－164.

HYON S, 1996. Genre in three traditions：implications for ESL［J］. TESOL quarterly, 30（4）：693－722.

LAKOFF G, JOHNSON M, 1980. Metaphors we live by［M］. Chicago：Chicago University Press.

LAKOFF G, JOHNSON M, 1999. Philosophy in the flesh: the embodied mind and its challenge to western thought [M]. New York: Basic Books.

MARTIN J R, EGGINS S, 1997. Genres and registers of discourse [C] // WANG Z H, eds. Genre studies (collected works of J. R. Martin Volume 3). Shanghai: Shanghai Jiao Tong University: 161 - 186.

MARTIN J R, ROSE D, 2007. Working with discourse: meaning beyond the clause [M]. 2nd ed. London: Continuum.

MARTIN J R, 2012. Lexical cohesion, field and genre: parceling experience and discourse goals [C] // WANG Z H, eds. Genre studies (collected works of J. R. Martin Volume 3). Shanghai: Shanghai Jiao Tong University: 31 - 64.

MARTIN J R, ROSE D, 2014. Genre relations: mapping culture [M]. Beijing: Foreign Language Teaching and Research Press.

MARTIN J R, WHITE P, 2005. The language of evaluation: appraisal in English [M]. New York: Palgrave Macmillan.

MATTHIESSEN M I M, TERUYA K, LIN W J, 2016. Key terms in systemic functional linguistics [M]. Beijing: Foreign Language Teaching and Research Press.

MILLER C R, 1984. Genre as social action [J]. Quarterly journal of speech, 70: 151 - 167.

MULLER C, 2008. Metaphors dead and alive, sleeping and waking [M]. Chicago: The University of Chicago Press.

SWALES J M, 1990. Genre analysis: English in academic and research settings [M]. Cambridge: Cambridge University Press.

The Realization of the Generic Features of News Discourses in Headline Metaphors

Mou Xuqin

Abstract：The stratified context theory of Sydney School holds that for a certain genre, generic features at the context stratum predetermine and get manifested in language expressions at the language stratum. News genre is important in social life as it provides an important access to the happenings in the world. This genre is characterized by features like accuracy, objectivity, brevity, clarity, concreteness and vividness, which guide the composition of news discourses and also get realized in language. News headlines are the primary component of news discourses and have the typical features of news discourses. The metaphors in news headlines, as the essence, realize the generic features of news discourses in a refined way. The application of the genre theory in Sydney School to the headline metaphors in news discourses discloses that the metaphorical features are realized on the three registeral provinces; namely, field, tenor and mode, which in turn get realized through the structural representation, metaphoricity, evaluative nature, economic nature and textual organization of headline metaphors on the denotative language strata.

Key words：news discourses; generic features; headline metaphors; field; tenor; mode

翻转课堂在研究生英语听说教学中的运用及成效

潘 文

（四川大学外国语学院，成都 610207）

摘 要：如何在英语听说教学中提高学生的注意力，避免学生"开小差"？笔者尝试在"第一外国语（硕士英语）"课程的听说教学中采用以提问为方式的任务型翻转课堂教学。问卷调查结果显示，这种教学模式的确达到了让学生的注意力更加集中的目的，本文的研究对提高英语教学质量和英语学习效果有一定的实践意义。

关键词：翻转课堂；研究生英语；听说教学

1 引言

听说训练对提升英语表达能力的重要性不言而喻。然而，英语听说教学中的一个常见问题是，学生对听说训练的音频、视频或其他同学的发言不感兴趣时，容易在"输入"的过程中"走神"、注意力不集中。由此，本文对以下问题展开研究：如何在听说教学中提高学生的注意力，从而提升课堂教学质量和学生的学习效率？本文的研究对英语教学各环节和提高英语学习效果有广泛的实践意义。

翻转课堂（Flipped Classroom）由传统的以教师为中心转向以学生为中心，其目的是让学习更灵活、主动，让学生的参与度更强，这与本文的研究问题契合。翻转课堂起源于美国，最早可追溯到 2000 年。美国迈阿密大学商学院的两位教师课前把陈述性知识内容上传到网站供学生们学习，课堂教学时间只用于小组讨论、开展实验和解决问题，强调对学生批判性思维的培养（汤亚，2020：1）。2012 年开始，翻转课堂教学理念进入我国，近年来飞速发展，形成了以微课、SPOC、MOOCs 等为依托的翻转课堂教学模式，国内学者们也积极探寻其本土化发展（陈崇国，2020；汤亚，2020；樊小明，杨静，2021）。虽然学界"对其结构、内涵、意义还缺乏一个清晰的界定"（孙德梅，孙婷婷，2022：92），但普遍都认同其颠覆了传统的"课上教师讲授、课后学生完成作业"的教学流程，形成了"课前完成知识传授，课堂完成知识内化"的教学新模式，其主要特征可概述为"问题导向、学生中心、教师主导"（陈崇国，2020：199；汤亚，2020：6；彭慧，马晓雷，2022：63）。实证研究表明，在大学英语听说课堂中，任务型翻转教学在提高听力水平、口语水平和词汇表达能力等方面都有明显效果（路华，2020），这种教学模式"既能够满足英语口语学习需要大量输出实操的要求，又可以提高学生英语口语学习的自主性和课堂参与度"（刘阳，2020：174）。笔者在四川大学2022年秋季学期的非英语专业研究生一年级"第一外国语（硕士英语）"课程的听说教学部分运用了以提问为方式的任务型翻转课堂教学，本文将基于对这门课的听说教学设计和课堂翻转实践，探讨如何在研究生英语听说教学中提高学生的注意力并检验其实际效果。

2 翻转课堂在研究生英语听说教学中的设计和运用

2.1 可行性

现有研究表明，翻转课堂的课中探究式教学模式更适合小班教学，翻转课堂课前与课后的自主学习更适合自制力和学习基础较好的学生群体（樊小明，杨静，2021：35），且翻转课堂对英语水平较高的学习者的效果更明显（彭慧，马晓雷，2022：66）。笔者所授的"第一外国语（硕士英语）"课程每个班18人，小班教学，且经过入学考试选拔，进入四川大学学习的研究生英语基础总体较好，因而是比较适合翻转课堂教学模式的。本文的研究也是结合课堂实际情况对翻转课堂的本土化尝试。

2.2 教学思路

翻转课堂的核心是由传统的以教师为中心的教学转向以学生为中心的教学，那么在英语听说训练中就要突出学生的主体地位，由学生来"讲授"，教师的任务就是要在课前设计和布置好任务。学生在课前按要求制作好英文PPT，在课堂中进行展示（学生任务1）。在学生展示PPT的过程中如何保证班上其余同学能集中精力跟上？针对这个问题，教师规定展示的学生在PPT播放开始时需提出2~5个问题（学生任务2），班上同学要重点关注这2~5个问题。在PPT结束后，教师随机点名班上同学回答（学生任务3）。之后教师根据学生的PPT展示情况进行点评和再次提问，再随机点名学生回答（学生任务4）；这个点评和提问也可由班上同学来做或在教师临场点评和提问之后学生再点评和提问（学生任务5）。整个听说教学过程注重教师与学生的互动、学生间的互动及学习中的问题意识，通过提出一个个具体问题，引导和吸引学生的注意力。实际上，这种把"任务"作为语言教学核心、让学生用语言来完成"任务"的教学模式，可追溯到20世纪80年代的任务型教学法，其在大学英语听说教学中的有效性已被证实（路华，2020：76）。本文的研究将检验通过提问给学生设定任务的教学方式是否能提高学生的注意力。

2.3　教学具体流程

第一，"第一外国语（硕士英语）"每周一次课（2学时），每班18人，分为9组，两人一组，在第8～16周之间，每周由一组同学向大家做PPT展示（课堂翻转1：以学生为中心）。每组的两位同学可以各自单独做PPT展示（每人不超过8分钟），也可合作完成（两人合计不超过15分钟）。

第二，每位单独展示的同学在PPT正式内容开始前提出2～3个问题，合作展示的同学则需提5个问题，所提的问题基于PPT的内容、以CET四六级听力考试中的题型为例模仿设计。PPT的最后再次显示这些问题，教师随机点名学生来回答（课堂翻转2：以学生为中心），学生在听的过程中必须集中精力关注这些问题的答案（精听练习），展示的同学在班上同学回答后需在PPT上给出正确答案。

第三，教师根据PPT的展示内容，临场提出2～3个问题再让班上同学回答（泛听练习）（课堂翻转3：以学生为中心），并就PPT的亮点和不足做出点评（视情况由学生来做），此后学生可继续点评和提问（课堂翻转4：以学生为中心）。

第四，PPT的内容不限，鼓励学生讲解专业知识或从专业角度介绍日常生活中的现象或社会、科技等的最新发展。在学生展示PPT之前，教师在第6～7周专门对英语PPT展示的要求做出清晰讲解和明确规定，并提供具体翔实的PPT案例让学生们了解如何做好本门课的英文PPT，比如英文大小写、人名、地名、标点符号、字号、排版等问题，如何设计问题和给出答案等。教师在学生进行PPT展示前的讲解和指导非常重要。研究表明，英语翻转课堂的效果关键在于加强对翻转课前的指导、监督和评价（彭慧，马晓雷，2022：67）。

2.4　教学创新点

第一，听说结合，要求学生养成边听边用符号记录关键信息的习惯，这与 CET 四六级、雅思、托福等考试的听力要求一致：听中速记。由此，平时的 PPT 展示过程也是对学生听力技能的训练过程，有助于提高学生 CET 四六级等听力考试分数。

第二，口语训练与精听、泛听结合。在 PPT 一开始提出问题，明确关键词，此为精听获取特定具体细节训练。之后教师根据学生 PPT 内容临场额外提问和点评等，此为泛听训练，目的在于训练学生理解听力文本大意和快速记笔记的能力，这也有助于帮助学生集中注意力。

第三，翻转之后再翻转，连续翻转。学生在 PPT 中设计好类似 CET 四六级的问题并用 PPT 展示是第一次翻转；教师随机点名让班上同学回答 PPT 中设计好的问题是第二次翻转；之后教师根据 PPT 展示和内容进行点评、再次提问、随机让学生回答是第三次翻转；通常学生还可对该次 PPT 进行再提问和点评，这是第四次翻转。翻转目的明确：突出学生的主体性，调动学生的积极性和参与性，提高学生的注意力和学习效率。

2.5　教学挑战

翻转课堂以学生为中心，对教师的专业技能、思政素养等有较高要求。本门课教师需要提前向学生阐明 PPT 展示要求，讲解听力练习中如何快速记笔记、CET 四六级等听力考试大纲及要求，对课堂节奏加以把控和引导，特别是要全力以赴、集中精力听懂学生的 PPT 并能临场提出有质量、有针对性的问题，等等。在该教学设计中，学生的听说训练并非源于教材，而是完全基于学生呈现的 PPT，这也形成了翻转教学中常见的"生成性课堂"，即尊重学生探寻知识与日常经验的连接点，把学生个性化的现场呈现转化为有价值的教学资源，此类教学资源具有开放性、随机性、不确定性、不可复性、情境性与参与性，在来回问答中最大限度地发掘学生潜能，师生共同参与创造形成双主体课堂（樊小明，杨静，2021：37）。本课程听说教学无教材准备，由学生的个性化 PPT 展示和一系列提问任务组成，这对教师个人的专业水平、临场应变能力、综合素养等提出了要求，教师必须和班上学生一道认真听取 PPT 展示，并能高水准地对现场的 PPT 展示进行提问和点评。

3　翻转课堂在研究生英语听说教学中的效果分析

在学期结束时，教师用问卷星发放了问卷，对该学期听说教学的效果进行调查。笔者讲授的"第一外国语（硕士英语）"课程共有6个班，每班18人，共计108人，回收试卷102份。

问卷结果表明，以提问为方式的任务型翻转课堂教学效果显著，高达99.02%的同学认为，教师规定的任务（即展示的同学在PPT开始提问，PPT结束后由教师随机点名让班上同学作答）有助于提高注意力，仅有1位同学表示"不清楚效果"（如图1所示）。此后，教师根据PPT的内容展示，临场追加的提问也发挥出了较好效果，有87.25%的同学认为是必要的，仅3.92%的同学认为没有必要（如图2所示）。可见，笔者设计的翻转课堂教学效果较好，达到了预期目的——提高了学生的注意力，从而也有助于提升课堂教学效果和学生的学习效率。然而，图3的数据显示，差不多有四分之一的学生认为当本门课转为线上教学时，听说教学受到了影响，这也从侧面表明，翻转课堂在传统的线下教学环境中开展时效果会更好。据此，本文的研究结果可以表述为：在线下教学环境中，以提问为方式的任务型翻转课堂教学有助于提高学生的注意力，从而有助于提高教学质量和学习效果。

1. 在英语PPT展示时，老师要求给同学们准备两个问题、PPT讲完后作答这种方式是否有助于提高注意力？[单选题]

选项 ⬧	小计 ⬧	比例
是	101	99.02%
否	0	0%
不清楚效果	1	0.98%
本题有效填写人次	102	

图1　教学方式是否有助于提高注意力

2. 老师对PPT额外的提问是否有必要？[单选题]

选项 ⬧	小计 ⬧	比例
是	89	87.25%
否	4	3.92%
不清楚效果	9	8.82%
本题有效填写人次	102	

图2　教师临场提问是否有必要

3. 教学从线下转为线上，是否对PPT那部分的教学有影响？ [单选题]

选项	小计	比例	
是	24		23.53%
否	70		68.63%
不清楚	8		7.84%
本题有效填写人次	102		

图 3　从线下转为线上是否对听说教学有影响

4　结语

本文的研究结果表明，笔者为解决在英语听说教学中学生"开小差"、注意力不集中这个问题而开展的以提问为方式的任务型翻转课堂教学是成功的。在笔者 2022 年秋季学期的研究生一年级"第一外国语（硕士英语）"课程的听说教学中，几乎所有的学生都表示此种教学模式提高了他们的注意力。笔者认为最根本的原因在于翻转课堂教学模式与提升英语"输出"能力理念的核心一致：以学生为中心。在实际的语言教学过程中，只有以输出为导向的课堂翻转才能促使学习内部机制发生，从而避免"形翻而神不翻"（田静，梁春泉，2022）。另外，笔者此次教学实践的一个特点是并未采取典型的翻转课堂模式（即课前由教师录制发布视频、学生完成知识点的学习），而是让学生课前自制 PPT，课中基于该 PPT 展开听说训练，这也是对翻转课堂本土化的一个探索。

本文的教学模式可尝试推广到英语教学的其他环节，但需要注意以下四方面。第一，本文的教学对象是四川大学非英语专业研究生一年级学生，英语基础并不薄弱，其配合度和自主性较好，且为小班化教学，这也是翻转课堂效果优化的条件。第二，本文翻转课堂的任务形式采用的是提问与回答的对话方式，其突出特点是临场性、现时性和情境性，与日常的英语听说契合度高，但形式稍显单一，可在今后的教学中混合运用其他方式，如思维导图、角色表演、辩论、抢答、竞赛等。第三，"生成性课堂"不基于任何教材，对教师的业务水平提出了挑战，教师要不断学习，尝试和改进教学方式方法，在专业和教学方面都要保持与时俱进。最后，课堂时间有限，学生听说能力的提高要靠平时的自主练习，教师要指导学生养成练习英语的好习惯，翻转课堂要求的自主学习能力和知识内化能力也是终身学习的内在要求。

参考文献：

陈崇国，2020. 翻转课堂模式应用于研究生英语教学中的可行性研究 [J]. 佳木斯大学
　　社会科学学报，38（4）：199－202.

樊小明，杨静，2021. 翻转课堂本土化教学实践研究——以内蒙古工业大学博士研究生
　　英语教学为例 [J]. 内蒙古农业大学学报（社会科学版），23（1）：34－38.

刘阳，2020. 基于思维导图的大学英语口语翻转课堂教学研究 [J]. 海外英语（24）：
　　174－175.

路华，2020. 大学英语听说课堂翻转式任务型教学模式的有效性研究 [J]. 湖北文理学
　　院学报，41（6）：76－79.

彭慧，马晓雷，2022. 翻转课堂在研究生英语教学中的应用反思 [J]. 高等教育研究学
　　报，45（4）：62－68.

孙德梅，孙婷婷，2022. 基于超星学习通的应用型本科院校大学英语课堂"翻转"教学
　　设计 [J]. 海外英语（14）：92－93.

汤亚，2020. 翻转课堂模式下大学英语课堂学生学习参与提升策略研究 [D]. 南京：南
　　京航空航天大学.

田静，梁春泉，2022. "大学英语"翻转课堂反思及探索 [J]. 大学（23）：111－115.

The Application and Effectiveness of Flipped Classroom
in Listening and Speaking Teaching of Graduate English

Pan Wen

Abstract：How can teachers improve students' attention and avoid students' "mind wandering" in English listening and speaking teaching? This paper tries to use task-based flipped classroom teaching via asking questions in the listening and speaking teaching part of the Course "First Foreign Languages (Master's English)". The results of the questionnaire survey show that this teaching mode indeed improves students' attention, which has a wide range of practical significance for improving the quality of English teaching and the effectiveness of English learning.

Key words：flipped classroom；graduate English；listening and speaking teaching

藏汉英日四语敬语对比研究与翻译①

谭益兰

（西藏大学旅游与外语学院，拉萨 850000）

摘　要：本文从语言类型学视角对比分析了亚洲区域内藏汉日三语和欧洲字母文字英语的敬语，详细探究了藏汉英日四种文化中的敬语异同点，分别从词汇、语法、句法三个类型分析归纳其敬语的异同点，最后提出上述四语之间敬语翻译的原则、策略与技巧，希望给从事藏汉英日四语教学、翻译、跨文化交际工作者带来一定的启示和借鉴。

关键词：藏汉英日；四语；敬语异同；敬语翻译

　　纵观人类文明发展史，不难发现礼貌用语几乎存在所有国家与地区的语言文化中。由于人们纵向权力的高低和横向关系的亲疏，在人际交往中，为了达到言语沟通的预期效果与交际目的，人们常常会使用礼貌用语。从广义角度看，礼貌不仅包括言语礼貌，也包括非言语礼貌，如语音、语调、语气、语速、轻读重读、抑扬顿挫、停顿等副语言（paralanguage）形式的礼貌表达，以及说话人的面部表情、手势等肢体语言（body language）的得体运用。礼貌用语除了委婉语，主要指敬语，本文探讨的是藏汉英日四语敬语。

　　敬语是表示对说话人尊重或尊敬的语言，常常指包含谦恭、恭敬意思的词句。刘宏丽（2001）在《现代汉语敬谦辞》一书中系统阐述了敬语的定义、产生的原因、特点及语用："'敬'和'谦'是一对对立的感情和态度。可是，'敬人'和'谦己'又具有高度的一致性。""谦己"是通过压低自己或与自己有关的人或事物去抬高他人或与他人有关的人或事物，这也是"尊人"的迂回、含蓄表达方式，即以谦为敬。"敬"和"谦"自古就是对立的组合，敬辞、谦辞统称为"敬语"。本文主要研究尊敬语、自谦语和其他美化礼貌用语。

---

① 本文系 2019 年度国家社会科学基金项目一般项目"语言类型学视角下藏汉英三语语序对比研究"（项目编号 19BYY113）阶段性成果。

1 汉藏日英四语敬语文献综述

在亚洲和非洲语言中，敬语使用是很重要的一个特点，也是语言突出的社会文化特征。中国是礼仪之邦，据史书记载，早在三四千年前的古代，敬语已广泛运用。漫长的封建社会等级森严，使得古代汉语有完整的敬语体系，不仅有一般程度的敬语，而且有针对最高权力代表皇帝或天子的最高级敬语如陛下、圣上等。瑞典著名汉学家、现代汉语音韵学的奠基人高本汉（Bernhard Karlgren）在 20 世纪早期（1910—1911 年）来华进行方言调查时观察到汉语敬语这一现象。我国著名的语言学家王力先生（2004：320 - 323）对上古人称代词的礼貌式做过系统研究。从 20 世纪 70 年代开始，一些日本学者也开始了对汉语敬语的学术性探索，如太田辰夫（1972）、藤堂明保（1974）、舆水优（1977）、井出祥子和彭国跃（1994）。之后，中国学者也继续开展了相关研究：苏德昌（1978）、陈松岑（1985；1986；1988）进行了日汉敬语比较研究；刘超班（1999）、王金芳（2000）、洪成玉（2010）、周筱娟（2008）等分别对敬语语素特点、类型、古代敬语的特点、敬语词汇等进行了梳理；温端政和温朔雁（2002）编写的《敬谦语小词典》收入古今常用敬语 1606 条。中华人民共和国成立后，人民当家作主，话语体系也向平等过渡，少数敬语和一些自谦语在现代汉语中保存了下来，但敬语数量和使用频次远不及古汉语，尤其是日常生活用语方面仅保留少数敬语如"您""贵庚"等。值得一提的是，在外交活动、商务沟通、新闻出版等正式场合用词相对更加正式，保留了一些敬语。

从其产生历史来讲，敬语是社会严格地分成不同等级及等级间界限不可逾越在语言上的反映。1959 年之前，西藏是一个等级森严的政教合一、僧侣和贵族专政的封建农奴专制社会，藏语敬语一般用在下级对上级、晚辈对长辈、平辈中的年幼者对年长者或互不相识的陌生人之间，使用敬语是对上级、长辈、长者和陌生人的尊重，也是说话人文化素质高、修养好的一个体现。《五部遗教》记载："……之后由十二小邦统治，取地名为萨瓦咔吉，至此出现顶礼和敬语。"由此可见，西藏在十二小邦时期就已经有了敬语。从而可证实，3000 年前的藏语语言交际中已使用敬语。从目前所掌握的资料来看，吐蕃王朝时期的碑文以及敦煌藏文残卷也可证实，藏语敬辞的使用历史悠久，大约 1000 多年前的藏文文献如《米拉日巴传》等书籍中大量使用敬语。从地域上看，拉萨、日喀则、山南等地区敬语使用频繁，而昌都、那曲、青海玉树等地敬语几乎不用。CNKI 上查阅到的最早研究藏语敬语的是胡书津（1985），之后有学者做了一些研究，如索南坚赞（1990）、曹晓燕（1994）、达瓦次仁（1996）分别对藏语词的结构类型、特点、结构发展，以及藏语敬语与非敬语实例对比展开研究。近年来，次旦卓嘎（2013）、扎西草（2013）、太哇加（2015）、次旺欧珠（2019）分别深入探讨了藏语口语敬语、敬语词研究、敬语应用研究、称谓语中的敬语。随着社会历史的发展，藏语敬语的词汇数量逐步增多，其使用也更加规范。藏语固有词中有敬语与非敬语之分，几乎所有的动词、物质名词都有敬语。藏语敬语也分若干层次，如对高僧大德、老师等说话要用最高层次的敬语。据有关学者初步统计，藏语中有 8000 多个敬语词。索朗多吉等人（1993）编写的《藏语敬语词典》收录了 5500 多条敬语。敬语还起到祝词的作用，如在西藏节庆、婚礼、集会、宴会等场合都会使用敬语词以表达美好祝福和祝愿。可以说敬语与藏族人的生活息息相关。

日本社会等级意识强烈，在语言上的反映就是敬语使用特别频繁。17 世纪初葡萄牙传教士约翰·罗多里格斯最早进行日语敬语研究并完成《日本文典》。第一部由日本人写的专门研究敬语体系的书是 1892 年三桥要也撰写的《邦文上の敬语》。山田孝雄和时枝诚记被称为日本敬语研究史上的双璧，二人分别于 1924 年、1941 年出版《敬语法の研究》《国语学原论》，在敬语研究史上产生了深远影响。其后，日本国内敬语研究成果丰硕，出版了很多敬语谦语词典、专著、论文等。读秀学术搜索显示，从 1979 年至笔者检索之时（2020 年 11 月 18 日）近 40 年间，我国共发表有关日语敬语研究中文学术期刊论文和学位论文 1103 篇，出版敬语研究中文图书 574 本。日语中的一些词语有专门的敬语词，此外，还可借助接头辞、接尾辞、助动词、补助动词和相关句型表达敬意。本文所研究的日语敬语主要包括尊敬语或尊他语、自谦语、美化语三个方面。

从目前查阅到的所有敬语对比文献来看，已有研究主要是从双语对比角度研究敬语，如英汉、汉日、韩汉等双语敬语对比，比较其词法、句法或语法手段等。桑达多吉和丹增拉宗（2002）编写的《藏语敬语：藏汉英对照手册》，研究的是藏语敬语，汉语和英语是释义，并没有相应的汉英对照敬语编入该词典。因此，考虑到目前还没查阅到国内有三语或四语敬语对比研究，本文从词法、语法、句法三个维度对藏语、汉语、日语、英语四语的异同展开分析，最后提出上述四语敬语的翻译原则、策略与技巧。

2　藏汉英日敬语异同比较研究

2.1　词法

藏汉日三语中敬语词汇都很丰富，尤其是日语和藏语，一些事物既有敬语表达方式也有非敬语表达方式。限于篇幅，本文主要从称谓性敬称、动词性敬语以及其他一些构词法构成敬称的角度对比分析藏汉英日四语敬语的词汇异同点。

2.1.1　称谓性敬称

在称谓性敬称方面，我们主要探讨名词性敬称和人称代词敬称。名词性敬称主要包括亲属性称谓敬语、社交性称谓敬语、官职性称谓敬语。汉语称谓形成一个完整的系统，由自称、对称和他称构成（张龙虎，1987）。

藏汉日三语第一人称代词都有自谦表达，也有普通表达。藏汉日三语第二人称都有尊他敬语表达。藏语、日语第三人称都有尊他敬语表达。而英语的第一、第二、第三人称代词没有谦称，也没有敬称。

在名词性称谓语中，汉语和日语都有针对自己的亲属或我方事物的谦称，同时还有针对对方、他方的敬语。值得一提的是，藏语名词性称谓语有点特别，即便是自己的父母等长辈都可以加"ལགས་"表示敬称，一般有一定文化背景的藏族家庭，孩子从小对父母都要用敬语"པ་ལགས། ཨ་མ་ལགས།"，只有称自己时不用敬语，其表达尊敬的对象多且广。藏汉英日都有社交性称谓敬语、官职性称谓敬语，这是因为在社交场合都需要尊重交往对象。四语称谓性敬称如表 1 所示：

表1　藏汉英日四语称谓性敬称

敬称类别	具体分类	藏语	汉语	日语	英语
人称代词敬称	第一人称：我、我们；我的、我们的	有谦称： བདག ། བདག་ཅག གུས་པ། གུས་མོ ཕན་ ངའི།	有谦称： 在下/鄙人/不才/晚辈/老朽/小的/愚弟/愚妹/弟/儿	有谦称：わたくし/わたくしの本/わたくしども/友人/小生/吾輩/手前	无
	第二人称：你，你们；你的，你们的	敬语： ཁྱེད་རང་། ཁྱེད་ཚོ	尊称：您/您老/您两位/您几位/您老人家 有时面对长者或上级也会用老先生/大人/阁下/前辈等面称敬语代替您	あなた/あなたの本/お宅/あなた様/あなた方	无
	第三人称：她/他/它，他们/它们；她/他/它的，他们的/它们的	敬语： ཁོང་། ཁོང་ཚོས་པ།	无	普通用语彼/彼女很少用，一般用"姓氏＋さん"或"名字＋樣（さま）"指代	无
名词性敬称	亲属性称谓敬语	སྐུ་པོ་ལགས། སྐུ་མོ་ལགས། པ་ལགས། ཨ་མ་ལགས། ཨ་ཁུ གཅེན་མོ་ལགས། གཅེན་པོ་ལགས།	己方谦称：家父/家母/家叔/小女/犬子/舍妹/敝友/寒舍 他方敬称：令郎/令爱/尊夫人/尊祖父/令亲/贤侄 背称尊称：她老人家/他老人家	谦语：针对自己的家人或我方事物要用普通用语，针对对方的家人或事物要用敬语 尊称他人亲属：おじいさん/おばあさん/お兄さん/お姉さん/ご令弟/ご兄妹/父上/母上/兄上/姉上 谦称自己的亲属：父/母/主人/家内/兄/姉/愚妹/愚弟	无

续表 1

敬称类别	具体分类	藏语	汉语	日语	英语
名词性敬称	社交性称谓敬语	在一些亲属称谓词后面加 ལགས། （或མཆོག）（多用于文言文），表示社交环境下的敬称：སྐུ། （藏文）	大姐/大哥/阿姨/叔叔/大爷/大妈/师傅/大娘/大叔/小姑娘/小伙子	おじいさん/おばあさん/おじさん/おばさん/お兄さん/お姉さん	granny/grandpa/aunt/uncle/Mr./Mrs./Miss/Ms./Sir/ma'am
	官职性称谓敬语	藏语官职性称谓敬语很简单，直接在官职（官职一般音译成藏语）后面加 ལགས། （或མཆོག）（多用于文言文） 如：（藏文）	书记/老板/校长/处长/主任/科长/董事长/部长/王教授/李老师/张工/博士/李经理/蒲院士/刘医生/桑律师	先生/社長さん/課長さん/大工さん/看護婦さん/医者さん	Doctor/Professor/Mr. President/Officer/Your (His/Her) Majesty/Your (His/Her) Excellency/Their Excellencies

2.1.2　动词性敬语

所有语言都有动词，构成谓语的动词是非常重要的词类。日语和藏语一些动词都有对应的敬语动词形式，严格意义上说，汉语动词没有专门对应的敬语词，其敬语动词都是通过在普通动词的基础上加上常见的表示敬意的词如"惠、恭、荣、叩、拜、借、劳"等构成敬语，如"惠顾、恭迎、荣升、叩谢、拜见、借光、劳驾"等。如表 2 所示：

表 2　藏汉英日四语动词性敬语

敬语构成方式	藏语	汉语	日语	英语
添加语素或单词构成敬语	一些语素本身就是敬语，含有这些语素的动词就构成藏语的动词敬语，如语素 ཞབས་ 和 ལགས་ 可构成以下动词敬语：ཞབས་ ཤང་་པེབས། ཞབས་དཀར་གྲུ། ལགས་ སྙིངས། ལགས་ཅུ་འབུལ། 等。后缀加在其他名词、动词、动名词以及各种短语之后，也可以构成新的藏语敬语动词，主要的敬语动词后缀有：གནང་/ཞུས/ཞལ/འབུལ། 构成示例如下：ལས་ཀི་ཞུ་―ཕྱག་ལས་གནང་། བཀའ་བྲོ་གནང་།―དགོངས་ཚལ་ཞུས། 此外，动词"吃"的敬语 བཞེས་ 添加在其他一些名词前，也构成敬语，如 བཞེས་ཁག་ བཞེས་འོག་ བཞེས་ཇུ།	在一些动词前添加"莅、俯、垂、拜、奉、谨、敬"等词构成敬语，即敬称对方的行为或与对方相关的说话者的行为，如：莅临/俯晼/俯从/垂听/垂阅/拜访/拜望/奉访/奉拜/谨记/谨告/敬听/敬领等。因此，严格意义上说，汉语动词没有专门对应的敬语词，其敬语动词都是通过普通动词前加上常见的表示敬意的词如"惠、恭、荣、叩、拜、借、劳"等，构成敬语，如"惠顾、恭迎、荣升、叩谢、拜见、借光、劳驾"等。	普通动词ます形表示敬语，如来ました；ださる表敬语，如お＋动词（ます形）＋くださる，ご＋三类动词的汉字部分＋くださる；动词连用形＋で助动词れる、られる、动词未然形（五段动词）＋れる、动词未然形（其他动词）＋られる、サ变动词词干＋される，即日语动词的被动形式表示尊敬的意思：書く―書かれる 聞く―聞かれる 来る―来られる 話す―話される	在动词前加 seem to/sort of/kind of/in a way 等，通过含糊语义起到礼貌表达效果：He doesn't seem to be a nice guy. 或在动词短语前面或后面加 please 以示尊重对方
用对应的敬语动词取代非敬语普通动词	藏语中同样一个行为动词有敬语动词和非敬语动词之分，如：འདིར་ཤོག―འདིར་ཕེབས། ཁ་ལག་ཟ་ན་་འདི―ཁ་ལག་མཆོད། ཉལ―བཞུགས། འགྲོ―ཕེབས། 此外，藏语动词 གནང་ 可以代替所有的敬语动词表示尊敬。		自谦：行く―参る 来る―おる 飲む/食べる/くれる ―いただく 敬他动词：来る―いらっしゃる 行く―いらっしゃる 見る―ご覧になる 食べる―召し上がる 飲む―召し上がる	极少数动词有更委婉、更郑重等礼貌表达：ask- request thank- appreciate refuse- decline

2.1.3　某些语素或构词法表达敬意

　　藏、汉、日都能通过前缀法或接头词、后缀法或接尾词等构成敬语词或敬语表达，但英语加前缀或后缀只能改变词义或词性，并不能实现语义上的敬语表达。具体如表 3 所示：

表3　藏汉英日四语某些语素或构词法表达敬意

敬语构成方式	藏语	汉语	日语	英语
前缀法或接头词	前缀型敬语词多数是名词（也有动词），藏语中名词性敬语词数量最多，前缀法或接头词是构成敬语名词的最主要手段。藏文前缀主要有：བཀའ་/སྐུ་/ཞབས་/དབུ་/ཐུགས་/ཞལ་/ཕྱག་等。构词示例如下： ཏི — གསོལ་ཇ། མདངས་པ— བཀའ་མངགས། གཉེན— བཞེས་གཉེན། ཁ་ལག—ཞལ་ལག། ཁ་ཏོག—ཞལ་ཏོག། ཁ་ལག—ཞལ་ལག།	姓氏前加上"老"或"小"，如：老王/老三/小刘/小曾。称谓语或一些名词前加上"令、贤、尊、太、贵、高、大、华、芳"等词，如：令尊/令母/另叔/令郎/贤父/贤夫/贤内/尊父/尊母/尊夫人/尊名/尊府/太公/太夫人/贵姓/贵单位/高见/高作/大作/华章/华篇/芳札/芳龄	尊他语：接头词"お"和"ご"（御）接在与对方有关的名词、形容词、形容动词等前面，以示尊敬，如：お名前/お部屋/お宅/お茶/お菓子/お手纸/お弁当/お仕事；ご家族/ご兄弟/ご意见/ご自分/ご返事/ご住所/ご亲戚/ご兄弟/御社。 在一些组织机构的名词前加"贵"或"御"表示尊称，如：贵校、贵社、御社等。 自谦语：用"拙、愚"加名词，谦称与自己相关的事物，如：拙稿、愚妻等；豚儿是对自己儿子的谦称	无
后缀法或接尾词	直接在称谓语、官职后面加ལགས།构成敬称，如：སྐུ་ཞི་ལགས།/ཅན་ལགས།/ཨ་ཙན་ལགས།	人称代词或姓氏后加"老、位"等表示尊称，如：您老/许老/您二位/您几位	接尾词"様、さん、殿、君"，接在与对方有关的名词后面以示尊敬，如：お客様/山下様/刘さん/社长殿	无

2.2　句法

一些特定的句型也能实现敬语表达，这是藏汉英日四语一个非常重要的、共同的突出特征。尤其是英语，主要是借助一些特定的句型来表示尊敬。如用含情态动词的一般疑问句等表示友好协商的语气，在批评建议时用泛化、弱化说话人的语气，从而很好地保全了听话人的面子，也尊重了听话人，遵从了言语交际的礼貌原则。具体如表4所示：

表 4　藏汉英日四语句型表达敬意

敬语句型类别	藏语	汉语	日语	英语
寒暄	སྐུ་གཟུགས་བཟང་། ཁྱེད་མཚར་པར་དགའ་པོ་བྱུང་། ཁྱེད་རང་སྐུ་གཟུགས་བདེ་པོ་ ཡིན་པས། ཐུགས་རྗེ་ཆེ།	您好！/身体好吗？/去哪？/忙吗？/吃了吗？/早上好！/劳驾一下！/请您关照！/很高兴认识您！/谢谢您！/对不起！/再见！	どうぞ、よろしくおねがいします。/こんにちは。/お元気でいらっしゃいますか。/どうもありがとうございます。/また、近いうちにお会いしたいと存じます。/では失礼。	Good morning. / Good afternoon. /Good evening. / Good night. / Excuse me. / Nice to meet you. /Thank you. /Sorry. /Goodbye. / Have a nice day. /Have a good weekend. /I hope you get well soon.
请求	藏语敬语词 གནང་ དང་ 用于句末叩构成礼貌表达请求之意，如：ཞལ་ལག མཆོད་ག་གནང་དང་། བཀའ་སློབ་གནང་དང་།	请……/能不能请您……/是否……/……，好吗？/跟同学一起来吧！/大姐，请您开一下门，好吗？/同学，可不可以麻烦你帮我一个忙？	すみません。日语敬他句型：1. お/ご＋动词（ます形）＋になる；2. お/ご＋动词（ます形）＋です；3. お/ご＋动词（ます形）＋なさる	Would it be possible .../Is there any chance .../Would（Could）you please clean up the room? /Your side of room is pretty bad. /Should （Might/May/Can/Could）I come in? /Would you like to .../ Why don't you go to the beach with me? /Could you go shopping with me?
批评	无（藏语批评人一般用谚语）	今天我要批评一些不认真的同学……/您忘记付钱了吧！/我们还是要好好学。	日语自谦句型：1. お/ご＋动词（ます形）＋する；2. お/ご＋动词（ます形）＋いたす；3. 动词使役态连用形＋ていただく；4. 动词使役态连用形＋てくださ	I am afraid we made a mistake. /We don't sit on the ground. /One shouldn't kill the insects.
特定句型：条件句、否定句、疑问句	གལ་སྲིད་ཁྱེད་རང་ལེ་ལུང་། མཆོད་ཁོག་ནང་ཁྱག། རོགས་ཤིག་གནང་རོགས་ག་ འདུག་གམ། ཁྱེད་རང་གིས་མིན་ནི་ཡིན་ན། བསྐོད་ཡོང་ངམ་འདུག་གམ།	您介意我抽烟吗？/师傅，您能不能把烟灭了？我晕车，怕到时把您的车弄脏。/可不可以麻烦您帮我一个忙呀？/您要是顺路的话，可不可以搭我一下？	い。如：この本は、先生に貸していただきました。お荷物をお持ちしましょうか。	If you don't mind my asking, where did you get the suit? / He doesn't work very hard. / Could you pass the salt to me, please? /Perhaps it is not good to kill the insect.

2.3　语法

藏汉英日语都是语法系统规范的语言，其语法都要通过一些显性的具体形式或者结构表现出来，如藏英日三语的不同时态，其动词分别有不同的词形变化。因此，藏汉英日四语都可通过一些语法手段如虚拟语气、被动语态等实现请求、批评、建议等礼貌表达，达到表示尊敬的效果。具体如表5所示：

表5　藏汉英日四语特定语法结构表达敬意

敬语语法类别	藏语	汉语	日语	英语
时态、体态	根据藏语语法理论，含ག的句子表示假设、虚拟语气。如： ཁྱེད་རང་གལ་སྲིད ཡོང་ན། ཁྱེད་རང་ཡོངས་ཐུབ ན་ཡག་ག་ལ། གལ་སྲིད་ཁྱེད་རང་ ཡོངས་ཐུབ་ན་ཡག་ག ག་ལ།	汉语没有虚拟语气，但汉语并不缺乏表达虚拟语气的手段，汉语虚拟语气的表达很依赖语境，如：今天晚上能去听讲座就好了。	日语虚拟语气主要通过句型"～たら""～ば"来表示，可通过虚拟语气表达委婉批评效果，如：早く修理をしておいたらよかったのに。	英语在提意见或请求时，用一般过去时、过去进行时、虚拟语气等将请求或建议在时间上推远一步，达到礼貌尊重的效果；也可用现在进行时、过去进行时强调动作的短暂性、一时的想法，从而实现礼貌效果：I wondered (have been wondering/was wondering) whether you could help me. /If I were you, I will go for Plan A.
语态	无	用被动语态隐去施动者，保全其面子，从而达到礼貌表达的效果！如：杯子给打破了。/钱包被偷了。	一些日语动词的被动语态可用于表达敬意。*	被动语态可客观陈述事实或某一行为，隐去施动者，避免直接提到行为发出者，不使人难堪，从而达到礼貌效果：Turn in your homework if it can be done. /A stick was used to beat the dog. That's going too far.

* 详见表2。

3 藏汉英日敬语翻译原则、策略与技巧

3.1 藏汉英日敬语翻译原则

3.1.1 对等性原则

翻译即翻"意"，翻译的本质是传达意义。美国著名翻译理论家奈达提出动态对等翻译，指从语义到语体，在接受语中用最切近、自然的对等语再现源语信息（谭载喜，1999）。一个合格的译者要着眼于原文的意义和精神，翻译首要任务即翻"意"，不拘泥于原作的语言形式与结构，即不拘泥于形式对等。但是，如果原文的形式也构成意义的一部分，在实现意义对等的基础上，译文应尽量保留原作的形式。由于敬语的使用受到不同文化传统和社会制度因素的影响，在翻译时，译者必须首先深刻理解原语敬语的表达语境、含义和语用，同时考虑译入语敬语的表达规则与言语习惯，适当地对等处理成相应的敬语表达形式。此外，若原文没有使用敬语，但目的语此种语境下一般都是使用敬语，也要根据对等性原则翻译成目的语敬语表达形式。

3.1.2 一致性原则

本文所讲的一致性原则包含两层意思：一是原语和目的语敬语等级大体相当，即原语和目的语敬语表达尊敬的程度基本一致；二是译入语的各种层面上敬语表达一致，即同一个语篇内敬语表达保持一致。如果译入语敬语系统发达完备，应当在译入语每一个子系统中使用敬语，如在人称代词、名词、动词甚至语法和句型上等都实现对应敬语表达。切忌一部分内容使用敬语，一部分使用非敬语，造成前后表达不连贯、不匹配、不一致、不协调。尤其是将敬语使用较少的英语译成敬语表达较系统完备的汉语、日语、藏语时，特别要留意这个问题。

3.2 藏汉英日四语敬语翻译策略与技巧

3.2.1 对等转换

对等转换即原语和目的语敬语系统同样高度发达或高度契合时，直接将原语中的各种敬语成分，如称谓性敬语、动词性敬语、语法和句子结构等所有构成敬语的成分或子系统都对等处理成敬语形式。如：

例1　老师，请您喝茶！

（日语）先生はお茶を召し上がれください。

（藏语）ཉེན་ལགས།, གསོལ་ཇ་མཆོད་དང་། （ཉེན་ལགས།是藏语对老师等长辈的敬称，不分男女，均可使用。）

（英语）Professor, would you like a cup of tea?（professor 是英美对有该职称教师的尊称。）

例2　校长今天来我院调研。

（日语）校長先生は本日、研究のためにわたくしの学院に来ました。

（藏语）སློབ་གྲྭ་ལ་གདན་དེ་རིང་ང་ཚོའི་སློབ་སྐྱེད་དུ་འཚོལ་ཞིབ་གནང་གགགས་ཡོངས་སོང་།

（英语）The President of our university paid a research visit to our school today.

例3　先生，您好！请问可以点菜了吗？

（日语）お客様、今からお料理をご注文してもよろしいでしょうか?（お客様是日语中对客人的尊称）

（藏语）སྐུ་ཏོ་ཚོ་འབོད་ན་འབྲིག་པ་འདུག་གམ།

（英语）Excuse me, sir, may I take your order now?

3.2.2　采用增译或减译

原语和目的语敬语有很大差异时，尽量将原语中的敬语保留，可采取增译的方法，如借助目的语语法或句子形式保留敬语信息。反之，即可以采用减译，适当删减原文敬语信息（曾小燕，2014），使其符合译入语语言没有敬语表达的言语习惯。

日语、藏语较重形式，在它们的词汇、语法机制中，存在着一套可以通过动词、助动词、补助动词、句型等来体现尊敬的完整而复杂的敬语体系。藏语敬语词很多，有名词敬语词、动词敬语词和代词敬语词（代词也有自谦词）。日语敬语系统也特别发达，不仅可通过接头词或接尾词等构成词汇层面上的敬语，还有句法层面上的敬语，还可以通过语法手段如日语动词的被动形式表达敬意。除此之外，日语的自谦语也很发达。藏语和日语中表达同一意义的词既有一般非敬语词，也有对应的敬语词。相比上述两种语言，汉语的敬语没有那么广泛、系统，尤其是现代汉语敬语比起古代汉语敬语使用的频率更少，在实际交际中，汉语敬语是主要依靠敬、谦词语作为表示尊敬的主要方式。在汉语译成藏语、日语时，可按照原语的礼貌等级，相应地增译成译入语敬语或自谦语。英语表示敬意的礼貌表达主要是通过特定句型来实现，有极为少数的几个词语通过礼貌表达的方式起到尊敬对方的作用。

本文对英、汉、藏、日四种语言文字进行比较后发现，藏语、日语中使用敬语比汉语、英语使用敬语的频率要高得多，而且使用对象和场合要求也比较严格。因此，有些汉语和英语句子中虽然未用敬语词，译成藏语和日语时，应增译敬语表达，使之符合藏、日两语表达习惯。同样，因藏语和日语中敬语使用频繁，译成汉语、英语时，如果译入语出现敬语空缺，可以通过增加商量建议语气、弱化批评指责等适当保留原语中的敬语信息或实现礼貌原则。如果译入语没有相应的句型表达礼貌与敬意，只能减译敬语信息，处理成译入语常见的一般表达。例如：

例4　请勿抽烟！

英语：Thank you for not smoking！／Please do not smoke. Thanks for your cooperation.

藏语：བཞེས་ཐ་མ་མཆོད（བཞེས་ཐ། 是藏语烟 ཐ་མ་ཁ 的敬语）

ཐ་མག་འཐེན་མ་གནང་རོགས།

日语：たばこはごえんりょください。

例5　（汉语）欢迎光临！

英语：Welcome.／You're welcome.

日语：いらっしゃいませ！

藏语：ཅིབས་སྒྱུར་གནང་པར་དགའ་བསུ་ཞུ་གི་ཡིན།

例6　I'm a teacher.

汉语：我是一名教师。

藏语：ང་ནི་དགེ་ཀན་ཡིན།（དགེ་ཀན། 是教师的普通用语，自己用时不能用敬语）

　　日语：わたくしは教師です。（日语用了自谦语わたくしは，"教師"是"教师"的普通用语）

4　结语

　　语言是一个复杂的系统，尤其在口语中，除了言语外，副语言和肢体语言也会极大地影响语言表达的效果，音量的大小、语调的高低、语气和停顿，加上微笑、眼神交流等面部表情和手势等肢体语言，完全可以颠覆言语表达的意思和言语传递的敬意。心理学家研究发现，在面对面的交流中，55%的情感内容是由非语言暗示的，比如面部表情、姿势、手势、体态、眼神等；38%的内容由声调表达；只有7%的内容是用语言说出来的。有时，即便受语言使用习惯、教育水平等影响，说话人并没有使用敬语，但其面部表情、眼神、手势等肢体行为表现了对听话人的尊敬，同样也可以弥补言语敬语的缺失，实现礼貌效果。因此，在用藏汉英日四语口语表达敬意时，还必须使用与之相匹配的面部表情、手势等非言语表达方式。

　　本文对比分析了藏汉英日四语敬语在词汇、句法、语法方面的差异，提出了对等性和一致性的翻译原则，并对对等转换、增译、减译等翻译策略与技巧进行了总结和归纳，以期抛砖引玉，进一步推动敬语对比研究范围的拓宽和研究深度的加深。

　　致谢：本文写作过程中得到西藏大学文学院退休教师大次多老师、日本外教 Kurumi、我院日语教师王玉和美国外教 Valerie 等人的帮助，在此表示感谢！

参考文献：

本尼狄克特，2009. 菊与刀：日本文化面面观［M］. 北塔，译. 北京：北京理工大学出版社.

曹晓燕，1994. 藏语敬语简论［J］. 西藏研究（3）：115 – 123.

次旦卓嘎，2013. 拉萨口语中的敬语研究［D］. 北京：中央民族大学.

次旺欧珠，2019. 浅谈藏语亲属称谓及其文化［D］. 拉萨：西藏大学.

达瓦次仁，1996. 世界之最——藏语敬语［J］. 西藏民俗（2）：15 – 16.

洪成玉，2010. 谦词敬词婉词词典［M］. 增补本. 北京：商务印书馆.

胡书津，1985. 藏语敬语词［J］. 西南民族学院学报（哲学社会科学版）（2）：93 – 101.

刘超班，1999. 敬语起源的猜想［J］. 武汉教育学院学报（4）：68－73.

刘宏丽，2001. 现代汉语敬谦辞［M］. 北京：北京语言文化大学出版社.

卢万才，2010. 现代日语敬语［M］. 哈尔滨：黑龙江大学出版社.

桑达多吉，丹增拉宗，2002. 藏语敬语·藏汉英对照手册［M］. 拉萨：西藏人民出版社.

索朗多吉，罗丹，班丹，等，1993. 藏语敬语词典（藏汉对照）［M］. 北京：民族出版社.

索南坚赞，1990. 藏语敬语词的结构类型探讨［J］. 西藏研究（1）：95－101.

太哇加，2015. 藏语敬语应用研究［D］. 西宁：青海师范大学.

谭载喜，1999. 新编奈达论翻译［M］. 北京：中国对外翻译出版公司.

田青，1979. 关于现代日语敬语［J］. 教学研究（2）：58－63.

王金芳，2000. 试论中国古代敬语的特点［J］. 武汉教育学院学报（4）：74－79.

王力，2004. 汉语史稿［M］. 北京：中华书局.

温端政，温朔雁，2002. 敬谦语小词典［M］. 北京：语文出版社.

毋育新，2014. 现代日语礼貌现象研究［M］. 杭州：浙江工商大学出版社.

曾小燕，2014. 汉日敬语的翻译原则［J］. 海外华文教育（3）：267－274.

扎西草，2013. 基于信息处理的藏语敬语词研究［J］. 西北民族大学学报（自然科学版）（4）：63－68.

张龙虎，1987. 古今称谓漫话［M］. 北京：华夏出版社.

周筱娟，2008. 现代汉语礼貌语言研究［M］. 北京：中国社会科学出版社.

Comparisons of Honorifics of Tibetan, Chinese, Japanese and English from the Perspective of Linguistic Typology and Their Honorifics Translation

Tan Yilan

Abstract: The thesis compares honorifics in four languages, namely, Chinese, Tibetan and Japanese in Asia and alphabetical language English in Europe from the aspect of linguistic typology, in terms of lexical items, grammatical devices and sentence structures. The aforesaid four languages share similarities and differences on these three aspects. The article finally ends by offering some principles, strategies and skills for honorifics translation among the above quadruplets in order to help with the personnel who work with the above four languages either teaching or translating or other different forms of cross culture communication among the four cultures.

Key words: honorifics; Tibetan, Chinese, Japanese and English; their honorific similarities and differences; honorifics translation

学术英语课堂教学的思考

翁晓红

（四川大学外国语学院，成都 610207）

摘　要：学术英语是我国大学英语教学改革的方向之一。经过多年的学术英语教学实践探索和教学理论研究，学术英语教材选取、教师对学术英语的认知和教学方法都呈现出一些特点和趋势，但也出现了教材选取不合理、教师对学术英语认识不足和教学模式单一的问题，值得大学英语教师思考。

关键词：学术英语；学术英语教材；教师认知；教学模式

1　引言

学术英语这一概念的提出源于海外留学生在英语国家接受高等教育时所产生的语言问题。这一语言问题引来不少学者的关注和研究。为了帮助海外留学生渡过语言难关，学术英语应运而生。有学者把英语教学分为通用英语（English for General Purposes，EGP）教学和专门用途英语（English for Special Purposes，ESP）教学两大类，认为专门用途英语是一种以需求为导向的语言学习方法。乔丹（R. R. Jordan）把专门用途英语又细分为学术英语（English for Academic Purposes，EAP）和职场英语（English for Occupational Purposes，EOP），学术英语又进一步被细分为通用学术英语（English for General Academic Purposes，EGAP）和专门学术英语（English for Special Academic Purposes，ESAP）（Jordan，2016：4 - 5）。

2　国内通用英语与专用英语之争

国内关于学术英语教学的发展研究主要围绕整体定位、价值导向和发展方向三个问题展开，争论主要集中在以下三个方面：（1）学术英语的整体定位是大学英语的替代还是与大学英语互补；（2）价值导向是人文性的还是工具性的；（3）发展方向是专业学习的衔接还是大学英语的延伸。对第一个问题的争论最为激烈，有学者认为，通用英语已经完成其历史使命，应该用专用英语加以替代，认为大学英语的教学定位需从目前以学习语言为目的的基础英语教学转移到为专业学习服务的学术英语上来，提出专门用途英语教学将是我国大学英语教学的发展方向（蔡基刚，2012：30－35）。有学者认为，通用英语与专用英语并非相互对立，非此即彼，它们可以互为有益补充，主张每所高校向学生提供包含通用英语和专门用途英语两个板块的大学英语教学体系，供学生自由选择（文秋芳，2014：1－8）。还有学者认为，中国学术英语是在大学通用英语教学普及之后，满足大规模复合型人才培养要求的多元化校本改革尝试，两者之间的关系既非"替代"，也非"互补"，学术英语本身就是大学英语教学体系优化的有机组成部分（龚嵘，2018：62－70）。

3　国内外学术英语研究现状

随着英语在科研、教育和工作中的广泛使用，学术英语在国外逐步发展成为一门具备自身概念体系和理论框架的独立学科，一个由教师、师资培训者、研究者组成的国际话语体系。基于 SSCI 和知识图谱的演化趋势分析，杨冬玲和陈坚林（2015：9－16）提出，英美高校全英文背景下的教学概念体系呈现出学习技能型、学科文本型、素养实践型三大教学理论流派的重叠交错模式。

国内对学术英语的研究集中于教学需求分析、课程研究、教学研究、语言研究、教材研究和教师发展研究等方面。夏纪梅（2014：6－9）认为，大学英语课程体系中增设学术英语是适应我国高校办学与国际接轨的需要，符合高等教育内涵发展和人才培养的需求。吴纤尘和龚嵘（2018：40－45）以学术英语素养培养为目标，提出学术英语写作课程教学设计——开放式循环教学模式，包括合作材料选取、解构语篇、创作语篇等方面。李广伟和戈玲玲（2020：89－96）依托自主研制开发的语料库，从不同的视角对语料库中的学术英语文本进行分析，展现了英语学习者在学术英语语言运用方面的特点。韩佶颖、张静和赵艳琳（2021：118－131）采用多例个案，从教学实践、教学材料、教师心理三个维度，分析了转型中教师改变的过程和原因。梁砾文和王雪梅（2020：55－62）在分析学术英语素养的概念、认知和实践内涵基础上，对国外 50 年来的学术英语范式，从大众民主化、经济全球化到全球多元化的演进进行梳理和研究，为学术英语教学提供了启发和借鉴。从以上综述可以看出，国内学术英语研究呈现出多角度、多方位、多样性的特点，研究内容涵盖了学术英语教学的各个方面，为学术英语教学带来启发。

4 国内学术英语课程现状和存在的问题

国内部分高校先后开展了学术英语教学，开课对象主要为非英语专业本科生。有的高校，如双一流大学或中外合作大学，由于学生入学英语水平较高，在大一上学期就开设了学术英语课程。有的高校则根据入学英语考试成绩或高考分数对学生进行分层、分等级教学，一般选择在大二上学期开设学术英语课程，这类学校希望学生在第一学年完成从高中英语到大学英语的过渡，通过听、说、读、写技能的训练，打牢英语基础，再从大学通用英语逐步转向学术英语教学。课程模块设置以校本为特色：西交利物浦大学和宁波诺丁汉大学等引进"通用学术英语＋专用学术英语"的渐进学术英语教学；上海财经大学、中国人民解放军海军军医大学（第二军医大学）和上海中医药大学等采用依托专业内容的专门学术英语进行教学；通用学术英语受到更多大学的青睐，被认为是大学英语改革转型期取代通用英语的最为合适的教学模块（朱琳，韩金龙，2019：127－130）。在通用学术英语的教学中，大部分学校将学术英语听、说、读、写技能分置在不同课程、不同等级里训练。如清华大学为新生开设的学术英语听说1～4级、学术英语读写1～4级的课程被称为"技能分开型"课程，学生可以根据自己的水平选学不同等级的课程；华东师范大学设置学术听说、学术阅读、学术写作、学术类选修和网络自主学习课程，也属于"技能分开型"课程。还有一些高校将学术英语各项技能训练整合在同一门课程里，如复旦大学、东南大学和上海财经大学，它们采用项目驱动教学法，在完成项目的过程中，锻炼学生的听、说、读、写综合学术能力，这些课程被称为"技能综合型"课程。国内学术英语课程的建设发展迅速，但依然存在不少问题。

4.1 教材选取的问题

国内学术英语的教材主要由外语教学和研究出版社、清华大学出版社、上海外语教育出版社、高等教育出版社等出版，在设计编排和教材内容的选取方面比较科学和严谨。但是一本教材从编写、审校、出版到投入使用有一定周期，而信息时代，科学技术的发展日新月异、一日千里，当教材拿到学生手里的时候，有时出现内容已经过时、选材时效性不强、学生失去学习兴趣和动力的情况。有的教材难度偏大，属于专门用途学术英语范畴，如工程、医学、法律等学科专业性强，专业词汇多且难，超过了大多数学生的实际水平，也与英语教师的专业能力脱节，教学效果不甚理想。教材的内容一般是英语作为媒介的各学科的专业知识，配以少量的音频和视频，缺乏国际学术交流中的发言、报告、讨论等真实、鲜活的内容。

4.2 教师认识不足的问题

有教师认为学术英语的教学对象应该是硕士和博士研究生，因为他们有更高的需求，也更有可能从事与专业领域相关的学术研究；同时，学术英语课程适合在研究型高校、"双一流"高校开设，普通高校大学本科阶段的学生英语水平参差不齐，缺乏学好学术英语的基础，掌握好大学通用英语即可。有的教师认为学术英语专业性强，课程应该由受过专门培训，具有专业学术背景的教师承担。另外，从通用英语教学到学术英语教学的转型，对教师自我角色的定位和教师自身的发展带来冲击和挑战。有的教师对与自身专业背景迥异的学术英语课程内容感到陌生，有的教师对与以往教学经验大相径庭的全新的教学模式感到疑虑，担心自己不能胜任，怕教不好，有较强的畏难情绪。

4.3 教学模式陈旧单一

从事学术英语教学的教师基本都是大学英语的授课教师，在教学目标未统一、教学内容不熟悉、教学方法欠明晰的情况下，课程名称虽然冠以"学术英语"，采用的仍然是大学英语以教师为中心的教学方法，教师把自己觉得需要掌握的专业知识讲授给学生，注重对阅读、翻译、写作的训练，缺乏对学生学术英语技能的培养。另外，部分教师注重词汇、短语的讲解和练习，长难句的翻译，学科知识的传授，较少从语篇的角度解构学术英语文章的核心结构，有一种"只见树木不见森林"之感，教学效果难以保证。

5 解决策略建议

5.1 推进教材建设

近年来，国内学术英语教材陆续出版问世，教材的编写呈现出原版引进、原版改编、本土编写相结合的特点。无论是原版引进还是自编教材，都应注意到教材内容"专业性不宜太强，但语言上要有代表性，尤其要有这个专业方面的常用词汇和一般科技文章的句法结构和表达方式等"（蔡基刚，2004：22－28），教材的选用应注重时效性和适用性，内容新颖，包含报告、叙述、讨论等主要学术语篇形式。另外，有学者提出了依托"互联网＋"的立体化教材编写思路，除开发学生用书、教师用书和电子教案外，还将学术技能知识、学术语篇知识以慕课形式在平台上线，配合学生用书配套的音频、视频，为学生创设立体化学习环境，充分满足学生的学术英语学习需求。引导学生利用国际学术期刊大数据平台遴选论文和阅读文献摘要，收听收看英美国家大学的公开课和 TED 演讲，不断丰富学术英语课程的内容，拓宽学生视野，实践"用中学"的方法，提升学习效果。

5.2　教师的自我改变和提升

文秋芳提出通用英语和学术英语并行的大学英语课程体系，进一步指出实施这一课程体系的关键在于"广大英语教师的理念、英语水平和教学能力……提高大学英语教师专业化能力是眼下最为迫切的任务"（文秋芳，2014：1－8）。在教学改革实践中，教师是否改变至关重要，身处转型期的大学英语教师需把握时机，提升自己，以适应国家需求、课程要求和学生需要，助力学生的专业学习和职业发展。首先，教师需转变传统的教学理念，加强对学术英语相关理论的学习，明确学术英语课程旨在培养学生专业学习的技能，而非教授专业内容，从而消除疑虑和畏难情绪，积极面对转型。王守仁和姚成贺（2013：4－10）认为，职业英语，如护士英语、旅游英语、银行英语，适合在高职、高专讲授；学科英语，如生物英语、计算机英语、化学英语等，适合专业课教师讲授，大学英语教师也可协作承担；学术英语教学应由大学英语教师承担，为学生完成全英语课程提供语言训练，培养学生具有用英语完成以下任务的初步能力：听英文讲座、口头报告，讨论学术活动，阅读学术文献，用英语撰写学术文章。其次，教师可根据兴趣特长和学校专业特点拓展自己的专业领域，不断积累专业知识，尝试交叉课程的融合，让知识多元化。还可适时向专业教师请教，寻求帮助，解决实践过程中可能遇到的与专业知识相关的难题，培养协作共进的意识。此外，教师个人的自我反思也有必要。教师个人信念和知识的变化是根本的变化，实现改变的重要途径是自我反思。反思是对实践经验的事后深刻剖析与思考，是经验的提炼和升华（邹为诚，2013：72－80）。通过反思，寻求固有经验和知识的突破口，敢于不断实践和创新，提升教学内容、教学方法和策略。不仅助力学生掌握一种语言工具，而且助力他们掌握一种研究型的、专业的思维方式。虽然教师的水平和能力各不相同，教学的效果也有差别，但教学本身就是一个不断探索、不断反思的循环过程，这些反思必然会为大学英语教师的自我成长提供源源不断的动力。

5.3　改进教学模式

根据不同的学术英语课程模块类型使用不同的教学模式。"内容式教学法"适用于各类学术英语技能分开的课程模块。利用通用学术英语选取的专业性要求一般的自然科学和人文社科领域的英语学术文章或视听教材，依托材料的内容，对学生进行听、说、读、写各项学术技能的训练，培养学生在各专业学习中共同所需的听讲座、记笔记、参与讨论、查阅文献资料、写综述、写摘要、写学术小论文的能力。对于技能综合型课程模块的教学，更多的是选择基于建构主义理论的"项目/任务驱动式教学法"。以"项目/任务研究"课程为例，要求学生以小组为单位自选或认领话题进行项目研究，研究活动包括撰写项目计划书、收集和分析定性定量数据、撰写研究报告并以 PPT 的形式做口头汇报和进行个人反思总结。课程主要由讲座、研讨会、小组活动等组成。教师在讲座时介绍研究方法、如何撰写研究报告、如何做学术汇报等，学生相互协作，参与项目研究的各个环节，教师则及时给予学生帮助和指导。在完成项目过程中，学生不仅能够通过大量查找阅读资料、分析数据进行输入，还能通过口头汇报、撰写研究报告进行适时的输出，锻炼了综合学术技能的同时还能激发学习探究的动能和团队合作精神。

传统的大学英语教学理念和教学模式已经不能适应新课程背景下对国际化应用型人才的需求，大学英语向学术英语的转型是大学外语教学改革的有益尝试。虽然有学者曾批评学术英语教学目的是要学生顺服于西方主流世界的文化，顺应英语世界传统的学术做法，但学术英语教学注重培养学生的学术交际能力，这正是我们的学生所急需而大学英语课程设置中又欠缺的。

参考文献：

蔡基刚，2004. ESP 与我国大学英语教学发展方向［J］. 外语界（2）：22 - 28.

蔡基刚，2012. "学术英语"课程需求分析和教学方法研究［J］. 外语教学理论与实践（2）：30 - 35.

龚嵘，2018. 中外高校本科生 EAP 教学概念谱系对比探究［J］. 外语界（1）：62 - 70.

韩佶颖，张静，赵艳琳，2021. 从通用英语到学术英语：教师改变的案例研究［J］. 北京第二外国语学院学报（5）：118-131.

李广伟，戈玲玲，2020. 基于语料库的学术英语翻转课堂教学模式构建与应用研究 [J].
外语界（3）：89-96.

梁砾文，王雪梅，2020. 国外学术英语素养范式演进五十年 [J]. 外语界（5）：55-62.

王守仁，姚成贺，2013. 关于学术英语教学的几点思考 [J]. 中国外语（5）：4-10.

文秋芳，2014. 大学英语教学中通用英语与专用英语之争：问题与对策 [J]. 外语与外语
教学（1）：1-8.

吴纤尘，龚嵘，2018. 学术英语素养目标下开放式循环写作教学模式建构 [J]. 上海理工
大学学报（社会科学版）（1）：40-45.

夏纪梅，2014. 论高校大学学术英语课程的建构 [J]. 外语教学理论与实践（1）：6-9.

杨冬玲，陈坚林，2015. 国外学术英语写作研究与教学（1990—2014）——基于 SSCI 和
知识图谱的演化趋势分析 [J]. 外语电化教学（6）：9-16.

朱琳，韩金龙，2019. 国内高校本科生学术英语课程设置研究综述 [J]. 兰州教育学院学
报（12）：127-130.

邹为诚，2013. 实践经验是如何改变外语教师的知识结构的？[J]. 中国外语（1）：
72-80.

BRUCE I, 2011. Theory and concepts of English for academic purposes [M]. Houndmills：
Palgrave Macmillan.

HUTCHINSON T, WATERS A, 1987. English for specific purposes：a learning-centred
approach [M]. Cambridge：Cambridge University Press.

JORDAN R R, 2016. English for academic purposes：a guide and resource book for teachers
[M]. Beijing：Tsinghua University Press.

On the Problems of Teaching English for Academic Purposes
Weng Xiaohong

Abstract：English for Academic Purposes（EAP）is one of the directions of the College English reform in China. On the basis of the theoretical researches and practical experiments of EAP, some features and trends are seen in present EAP teaching in terms of the selection of textbooks, teacher's cognition and teaching approaches as well. Such typical problems as improper choose of textbooks, teacher's insufficient cognition of EAP and unsound teaching modes have arisen which deserve reflection by college English teachers.

Key words：EAP；textbooks of EAP；teacher's recognition；teaching modes

浅议研究生英语后瞻性写作与前瞻性写作

郎江涛

（四川大学外国语学院，成都610207）

摘　要： 根据写作方式，我们可以把研究生英语写作分为后瞻性写作和前瞻性写作。虽然这两种写作都是研究生研究成果的体现形式，但这两种写作在创作目的、创作自由度以及创作手法上都有明显的不同。从两者的关系来看，后瞻性写作促进前瞻性写作的发展，而前瞻性写作则是后瞻性写作的飞跃。因此，在研究生英语写作中，后瞻性写作和前瞻性写作有其差异性，但同时又有紧密的关系。

关键词： 研究生英语写作；后瞻性写作；前瞻性写作；差异；关系

根据《现代汉语词典（第7版）》，"研究生"指的是"大学本科毕业（或具有同等学力）后经考试录取，在高等学校或科学研究机构学习、研究的学生。一般分为硕士研究生、博士研究生两级。有时特指硕士研究生"（中国社会科学院语言研究所词典编辑室，2016：1507）。我们知道，"研究生"对应的英语单词尤其在美式英语中是"graduate"。根据《朗文英汉双解词典》（*Longman Dictionary of American English*），"graduate"的意思是"（a person doing studies that are) done at a university after one has received one's first degree"（Gray & Summers，1992：605 - 606）。从权威定义可以看出，研究生指获得第一学位后经过考试录取在高等学校或科研机构通过研究工作进修的人，其进修年限内的主要任务是从事学术研究。众所周知，学术研究不仅要遵守一定的学术道德规范，而且还需要有学术成果，而学术成果则需要一定的语言体现形式。目前，研究生对外学术交流所使用的语言主要是英语，其对外展示的学术成果所使用的语言主要也是英语，所以研究生英语写作在研究生英语教学中占有重要的地位。鉴于此，本文以研究生这一写作主体为中心，首先提出后瞻性写作和前瞻性写作这两种不同写作方式的基本概念，随后明确指出后瞻性写作和前瞻性写作的差异，最后对后瞻性写作与前瞻性写作的关系做理论上的探讨，以期促进研究生英语写作教学的发展。

1 后瞻性写作与前瞻性写作的基本概念

在英语写作过程中，研究生要与原文作者、原文文本、目标文本以及预期读者产生动态的关系，这种动态关系主要体现为主体与主体之间的关系、客体与客体之间的关系、主体与客体之间的关系。具体而言，这种关系主要表现为：研究生与原文作者以及预期读者之间的关系，原文文本与目标文本之间的关系，研究生与原文作者、原文文本以及预期读者之间的关系，研究生与目标文本、预期读者之间的关系，原文作者与原文文本之间的关系，研究生与目标文本之间的关系。研究生在这种动态的复杂关系中处于中心地位，所以我们可以进一步把研究生英语写作分为后瞻性写作和前瞻性写作。

1.1 后瞻性写作

在写作中，研究生会受到原文作者和原文文本的影响，还会受到预期读者的影响，所以研究生首先应了解原文作者的相关信息，如作者的家庭、代表作、所处的时代、写作风格等，同时还应仔细阅读原文文本。也就是说，研究生首先应做好读者。当然，这个读者是根据自己以及自己心目中的预期读者的需要进行阅读的，并不是漫无目的的阅读。在完成这种目的性很强的阅读情况下，研究生才开始写作，其目标文本就是研究生智慧结晶的外在体现。从目标文本与原文作者和原文文本的关系上看，目标文本可以只对原文作者的相关信息做介绍，如作者的出生年月、家庭背景、教育情况、代表作品、写作背景、写作风格等；目标文本也可以完全或部分体现原文文本的相关内容。在这种情况下，我们就可以把研究生目标文本的写作方式称为"后瞻性写作"（retrospective writing）。

在后瞻性写作过程中，研究生的创作受到原文作者、原文文本以及预期读者的影响。此时，研究生是一位特殊的作者，其特殊之处在于，研究生要与原作者、原文文本以及预期读者保持一致。换句话说，研究生要控制自己的需要，反映原文作者的需要，并满足预期读者的需要，进而让自己的目标文本与原文文本保持一致。这里的一致应是多方面的，不仅指内容，还应包括句式结构、修辞手段、情感揭示度等其他方面。从英语写作的基本技巧来看，重复（repetition）是实现这一目的的最佳手段。这里的重复不仅指词的重复，而且还指意义的重复，即研究生用自己的话来传达原文文本的意思。

后瞻性写作的目的是让他人了解原文作者和原文文本，其采用的主要写作手段是重复，因此研究生在后瞻性写作中需以原文作者和原文文本为中心。因而，我们可以进一步得出，后瞻性写作的内容涵盖读书报告、摘要、提纲、原文结构、中心思想、原文作者简介等。当然，研究生英语写作的具体形式是多样的，后瞻性写作的具体形式也应是多样的。

1.2　前瞻性写作

在英语写作中，除体现原文作者和原文文本的需要外，还应体现写作者自己的需要和预期读者的需要。从理论上讲，自己的需要是研究生通过写作体现自己价值的原动力，而这个原动力最终会以目标文本的形式体现出来。目标文本完全体现的是研究生自己的观点、主张、看法等，并没有与原文作者和原文文本有任何紧密的联系，只是在原文作者和原文文本的影响下单独彻底地再现研究生自己的观点、主张、看法等。在这种情况下，我们就可以把研究生目标文本的写作方式称为"前瞻性写作"（prospective writing）。

在前瞻性写作过程中，研究生的创作不受原文作者和原文文本的影响，研究生是一个完全意义上的作者，完全按照自己的思想、观点、风格等行文，目标文本完全体现研究生自己的真实意思。前瞻性写作需要研究生自己不断地创造，其目的是让预期读者接受自己的观点、主张、看法等。研究生在写作过程中不需要与原文作者和原文文本中的人物融为一体，而原文文本只是激发了研究生的创作需要。因此，研究生在前瞻性写作中需要充分表达自己的观点、主张、看法等。

前瞻性写作下的目标文本与原文文本在内容上应当是不同的，前瞻性写作具有原创性。但前瞻性写作下的目标文本的关键词可与原文文本的关键词完全或部分重合，甚至主题也可与原文文本的主题相关。因此，我们可以进一步得出，前瞻性写作可以有论说文、研究论文、学位论文等写作形式。当然，与后瞻性写作一样，前瞻性写作的具体形式也应是多样的。

2　后瞻性写作与前瞻性写作之差异

后瞻性写作和前瞻性写作虽然都是学术性写作的方式，但两者之间存在不同，正是这些不同才使得研究生英语写作呈现出复杂动态的关系。研究生英语课程的设置是为研究生的学术研究和学术交流服务的，其目的是提高研究生使用英语从事学术研究和参加学术交流的能力，所以英语写作教学在研究生课程设置中占有重要地位，写作既是表达观点、主张、看法等的最佳手段，又是学术成果的最佳体现形式。具体来说，后瞻性写作与前瞻性写作之间的差异有以下三点。

2.1　后瞻性写作与前瞻性写作的创作目的不同

后瞻性写作和前瞻性写作都是研究生学术英语的写作方式，但两者的创作目的不同。在后瞻性写作中，研究生的创作目的是给预期读者提供相关信息，如读书报告的写作目的是让预期读者了解一本书，因而要分信息、概要、评论三个部分来写。再如作者简介，研究生要从作者的家庭背景、教育经历、写作经历、写作风格、代表作品、学术地位等方面来写，其目的是让预期读者更充分、更深入地了解作者。

在前瞻性写作过程中，研究生不受原文作者和原文文本的影响，要独立地提出自己的观点、主张、看法等，创作目的是让预期读者接受自己的观点，所以要"自觉地选取某一素材，或直觉到某一题材的价值时，他已经用一把无形的尺子衡量过了"（朱伯石，1986：36）。在学术论文的写作过程中，为让预期读者接受自己的观点、主张、看法等，应做到条理清晰、逻辑缜密、论证有力、资料翔实。

2.2　后瞻性写作与前瞻性写作的创作自由度不同

在后瞻性写作中，研究生要紧密跟随原文作者和原文文本，所以采取的手段主要是重复，如在摘要的写作中，研究生要保留原文作者的笔调和风格，概括原文的要点，如主要的材料、方法、结论等。因此，必须与原文作者和文本保持一致，从而受到原文作者和文本的较大影响。虽然在摘要的写作过程中，研究生有创作的自由，但仅限于用自己的话再现原义的相关信息，因此在后瞻性写作中研究生的创作自由度是受到较大限制的。再如在文章结构的提炼过程中，研究生要用自己的话把原文文本的组成部分归纳出来，并且对每部分的中心意思进行高度的概括，在这种情况下，创作自由度也必然极为有限。

在前瞻性写作过程中，研究生的创作自由度则大得多。这时，他是一个完全意义上的作者，原文作者和文本只是激发了其创作活动，而至于如何创作则是研究生自由意志的选择，如在学术论文的写作过程中，研究生要自己收集材料来论证自己提出的观点，从而让读者接受自己的观点。因此，在这种情况下，研究生的创作结果——目标文本所揭示的内容应和原文文本完全不同，甚至所采取的创作技巧也完全不一样。

2.3　后瞻性写作与前瞻性写作的创作手法不同

在后瞻性写作中，研究生要与原文作者和原文文本保持一致，创作活动并不是完全按照自己的意愿进行，而是受到较大限制，所以其创作手法主要是模仿、综合、提炼。在后瞻性写作中，研究生要控制自己的需要，与原文作者保持一致，模仿原文作者的口吻，用自己的话把原文的相关信息再现出来。

在前瞻性写作中，研究生要表达的完全是自己的真实意思，不需与原文作者和原文文本保持一致。若要说与原文作者和原文文本有关系，那也只是受了原文作者和原文文本启发而创作，所以前瞻性写作的艺术创作手法不是模仿、综合、提炼而是表现，要表现研究生自己对某一主题的观点、主张、看法。

3　后瞻性写作与前瞻性写作之关系

写作"就是人们运用语言符号制作文章的一种精神劳动"（朱伯石，1986：9），作为一种精神劳动，其构成因素有四个：主体（人）、工具（语言符号）、客体（劳动对象）、成果（文章）。在写作过程中，"当主体（作者）在使用工具（语言）的时候，它自己却成了一个更精灵的工具（创造语言和形象）；当主体作用于客体（即第一自然）的时候，它自己却成了一个更复杂的客体（即第二自然）"（朱伯石，1986：10）。因此，尽管后瞻性写作与前瞻性写作是两种不同的写作方式，但它们之间还是存在一定的关系。

3.1　后瞻性写作与前瞻性写作可共同存在并相互影响

后瞻性写作重模仿、重再现，是对原文文本的归纳、总结、提炼，对原文作者的探究介绍。研究生英语写作主要是学术写作，而学术写作往往会有引文和文献综述的要求。因此，从写作方式上讲，引文和文献综述应是后瞻性写作，研究生主要采取模仿和再现手法，忠实再现原文文本的相关内容。

在研究生学术英语写作中，观点、主张、看法等应是主要部分，从写作方式看，这主要部分的写作方式应是前瞻性写作。因此，研究生英语写作由后瞻性写作和前瞻性写作共同构成。虽然引文和文献综述等后瞻性写作在目标文本中所占的比重不大，但其往往影响目标文本的质量。具体而言，不论是直接引文还是间接引文，引文的权威性往往会影响目标文本的学术性。文献综述要求研究生对自己已确定课题的研究现状、最新动态、发展情景等相关内容进行分析整理，并提出自己的看法。而文献综述的质量也会直接影响目标文本的质量，影响对整个目标文本的综合评价。

3.2 前瞻性写作是后瞻性写作的飞跃

在前瞻性写作中，研究生完全独立地表达自己的观点、主张、看法等，是完全独立意义上的作者，其作品具有原创性，而原创性是研究生英语写作的基本要求。一般来说，在观点清晰、逻辑条理明确、资料翔实等条件相同的情况下，原创性往往是衡量目标文本学术价值的重要指标，这在一定程度上反映了前瞻性写作的重要性。引文和文献综述是目标文本必不可少的构成部分，属于后瞻性写作。引文中可以提出观点、主张、看法等，从而增加说服力和可信度。文献综述不仅可以确保目标文本的质量而且还会影响专家学者对整个目标文本的综合评价。因此，在研究生英语的写作中，前瞻性写作要以后瞻性写作为基础。从研究生英语写作的基本原则来看，前瞻性写作并不是被动地受后瞻性写作的影响，而应有自己的发展轨迹。在前瞻性写作过程中，研究生"不仅可以利用自然界丰富多彩的形形色色，而且还可以用创造的想象自己去另外创造无穷无尽的形象"（黑格尔，1996：8）。这就是说，研究生的前瞻性写作虽和后瞻性写作一样都是艺术的创造，但前瞻性写作突出的是研究生自己独立的创造，而后瞻性写作突出的是研究生与原文作者以及原文文本中的人物融为一体的创造。

引文和文献综述是后瞻性写作的成果，也就是说，它们是研究生与原文作者以及原文本中人物融为一体的创造，这次创造赋予了引文和文献综述艺术的生命，但这次创造并未彻底实现研究生目标文本的艺术创造，而真正实现其艺术创造的则是前瞻性写作。如果说后瞻性写作让引文和文献综述所载的相关信息获得新的活力，也就是原有的相关信息不会因时间、空间以及其他因素而失去活力，那么前瞻性写作则让引文和文献综述所载的相关信息实现质的飞跃。因此，从艺术创作的角度看，前瞻性写作是后瞻性写作的飞跃。

4 结语

研究生英语写作是研究生学术研究成果的体现形式，从其性质来看，研究生英语写作应是学术写作，本文把研究生英语写作分为后瞻性写作和前瞻性写作。这两种不同的写作方式在创作目的、创作自由度以及创作手法上有明显不同。尽管如此，后瞻性写作与前瞻性写作并非彼此孤立，相反，它们是相互结合、共同起作用的，后瞻性写作促进前瞻性的发展，而前瞻性写作则是后瞻性写作的飞跃。

参考文献：

黑格尔，1996. 美学［M］. 2 版. 朱光潜，译. 北京：商务印书馆.

中国社会科学院语言研究所词典编辑室，2016. 现代汉语词典［M］. 7 版. 北京：商务印书馆.

朱伯石，1986. 现代写作学［M］. 北京：人民日报出版社.

GRAY A，SUMMERS D，1992. 朗文英汉双解词典（Longman Dictionary of American English）［M］. 郑荣成，王瑞，段世镇，等译. 北京：外语教学与研究出版社.

A Brief Discussion on Postgraduates' Retrospective and Prospective English Writing

Lang Jiangtao

Abstract：According to the methods of writing, the English writing for postgraduates can be divided into the retrospective writing and the prospective writing. Although the two types are the forms that show postgraduates' research achievements, they have different creative purposes, freedoms and techniques. As to the relationship between them, the retrospective writing accelerates the prospective writing, while the prospective writing takes a leap from the retrospective writing. Thus it can be seen that the retrospective writing and the prospective writing have their differences, but they have their close links.

Key words：English writing for postgraduates；retrospective writing；prospective writing；differences；links

从单语制到多语言转向：
法国语言政策的安全维度[①]

靳倩倩

（四川大学外国语学院，成都 610207）

摘　要：法国是拥有悠久语言规划历史的国家，从 16 世纪法国出台《维莱科特雷法令》（Ordinance of Villers-Cotterêts）到 20 世纪法语国家组合的成立，法国政府一直不遗余力地捍卫法语的国语地位，在海外推广法语，法国成为经典语言规划研究时期的单语制政体的范本。目前学术界对法国语言政策的研究多集中于法国对法语采取的保护和推广政策及法语的海外传播上，从安全的角度对其进行的研究尚不多见。本文从语言安全概念的提出入手，分析了语言规划与语言安全千丝万缕的联系，并梳理了法国在第二次世界大战后在国内和欧盟为推广法语所做出的努力，特别是马克龙政府在维护法语和提倡语言多样性中寻求平衡，从而缓解法语在认同和地位方面的不安全问题做的努力，这在一定程度上反映出法国如何践行语言安全。

关键词：法语；法国语言政策；国家安全；语言安全

1　语言安全概念的提出

在全球化的时代，国家安全正从传统的军事安全向社会安全和文化安全等非传统安全的领域拓展，一系列公共问题被逐步"安全化"，这其中就包括语言安全[②]。纵观各国历史，英国、苏联和德国等均是较早地关注并重视语言安全问题的国家。此外，在世界范围内，另一个很早就开始进行语言规划、出台语言法和坚定不移地捍卫国语地位的国家是法国。从 16 世纪法国

[①]　本文系国家留学基金委 2021 年创新型人才国际合作培养项目（项目编号：2021［1741］）和教育部国际司课题"乌克兰危机后欧洲安全格局和架构演变"（项目编号：QBQY2023WT－08）的阶段性研究成果。

[②]　比起语言安全研究，国家安全研究相对较为系统和全面，涵盖国民安全、领土安全、经济安全、主权安全、文化安全、政治安全、科技安全、信息安全、生态安全、媒体安全、教育安全等多方面的内容。不过，大多有关国家安全的著述，都或多或少涉及语言与国家安全的议题。

出台《维莱科特雷法令》（Ordinance of Villers-Cotterêts）到 20 世纪法语国家组合的成立，法国四百余年出台的语言政策几乎均与法语的安全问题相关，即均与保护法语的主导地位和国际影响相关。此外，法国大革命以来盛行的雅各宾主义"一国、一族、一语"的政治传统更将独尊法语和维护国家统一紧密结合起来，将法国视为"语言的共同体"，这种情况一直持续到今天①。

　　语言安全的概念是在"语言不安全"（Linguistic insecurity）的概念基础上提出，后者包括语言形式不安全、语言身份不安全和语言地位不安全三种。它们给语言规划研究提出了新的命题，即如何在语言规划中维护和确保说话人、言语社团乃至国家的语言安全（沈骑，2014：103）。1962 年，美国语言学家豪根（Einar Haugen）最早提出"语言不安全"的概念，他将语言安全描述成说话人在说一种语言的不同变体形式时感受到心里不安的情况。后来，另一位美国语言学家威廉·拉波夫（William Labov）对此进行了进一步阐述。他通过做语言安全测试对纽约市进行了社会分层研究，认为受试的说话者能感知到自己的语言表达形式和规范语言形式之间的差异，并对这种差异进行了测量。这之后，加拿大、比利时和法国的学者将语言安全从语言本体领域拓展到多语社会中的语言使用、语言地位和语言身份等多个领域。法国社会语言学家路易-让·卡尔韦（Louis-Jean Calvet）在其专著《走向世界语言的生态学》（*Towards an Ecology of World Languages*）一书中提出了一种语言生态学方法。他从研究实际的语言实践开始，再研究这些实践与其社会、政治和经济环境之间的关系，并认为语言实践与环境互动形成了一种语言生态系统。在该书第四章中他从历史的维度分析了语言不安全与语言实践的关系，并在传统的语言本体形式层面的不安全的基础上增加了语言地位层面的不安全和语言认同的不安全（Calvet，2006：119-151）②。较之之前的学者，卡尔韦的观点拓宽了语言安全理论，将其从语内形式的语言

①　一个典型的例子可以参考法国总统马克龙 2018 年视察科西嘉岛所作的回应。2018 年 2 月 7 日，马克龙在视察法国南部的科西嘉岛时曾这样表示，"科西嘉是法兰西共和国的特殊地区"，但拒绝将科西嘉语和法语并列为法国官方语言。这被认为是马克龙对寻求强化科西嘉岛自治地位的民族主义者的回应。参见《马克龙拒绝将科西嘉语列为法国官方语言》，http://fr. china-embassy. gov. cn/ljfg/201802/t20180208_ 2584238. htm，2022 年 10 月 7 日访问。

②　卡尔韦在《走向世界语言的生态学》一书中将语言安全按照形式、地位和认同三个维度分成八个层级，其中与国家安全直接相关的应该是认同。实际上卡尔韦选择认同作为划分语言安全的维度，本身就可以说明他对语言安全的研究已经突破了纯语言学的范畴，即将语言内部的形式研究扩展到了社会经济政治和安全的范畴。

研究，扩展到了语际乃至多语的环境，即将语言学内部的本体问题拓展到了语言的社会应用层面，为语言安全的跨学科转向提供了基础。认为语言问题与语言安全密切相关，将语言安全与国家安全直接联系起来的学者陈章太试图这样定义语言安全：国家语言安全指的是一国语言能够满足国家、社会稳定、发展的需要，不出现影响国家、社会安全的语言问题（陈章太，2009：6）。此外，我国学者王建勤、李宇明、刘跃进、文秋芳、黄德宽、赵蓉晖、张日培、沈骑及赵世举等都从不同角度对语言对于国家安全的重要性做过阐述。比如，赵世举指出语言安全主要指的是语言自身的安全，因为语言安全是国家安全的重要组成部分，与其他安全领域具有同样重要的地位和作用（赵世举，2019：33）。总之，语言安全的内涵随着国家安全内涵的日渐丰富而丰富，因而成为安全领域不容忽视的重要方面，对国家安全有着十分重要的影响。

2 语言规划与语言安全

很长一段时间以来，法语通过相关立法成为法兰西的标准语以及法语的规范化构成法国语言政策的主体内容。法国很早就采取法律将法语确立为标准语。1539 年，法王弗朗索瓦一世颁布了《维莱科特雷法令》法令，将法语确立为法兰西的标准语，法语取代拉丁语成为法兰西的行政语言和法律语言。17 世纪，法兰西学院（Académie Française）建立，成为法语在用法、词汇和语法上的官方权威，法语官方词典出版。其正字法改革等行动标志着法语的规范化的开始。法语的规范化从语言形式的角度维护了法语的安全。后来法国大革命以来盛行的雅各宾主义"一国、一族、一语"的政治文化传统深深影响了法国语言政策的模式。对外，法国灿烂的法兰西文明和在非洲等地建立起来的庞大的殖民帝国让法语声名远扬，法语成为显赫一时的国际交流语言。法国成功地在国内和海外捍卫了法语的主导地位。在经典语言规划和政策研究时期，法国一直被当作单语制政体的范本。比如，著名语言学家伯纳德·斯波斯基（Bernard Spolsky）在《语言管理》一书中提出：从语言意识形态的角度来看，法国是一个单一语言的国家，尽管实际上它是一个多语言国家（Spolsky，2004：63）。斯波斯基的观点影响了多位法国语言政策的研究者。他们认为法国作为有着数百年中央政府强势干预语言政策传统的国家，其在对内确立国语地位和对外推广语言上的目的一致，即发扬法语而贬低甚至消灭地方语言。这导致法国在世界语言政策与规划中常被树立为实践单语主义的经典案例。21 世纪以来，将法国作为单语制政体的研究范式开始变化，这顺应了全球化时代大国都需要维护语言和文化多样性的价值观和英语逐渐成为国际通用语从而对法语形成挑战的趋势。因此，学术界出现了针对法国语言政策的多语转向研究和其语言规划的动机研究，将法国历史上独尊法语和在新时期开始平衡国语和区域语言及地域方言的做法视为维护国家安全的重要维度。此外，学术界也兴起了比较法国和其他国家语言政策的研究，特别是关于法语和英语的语言政策比较。

　　语言规划与语言安全密不可分。20 世纪 90 年代以来语言规划领域也出现了诸多转变，英国阿斯顿大学的丹尼斯·阿格（Dennis Ager）提出了语言规划动机的模型。他以法国为个案，呈现了语言规划领域从单变量到多变量的变化，这种变化对于我们了解影响语言安全的因素之间的关系是很有帮助的（刘海涛，2021：13）。在《身份认同、安全诉求与形象塑造：法国与语言》一书中，阿格提出身份认同、安全诉求和形象塑造是法国制定语言政策的主要动机。阿格认为法国的语言政策既是文化政策，也与其政治、经济和社会发展紧密相关。它既是国家的事务，也关系到社会中的个体，因此法国制定语言政策的主要动机有三：害怕他人、对法兰西独特的民族国家身份的自豪和将法语传播到全世界的使命感（Ager，1999：ⅹ）。历史表明，语言在国家建构和治理中扮演着十分重要的作用。法国大革命以来的"一国、一族、一语"的理念在法国曾得到很好的贯彻，曾是欧洲社会民族主义者的政治理念和追求目标。在语言规划方面，法国经常被看成实践单语主义国家的典范，这与法语政府对法语的诸多立法保护和法语纯洁运动分不开。历史上的法语纯洁运动曾导致法国一些地方语言被压制和消亡。在 19世纪，法国的教育系统开始加强排斥地方语言①，这种局面一直持续到 20世纪中叶。阿格认为法国面临的语言不安全有三大表现：一是区域语言对维护法语纯洁性构成威胁，二是外来移民的语言可能对法语产生冲击乃至危害国家安全和社会稳定，三是英语的强势崛起引发的法语语言地位不安全。这分别对应了语言安全中的形式语言不安全、语言身份不安全和语言地位的不安全。阿格成功地将语言规划与语言安全理论联系起来，并将语言安全从传统的政治领域扩展至经济社会的各个层面，其理论对于扩展语言安全规划研

---

①　当时的教育部部长朱尔斯·费里（Jules Ferry）提出禁止在学校使用地方语言教学，违者重罚。当时在法国各地的公立学校都张贴着诸如"禁止随地吐痰或说布列塔尼语（或巴斯克语、奥克语或任何其他地方语言）"的标语。

究意义重大。

虽然法国曾为了独尊法语出现过对区域语言的压制和禁止，但进入全球化的时代，法国语言政策开始出现多语言转向，法国对区域语言的态度发生了值得注意的变化。比如，法国1958年生效的宪法的第2条规定法兰西共和国的语言是法语①，这让法语逐渐成为公共生活各个领域如教育、商业、宗教和媒体的主导和排他性语言。1994年的《杜邦法》规定，在政府官方出版物、所有广告、所有工作场所、商业合同、其他一些商业传播环境、所有政府资助的学校以及一些其他方面必须使用法语。1951年，法国通过了保护区域语言的《戴克索纳法》（Deixonne Law），在教育领域正式承认了四种语言：布列塔尼语、巴斯克语、加泰罗尼亚语和奥克语②。之后，随着欧共体的筹建和英语国际地位的迅速攀升，法国政府开始放松对单语制的严格贯彻，多语制开始进入法国语言政策的考量范围。法国在1999年5月签署了《欧洲区域或少数民族语言宪章》③，并在2008年对宪法进行了修改，新的第75-1条规定"地方语言是法国遗产的一部分"④。此外，从2005年开始，法国政府实施了"每年报告一种区域语言"的计划，用以调查和统计区域语言的发展现状。比如，2005年这个计划的研究对象是巴斯克语，2007年是阿尔萨斯语，2008年是布列塔尼语。2021年4月8日，法国国民议会批准了《莫拉克法》（Molac Law），该法案要求学校在一天中的大部分时间用巴斯克语、布列塔尼语和科西嘉语等少数民族语言授课，并同时教授法语。⑤虽然提案后被否决，但仍可被视为法国政府做出的进一步支持区域语言在公立学校教学中的尝试。由此可见，法国正在努力协调法语和国内的区域语言的关系，在保持法语地位的同时，又能兼顾保护地域方言，消除了

---

① 《法国宪法：1958年10月4日生效的宪法全文》，参见 https://www. conseil - constitutionnel. fr/ le - bloc - de - constitutionnalite/texte - integral - de - la - constitution - du - 4 - octobre - 1958 - en - vigueur#: ~ :text = DE% 20LA% 20SOUVERAINET% C3% 89 - ，ARTICLE% 202., Libert% C3% A9% 2C% 20% C3% 89galit% C3% A9% 2C% 20Fraternit% C3% A9% 20% C2% BB，2023年3月20日访问。

② 但在教学实践中，针对这四种语言的可选择范围十分有限。

③ 值得注意的是，法国虽然签署了该宪章，但从未批准。这凸显了法国既要不遗余力地推广法语，又要顺应全球化的趋势，塑造一个积极宽容的国家形象之间的矛盾。

④ 法语原文为"Les langues régionales appartiennent au patrimoine de la France"，see https://www. assemblee - nationale. fr/connaissance/constitution. asp，2023年3月1日访问。

⑤ "France's Constitutional Council rejects bill permitting minority language schools"，see https://www. reuters. com/world/europe/frances - constitutional - council - rejects - bill - permitting - minority - language - schools - 2021 - 05 - 21/，2022年11月17日访问。

政府对于语言安全的担忧。阿格认为语言安全是语言规划和语言政策的重要动机之一。对于法国而言，无论是政府之前只保护法语、压制区域语言的做法，还是其语言政策在新时期发生的多语转向，目的都是维护法国文化、国家形象、声望以及国家安全。因此，法国语言政策的多语言转向可以看成是其维护国家语言安全的一个重要维度。

此外，当代法语国际地位的不安全主要源于英语。全球化时代英语国际地位的攀升让法国感受到前所未有的压力。海然热（Claude Hagège）在《反对单一语言》（*Contre la Pensée Unique*）一书中分析了单一语言（如英语）作为通用语的危害，认为"英语摧毁了法国人的思维"①，英语的传播实际上意味着以英语为媒介的美国的生活方式和价值观的传播，这给法语及法国文化带来不安全。也有学者以这种不安全为视角来重新审视法国对内对外的语言政策。苏·赖特（Sue Wright）在《语言政策与语言规划——从民族主义到全球化》一书中认为法国国内提升法语为国家语言的政策是成功的，而试图将法语提升为法国之外其他国家的通用语的努力是失败的。还有学者通过研究法国和其他国家的语言政策来分析法语的代际传播、民族语言与社会身份认同的关系等，这都为语言安全研究提供了新的内容。比如，加奇（Anne Judge）对比了法国和英国两国的地方语言政策，分别介绍了两国地方语言的概况和方言复兴，认为两国的相似之处在于在树立法语和英语为国语的过程中都摧毁了地方语言，不同之处在于法国的语言规划主要集中于国家层面，而英国语言政策的层次更加丰富。欧克（Leigh Oakes）以对比的方法研究了法国和瑞典的语言与民族认同间的关系，用语言态度和社会认同理论框架，将语言和民族认同分别放在国家、欧洲和全球的层面进行比较分析。飞宏（Filhon）基于1999年人口普查中的语言信息，以统计数据展现了法国语言面貌的历史演变和地方语言的家庭传承方式。2016年，飞宏再次通过统计数据分析了地方语言的现状。

3　法国在国内和欧盟的语言安全实践

总的来说，目前西方学界对法国语言规划的研究一般围绕着几大主题：法国保护法语的立法和政策，法国对地方语言的态度、政策和立法，法国移

---

① Hagège："L'anglais détruit notre pensée"，see https：//www. lepoint. fr/debats/hagege－1－anglais－detruit－notre－pensee－19－01－2012－1423533_ 2. php#11，2023 年 1 月 18 日访问。

民语言政策，法国外语教育，法语与民族认同，世界法语概况，法国在国际上的语言传播行为，法语与国际组织等。我国对法国语言规划的研究起步稍晚，主要集中在如从立法的视角看法语的海外传播及法国国内法语的保护、法国国内官方语言管理机构及国外语言推广机构，这使得国内法国语言规划相关研究呈现出较为单一的特点，较之国外，我国研究涉及稍显不足的领域为语言与权利、政治、生态、认同等领域的相互关系，将法国语言规划作为国家语言安全研究切入点的更为少见①。

　　与国家安全分为传统安全发展与非传统安全类似，语言安全也分为国内语言安全和国际语言安全两大层面。具体到法国，可以分成对内和对外实践两大方面，即法国政府一方面如何捍卫法语作为国语的地位，在多语言转向中寻求平衡，另一方面如何在海外（即全球范围内）对法语进行推广。限于篇幅，本文主要讨论法国国内对法语的推广和其在欧盟对法语的推动，对法语在法语国家组合和其他国际组织的情况不多做描述。在国内，以马克龙政府为例，2017 年法国总统大选期间，马克龙就在竞选方针中反复强调法语的重要性。他认为法语是法国公民的共同财富，是法国的基石。他还主张将法语作为获得法国公民身份的主要标准，并加强对入籍候选人的法语培训。马克龙上任后不遗余力地宣传法语，在许多演讲中，马克龙都提出希望

---

① 在国内，学者们对法国语言规划的研究包括法国对法语的保护和新时期法国语言的多语言转向等方面。我国学者张西平、柳若梅的专著《世界主要国家语言推广政策概览》（2008）将法国作为一个国家干预语言政策的典型案例。郭科研、金志茹（2009）从分析法律文本和官方文件入手，梳理了法国辉煌的历史对法语发扬的影响；此外，他们也总结了随着法国综合国力的下降法语慢慢衰退，加之英语的广泛传播让法国采取的防御措施。2010 年以来，法国单语主义的语言政策开始发生变化。戴曼纯、贺战茹的《法国的语言政策与语言规划实践——由紧到松的政策变迁》（2010）一文从法国语言立法、语言机构、对国内其他语言的态度及政策等方面着手，意在说明法国从强硬的"唯法语"政策逐渐过渡到较为宽松的语言文化多元主义趋势，而这一趋势的主因是欧盟的影响。在法语对外传播方面，李清清（2014）借用语言传播和语言选择理论，以比较的视角分析了英国和法国在殖民地和国际组织中的语言推广。刘亚玲的博士学位论文《法国语言政策研究——单语制与多样性悖论》（2018）指出了法国语言政策的困境。她先梳理了历史上法国独尊法语的相关举措，然后指出法国自从 20 世纪末以来坚定地捍卫语言和文化的多样性，这导致法国的语言战略、语言实践和语言规划在诸多方面表现出矛盾。这些矛盾包括推行外语教育与英语主导下多语制的悖论，推行法语为欧盟通用语与抵制英语霸权的悖论，保护语言文化多样性和对地方语言态度的悖论等。许静荣的专著《法国语言政策研究》（2020）介绍了法国语言政策的发展运作，并对有关语言政策的协商博弈等进行了细致的描述。这本书揭示了法国国家语言意识形态、政府语言态度与语言管理之间的发展规律，并且加入了法国政府在新时期对区域语言的保护的新内容。

进一步推广法语，认为学法语的学生做出了很好的选择①。2017 年马克龙在访问西非的布基纳法索的瓦加杜古大学（University De Ouagadougou）期间，提出到 2050 年非洲对法语的使用将超过英语。2018 年 1 月，马克龙在中国西安大明宫发表演讲。在演讲中，他预测法语将在未来 30 或 40 年后成为世界上的第一语言。同年 3 月，马克龙在法兰西学院（Académie Française）发表演讲，公布了推广法语和捍卫语言多样化的战略，马克龙政府为此制定了目标并实施了多项政策。他在演讲中多次提及"法语不再是专属法国的语言，而是世界的语言"②，鼓励大家用法语"学习"、用法语"传播"、用法语"创造"，并提出了加强法语教学人员培训、加强法国文化产业出口、加强法语在欧盟国家和网络中的使用率等 30 多条具体措施③。他主张修复维勒科特莱城堡（Château de Villers-Cotterêts），将其打造成全球推广和学习法语的中心。此外，马克龙政府还意图在欧盟广泛使用英语的情况下提升法语的地位。比如，2021 年法国《费加罗报》网站刊登了《一份报告指出英语在布鲁塞尔的霸权地位》的文章，说法国打算趁 2022 年轮值欧盟理事会之际，捍卫语言多样性，推动法语在欧盟机构的使用④。法国计划增加在线法语的使用，向更多的欧洲官员教授法语，以降低英语对布鲁塞尔的影响。此外，他还发起了世界范围内推广法语的运动，斥资数亿欧元在全球范围内推广法语，意图让法语在非洲的使用超越英语等。虽然马克龙在演讲中声称，推广法语是为了维护多语言主义，并不是提倡用一种语言（如法语）取代英语，但在法国政坛，左右翼政客却在让法语"取代"英语的问题上达成了罕见的默契：与国民联盟关系密切的极左政客梅朗雄（Melanchon）则希望英语能像英国一样"脱欧"。法国欧洲事务部长克莱门特·博纳（Clément

---

① "Transcription du discours du Président de la République au palais de Daminggong", see https://www. elysee. fr/emmanuel - macron/2018/01/09/transcription - du - discours - du - president - de - la - republique - au - palais - de - daminggong, 2023 年 1 月 8 日访问。

② "Transcription du discours du Président de la République à l'Institut de France pour la stratégie sur la langue française ", see https://www. elysee. fr/emmanuel - macron/2018/03/20/discours - demmanuel - macron - a - linstitut - de - france - sur - lambition - pour - la - langue - francaise - et - le - plurilinguisme, 2023 年 1 月 9 日访问。

③ "Transcription du discours du Président de la République à l'Institut de France pour la stratégie sur la langue française ", see https://www. elysee. fr/emmanuel - macron/2018/03/20/discours - demmanuel - macron - a - linstitut - de - france - sur - lambition - pour - la - langue - francaise - et - le - plurilinguisme, 2023 年 1 月 9 日访问。

④ 《法媒：挑战英语霸权，法国拟提升法语在欧盟地位》，参见 http://www. news. cn/world/2021 - 10/26/c_ 1211420189. htm，2022 年 10 月 2 日访问。

Beaune）认为，英国脱欧后，英语不能再主导欧盟，他于 2021 年 3 月发起了一场"欧洲语言多样性"运动，呼吁在欧盟回归多语言主义。右翼评论员埃里克·泽穆尔（Eric Zemmour）也加入了他的行列，认为在英国脱欧后应该抵制英语，因为英语已经"粉碎"了法语。此外，法国高级公务员桑达（Sundar Ramanadane）在《费加罗报》上发表文章，认为应该将英语驱逐出欧盟，欧盟的通用语如果不是法语，那就是拉丁语。他认为，拉丁语是基于共同语言和身份建立超越共同市场的最佳方式①。

法国维护语言安全的实践还体现在法国政府在国际上对法语的传播和推广，向"英语唯一"做出挑战上。经历了两次世界大战的法国国力衰退，前殖民地国家纷纷寻求独立，导致法国的殖民帝国瓦解，美国强势崛起，法国在国际上的影响力也从"一流"沦为"二流"。自 1973 年英国加入欧共体及 20 世纪 90 年代起欧盟东扩，和法语同为欧盟官方语言和工作语言的英语的地位不断上升，逐渐取代法语成为欧盟事实上的通用语，法语地位江河日下。此外，英语发展势头强劲，还成为包括联合国和国际奥委会等在内的诸多国际组织的工作语言和通用语，法语的国际语言地位岌岌可危，这引发了法国对法语语言地位不安全的恐惧。由此，法国政府对维护法语的国际地位和声望做出了一系列努力。在欧盟，法国积极推广法语，倡导符合欧盟价值观的多语言主义。比如，欧盟让公民在母语之外再学两门外语的"M+2"倡议正是法国提出的。法国也在其政策文件的措辞上使用了"推动多语言主义"的字样。根据法国文化部的一系列报告（Rapports au Parlement sur l'emploi de la langue française），法国政府 2005 年在法国国内首次使用了"Promouvoir le plurilinguisme"（推动多语言主义）等词，此外，法国还加强了法国文学的外译，使法语成为多语种翻译的中介语言。法国还为欧盟公民安排外语学习计划，允许欧盟参考法语语言评估系统制定《欧洲语言共同参考框架：学习、教学、评估》（Common European Framework of Reference for Languages：Learning，Teaching，Assessment，简称 CEFR）。2007 年，法国文化和法语国家部（Délégation générale à la langue française et aux langues de France，DGLFLF）在撰写关于法国地方语言的报告时首次使用了"语言多样

---

① 《如果欧盟的官方语言变成……拉丁语怎么办？》，参见 https://www.lefigaro.fr/vox/culture/et-si-la-langue-officielle-de-l-union-europeenne-devenait-le-latin-20210208，2023 年 1 月 19 日访问。

性"（la diversite linguistique）一词，承认它们是共和国的遗产。此外，法国一直重视法语的海外传播。早在 20 世纪 70 年代，21 个国家成立了"法语国家组织"（Organisation internationale de la Francophonie，简称 OIF），旨在保持法语的国际地位和推广法语教育等。法国还拥有一个庞大的对外文化传播网络，涵盖包括法国文化中心（Institut français）和法语联盟（Alliance française）在内的法语教学网络和包括法兰西 24 小时（France 24）、法国国际广播电台（Radio France Internationale，RFI）和法国电视 5 台（TV5 monde）在内的对外媒体，这些都是法国对外传播法语和法国文化的有力机构。总之，针对语言不安全的现状，法国政府对内对外都积极通过语言立法和相关行政手段保护和推广法语，加强语言管理，以维护语言安全。

4　余论

纵观古往今来，可以发现法国的语言规划发生了不小的变化：从法语代替拉丁语成为官方语言，到将法语置于绝对统治地位同时压制地区语言，再到努力在保护法语和多语言转向之间实现平衡。这种变化反映出法国一方面极力维护法语的国内国际地位，另一方面又积极迎合全球化趋势，为成为在欧盟乃至世界范围内实践多语言和多文化价值观的领头羊所诉诸的实践。无论是法国对区域语言的态度转变，还是为了维护法语的国内国际地位所做的各种努力，都是从语言形式、语言身份和语言地位方面来改善法语的不安全状况，继而维护法国的文化安全乃至国家安全的实践。从这个意义上说，法国是语言安全的践行者。语言安全是文化安全的重要组成部分，语言与国家安全有千丝万缕的联系。当今世界正在经历百年未有之大变局，非传统安全领域的语言安全问题迫切需要研究，作为语言规划的安全维度的语言安全成为新时期语言政策研究中的一个重要议题。对语言安全进行深入和细致的研究有助于更好地维护国家政治稳定和民族团结。厘清法国语言政策在新时期对内对外的变化，总结其规律和吸取其相关经验，可以为我国语言政策规划和国家语言安全研究添砖加瓦。

参考文献：

陈章太，2009. 语言资源与语言问题 ［J］. 云南师范大学学报（哲学社会科学版）（4）：
　1－7.

法国宪法：1958 年 10 月 4 日生效的宪法全文 ［EB/OL］. https://www. conseil -

constitutionnel. fr/le－bloc－de－constitutionnalite/texte－integral－de－la－constitution－du－4－octobre－1958－en－vigueur#:～:text＝DE％20LA％20SOUVERAINET％C3％89－，ARTICLE％202.，Libert％C3％A9％2C％20％C3％89galit％C3％A9％2C％20Fraternit％C3％A9％20％C2％BB.

刘海涛，2021. 国家安全视域下的语言问题［J］. 中国外语（6）：9－16.

马克龙拒绝将科西嘉语列为法国官方语言［EB/OL］.［2022－10－07］. http://fr. china－embassy. gov. cn/ljfg/201802/t20180208_ 2584238. htm.

沈骑，2014. 非传统安全领域的语言规划研究：问题与框架［J］. 语言教学与研究（5）：103－112.

赵世举，2019. 语言在国家安全中的角色和功能［J］. 云南师范大学学报（哲学社会科学版）（2）：31－39.

AGER D E, 1999. Identity, insecurity and image：France and language［M］. Clevedon：Multilingual Matters LTD.

CALBET L, 2006. Towards an ecology of world languages［M］. Cambridge：Polity Press.

France's Constitutional Council rejects bill permitting minority language schools［EB/OL］. https：//www. reuters. com/world/europe/frances－constitutional－council－rejects－bill－permitting－minority－language－schools－2021－05－21/.

Hagège："L'anglais détruit notre pensée"　［EB/OL］. https：//www. lepoint. fr/debats/hagege－l－anglais－detruit－notre－pensee－19－01－2012－1423533_ 2. php#11.

Les langues régionales appartiennent au patrimoine de la France［EB/OL］. https：//www. assemblee－nationale. fr/connaissance/constitution. asp.

SPOLSKY B, 2004. Language policy［M］. Cambridge：Cambridge University Press.

Transcription du discours du Président de la République au palais de Daminggong［EB/OL］. https：//www. elysee. fr/emmanuel－macron/2018/01/09/transcription－du－discours－du－president－de－la－republique－au－palais－de－daminggong.

Transcription du discours du Président de la République à l'Institut de France pour la stratégie sur la langue française［EB/OL］.［2022－01－09］. https：//www. elysee. fr/emmanuel－macron/2018/03/20/discours－demmanuel－macron－a－linstitut－de－france－sur－lambition－pour－la－langue－francaise－et－le－plurilinguisme.

From Monolingualism to a Multilingual Turn: the Security Dimension of French Language Policy

Jin Qianqian

Abstract: France is a country with a long history of language planning. From the promulgation of the Ordinance of Villers-Cotterêts in France in the 16th century to the establishment of the Francophonie in the 20th century, the French government has spared no effort to safeguard French as a national language within the country and promote the expansion of French overseas. France has became a model of monolingual regimes in the research of classical language planning. And the study of French language policy therefore focuses on the protection of French within the country and the overseas dissemination of French. There are few studies on French language policy from the perspective of security. This article starts with the concept of language security. By analyzing the inextricable connection between language planning and linguistic security, the paper sorts out various efforts the French government made to promote French in France and the EU since WWII. Meanwhile, the Macron government tries very hard to balance French as its sole national language and multilingualism as a global trend, which softens the insecurities of French in the prestige and identity spheres and reflects how France practices its language security.

Key words: French language; national security; linguistic security; language policy